Justice en tant que loi, justice au-delà de la loi
Hobbes, Derrida et *les Critical Legal Studies*

La Philosophie en commun
Collection dirigée par Stéphane Douailler, Jacques Poulain, Patrice Vermeren

Nourrie trop exclusivement par la vie solitaire de la pensée, l'exercice de la réflexion a souvent voué les philosophes à un individualisme forcené, renforcé par le culte de l'écriture. Les querelles engendrées par l'adulation de l'originalité y ont trop aisément supplanté tout débat politique théorique.

Notre siècle a découvert l'enracinement de la pensée dans le langage. S'invalidait et tombait du même coup en désuétude cet étrange usage du jugement où le désir de tout soumettre à la critique du vrai y soustrayait royalement ses propres résultats. Condamnées également à l'éclatement, les diverses traditions philosophiques se voyaient contraintes de franchir les frontières de langue et de culture qui les enserraient encore. La crise des fondements scientifiques, la falsification des divers régimes politiques, la neutralisation des sciences humaines et l'explosion technologique ont fait apparaître de leur côté leurs faillites, induisant à reporter leurs espoirs sur la philosophie, autorisant à attendre du partage critique de la vérité jusqu'à la satisfaction des exigences sociales de justice et de liberté. Le débat critique se reconnaissait être une forme de vie.

Ce bouleversement en profondeur de la culture a ramené les philosophes à la pratique orale de l'argumentation, faisant surgir des institutions comme l'École de Korcula (Yougoslavie), le Collège de Philosophie (Paris) ou l'Institut de Philosophie (Madrid). L'objectif de cette collection est de rendre accessibles les fruits de ce partage en commun du jugement de vérité. Il est d'affronter et de surmonter ce qui, dans la crise de civilisation que nous vivons tous, dérive de la dénégation et du refoulement de ce partage du jugement.

Dernières parutions

Sergueï GACHKOV, *La politique et l'histoire dans la philosophie française face au socialisme réel dans l'après-guerre, Jean-Paul Sartre, Cornelius Castoriadis et Claude Lefort,* 2017.

Iván TRUJILLO, *De la possibilité d'une fiction historique chez Jacques Derrida, Phénoménologie, grammatologie, poétique*, 2016.

Marcos AGUIRRE, Cécilia SANCHEZ, *Réflexions sur la politique et la culture en Amérique latine. Marcos Garcia de la Huerta, lectures et délectures*, 2016.

Paolo QUINTILI, Carlo CAPPA et Donatella PALOMBA, *Université ou anti-université. Les humanités dans l'idée de formation supérieure*, 2016.

Serpil Tunç Ütebay

JUSTICE EN TANT QUE LOI, JUSTICE AU-DELÀ DE LA LOI

Hobbes, Derrida et *les Critical Legal Studies*

Préface de Martine Leibovici

L'Harmattan

5-7, rue de l'École-Polytechnique ; 75005 Paris
http://www.editions-harmattan.fr
ISBN : 978-2-343-11471-2
EAN : 9782343114712

Can Dünya'ma ;
Daha adil bir dünya umuduyla

À mon Can Dünya ;
Avec l'espoir d'un monde juste

Sommaire

Remerciements 9
Préface 11
Introduction 17

PREMIÈRE PARTIE

L'IDÉE DE JUSTICE DANS LA THÉORIE DE LA SOUVERAINETÉ ET DE L'ÉTAT MODERNE DE HOBBES : LA JUSTICE EN TANT QUE DROIT

I – La justice comme loi de nature 35
II – Justice, souveraineté et violence 49

DEUXIÈME PARTIE

L'IDÉE DE JUSTICE DANS LA DÉCONSTRUCTION DE LA SOUVERAINETÉ MODERNE CHEZ JACQUES DERRIDA : LA JUSTICE AU-DELÀ DU DROIT

I – Les concepts non-concepts de la déconstruction 71
II – La déconstruction de la souveraineté 99
III – « La déconstruction est la justice » 125

TROISIÈME PARTIE

LES « CRITICAL LEGAL STUDIES » OU LA DÉCONSTRUCTION DERRIDIENNE COMME PRAXIS DE LECTURE : LA JUSTICE DANS LE DROIT

I – La première génération des CLS : traces derridiennes dans la critique de la pensée juridique moderne-libérale 171

II – La deuxième génération des « CLS » : faire jouer l'idée derridienne de justice dans le droit 193

Conclusion 223

Bibliographie 243

Table des matières 251

Remerciements

Cet ouvrage est issu de ma thèse de doctorat, soutenue le 25 janvier 2016, à l'université de Paris Diderot – Paris VII. Je voudrais au préalable remercier quelques-uns de ces êtres qui m'ont aidée à constituer ce livre. Mes plus vifs remerciements s'adressent tout d'abord à Madame Martine Leibovici, ma directrice de thèse. J'ai eu la chance de pouvoir travailler avec une directrice comme elle qui, à chaque étape de mon travail, m'a guidée sur trouver le bon chemin et qui a plusieurs fois relu et corrigé ces pages avec soin et patience. Je lui suis très redevable pour son aide pendant cette longue période de la rédaction de ma thèse jusqu'à la publication de ce livre. Cet ouvrage n'aurait pas pu voir le jour sans son soutien ainsi que celui de Monsieur Patrice Vermeren, qui a accepté d'abord d'être le rapporteur de ma thèse et d'être dans mon jury de soutenance et qui m'encourage pour cette publication. Il gagne donc ma reconnaissance et mes remerciements. Je n'oublie pas, bien sûr, de remercier les autres membres du jury de ma soutenance de doctorat : Madame Aliye Kovanlıkaya, Monsieur Etienne Tassin, Madame Raphaëlle Nollez-Goldbach, Madame Anne Kupiec, qui ont ajouté d'excellentes remarques, interprétations et critiques dont je tiens compte pour ce livre.

Je voudrais remercier également les professeurs du département de philosophie de l'Université de Galatasaray, et ceux du LCSP à l'Université Paris VII. Je voudrais exprimer mes remerciements sincères à Ali Ergur, Professeur et Doyen de la Faculté de Sciences et Lettres, pour son soutien inestimable dans ma formation et le plus important dans ma vie. Je tiens à remercier également le Prof.Dr. Muhsin Macit, Doyen de la Faculté de Littérature de l'Université d'Anadolu où je travaille, pour son soutien pour mes études doctorales et pour mes travaux à l'université. Je remercie aussi le Doç. Dr. Demet Taşdelen et le Doç. Dr. İskender Taşdelen, respectivement directrice et co-directeur, du département de philosophie à l'université Anadolu qui m'ont toujours encouragée à publier ma thèse. Je remercie également Kasım Akbaş, MCF à la Faculté de Droit de l'université d'Anadolu, l'un des rares spécialistes des CLS en Turquie, pour son aide concernant la connaissance juridique.

Je remercie de tout cœur Sevgi Türker Terlemez, Dr. Serpilekin Adelin Terlemez pour leur confiance en moi. Je voudrais aussi remercier le Prof. Dr. Hasan Erkek, de l'université Anadolu, M.Ertan Kardeş, MCF à l'université d'Istanbul, Philippe Tancelin, professeur de théâtre émérite, Bruno Cany, MCF, à l'université de Paris 8, le Prof. Dr. Burçkin Dal de l'université d'ITU, le Doç. Dr. Emel Dal de l'université de Marmara et M. Ata Ayati, rédacteur chez L'Harmattan, ainsi que Çağlar Koç, Mariéva Chalvin, Hakan et Ferihan Ayaz pour leurs conseils précieux lors de la rédaction et de la publication de ma thèse.

Je voudrais aussi évoquer les noms d'une série de personnes, qui savent toutes ce que je leur dois pendant cette période : Nilüfer Açık, Arya Nebot, Yeşim Vesper, Aslı Telseren, Nurten Develioğlu, Mehmet Konuk, Mahir Konuk, la famille de Timur Güney, Şehnaz Yalçın, Enise et Kenan Çemberlitaş, et Mme Jacqueline Baroiller.

Il ne faudra pas oublier que mes études doctorales ont été facilitées par des bourses généreuses d'Eiffel et d'AUF.

Enfin, je remercie tous les membres de ma famille, mes parents Saadet et Mustafa Tunç, mon frère Sadık, sa femme Eda et mon petit neveu Çınar, mon oncle Gültekin Tunç, qui ont été présents à chaque moment et qui m'ont toujours soutenue et encouragée durant cette longue aventure. Mes remerciements s'adressent particulièrement à mon mari Cem Ütebay, qui m'a encouragée lors des moments difficiles de lassitude et de relâchement momentanés, et à ses parents, Cumaali et Gülsüm Ütebay, qui ont facilités mes travaux avec leur aide inoubliable. Ces remerciements ne seraient pas complets sans mentionner mon fils, le petit Can Dünya, qui apporte le bonheur à ma vie et qui m'a donné le plus grand courage pour cet ouvrage.

Préface

Nul mieux que Leo Strauss n'a formulé le problème lancinant posé par le rejet moderne du droit naturel des Anciens. Ce rejet en revient à dire que « tout droit est positif, autrement dit que le droit est déterminé exclusivement par les législateurs et les différents pays. Or il est évident qu'il est parfaitement sensé et parfois même nécessaire de parler de lois et de décisions injustes »[1]. Nous ne proférons pas forcément ce genre de propos à l'issue d'une déduction rationnelle, ce sont des situations ou des expériences précises qui nous incitent à nous exclamer que cette loi ou cette décision est injuste avant même d'y avoir réfléchi. C'est ce qui est arrivé à Serpil Tunç Ütebay, apprenant par les journaux que, conformément à la loi turque, un tribunal avait condamné quatre enfants à neuf ans de prison pour avoir volé des baklavas et des pistaches ou que, toujours en suivant la loi de ce pays, le PDG d'une banque, chez qui l'on avait trouvé 4,5 millions de dollars dans le cadre d'une enquête sur la corruption, avait été certes condamné à une peine de prison mais remis très vite en liberté, alors que les petits voleurs de baklavas, qui avaient certes bénéficié d'une grâce présidentielle, étaient restés emprisonnés 19 mois... Le lecteur français de son livre aurait cependant tort de mettre à distance de tels exemples en arguant que, contrairement au droit français, la loi turque contrevient au principe de la proportionnalité des peines. On n'aurait pas de mal à trouver des exemples analogues dans la façon dont la justice est rendue en France, lorsqu'on compare la pénalité, parfaitement conforme au code pénal, qui frappe les petits délinquants avec ce que l'on nomme la délinquance en col blanc. Il y a cependant un point commun entre les deux pays : la justice y est rendue conformément aux lois pénales, alors qu'il nous arrive souvent de sortir des tribunaux en nous disant :

1 Leo Strauss, *Droit naturel et histoire*, trad. M. Nathan et E. de Dampierre, Paris, « Champs », Flammarion, 1986.

« c'est ça, la justice ? ». Censée libérer les humains du règlement directement violent de leurs conflits, cette chose qu'on appelle la justice ne revient-elle pas à exercer une autre violence, dissimulée qui plus est sous le masque de la justice ?

Proférée par nous en tant que spectateurs ou citoyens, une telle exclamation laisse cependant intact le fait que, selon le droit, justice a été rendue, ce qui maintient la justice selon le droit et l'exigence générale de justice dans une relation d'extériorité, tout à fait assumée par le positivisme juridique. Le projet de Serpil Tunç Ütebay est de mettre en question cette extériorité réciproque, sans identifier pour autant l'exigence générale de justice à une défense du droit naturel, qu'il soit énoncé dans sa version antique ou dans sa version moderne. Un tel projet s'affronte à une double difficulté. Si une partie de la réflexion doit être consacrée à la notion de justice comme telle, ce n'est pas pour en élaborer philosophiquement l'essence à l'écart du domaine du droit dans l'optique de lui trouver un fondement : il s'agit au contraire de s'immerger dans ce domaine, de le considérer de l'intérieur, tel qu'il se donne. Le considérer de l'intérieur, mais sans souscrire à l'affirmation selon laquelle la justice est ce qui est conforme aux règles du droit en vigueur. C'est la démarche déconstructrice de Jacques Derrida qui permet, selon Serpil Tunç Ütebay, d'affronter ces difficultés.

Cependant prendre appui sur l'œuvre d'un philosophe, même aussi critique de la tradition philosophique que l'est Derrida, pour s'introduire dans le domaine juridique quand on n'est pas juriste soi-même, n'est-ce pas faire ce que Michel Troper appelle de la « philosophie du droit des philosophes (qui) consisterait principalement dans la transposition aux problèmes du droit et de la justice des grandes doctrines philosophiques »[2] ? Par où l'on reconduirait l'extériorité entre la réflexion générale sur la justice et la justice selon le droit. Il se trouve que des juristes, essentiellement anglo-saxons et regroupés dans le mouvement des *Critical Legal Studies*, se sont inspirés de Derrida pour scruter de près la machine juridique tout en continuant d'y inscrire leur pratique. L'espoir qui a guidé Serpil Tunç Ütebay provient d'une certaine insatisfaction à l'égard de la spéculation philosophique qui paraît trop souvent sans efficace dans la vie réelle. Les *Critical Legal Studies* seraient alors un exemple de la possibilité d'une telle efficacité, paradoxale, puisque l'idée philosophique qu'il s'agirait de tester dans le domaine du droit est celle d'une justice au-delà de la loi...

Pour mener à bien ce projet, il aura fallu commencer par revenir au présupposé fondamental de l'identification moderne de la justice à la conformité aux lois, à savoir sa dépendance de l'État souverain détenant seul le pouvoir de poser les lois et de contraindre ceux qui les transgressent. Théorisant la consolidation de l'État

2 Michel Troper, *La philosophie du droit,* Paris, PUF, 2015, p. 12.

monarchique centralisé en Europe occidentale, c'est Jean Bodin qui élabore le premier le concept de souveraineté et en énonce les marques la distinguant de tout autre pouvoir, dont l'une des plus importantes est l'absoluité, c'est-à-dire sa position d'être au-dessus des lois qu'elle édicte. C'est toutefois à partir de la magistrale construction hobbesienne de la souveraineté que l'on peut identifier ce que Serpil Tunç Ütebay, prenant parti dans les conflits classiques d'interprétation de l'auteur du *Leviathan*, nomme le cercle vicieux dans lequel la justice selon le droit est prise : « d'un côté pour rendre la justice possible, il a fallu en passer par un contrat ; de l'autre, pour garantir ce contrat, il faut un pouvoir comme celui du souverain (qui) peut utiliser la force [...]. Ainsi dans la pensée moderne, la Justice est prise dans un rapport entre le pouvoir, la violence et la force ». Et ce, même dans l'État de droit des démocraties libérales ayant depuis longtemps tourné le dos à la monarchie absolue.

C'est à un tel cercle vicieux que s'attaque la déconstruction de la souveraineté hobbesienne faite par Derrida dans son séminaire *La bête et le souverain*. On pourrait montrer par exemple que, conceptuellement, la souveraineté est le principe de l'État, distinct du souverain qui en est dépositaire sans se confondre avec elle, ce qui a rendu possible la transformation de l'État monarchique en État de droit disposant des garde-fous par rapport aux excès possibles de l'exécutif. Cependant, l'attention que prête Derrida à la comparaison de l'État avec le monstre marin biblique ainsi qu'au fameux frontispice du *Leviathan*, mais aussi aux analogies et aux contiguités des énoncés hobbesiens sur le souverain avec ceux qui concernent l'animal et Dieu, met en lumière la fragilité de la distinction entre souveraineté et souverain. Par où tout dépositaire de la souveraineté peut être tenté de confondre sa personne avec elle, en commençant par abolir les garde-fous constitutionnels, si l'occasion lui en est donnée. Selon Derrida, que cite Serpil Tunç Ütebay, de la bête au souverain, il y a passage, analogie, contamination, du fait « qu'ils partagent tous deux cette très singulière position d'être hors-la-loi, au-dessus ou à l'écart du droit »[3]. Et si le souverain – dans sa figure hobbesienne tout du moins - n'est pas au-delà de la loi comme Dieu, il partage avec Lui la non-réponse dans le dispositif du contrat, c'est-à-dire l'absence de responsabilité à l'égard des sujets contractants. De plus, le statut de hors-la-loi du souverain le rapproche dangereusement de celui du criminel et donc, selon Derrida, « le concept de la violence appartient à l'ordre symbolique du droit »[4]. Appréhendant, pour les déconstruire, non pas tant la

....

3 Jacques Derrida, *Séminaire. La Bête et le souverain, volume I, 2001-2002*, Paris, Galilée, 2008, p. 60. Cité ici-même p. 116 .

4 J. Derrida, *Force de loi. Le « fondement mystique de l'autorité »*, Paris, Galilée, 1994, p. 80. Cité p. 116.

réalité des États souverains, que les élaborations conceptuelles de la souveraineté, Derrida les déstabilise, creuse leurs ambiguïtés, met en évidence leurs apories constitutives ; en bref, il fait apparaître que ça ne tient pas vraiment debout.

Si ça ne tient pas vraiment debout, c'est que ça n'est pas construit sur des fondements solides. Mais, contrairement à la démarche habituelle de la philosophie du droit, il ne s'agit pas pour Derrida de chercher à refonder l'édifice sur un plan plus originaire. D'un point vue politique, toute fondation conduit à une re-fondation juridique, et aucune ne s'effectue sans violence. D'un point de vue philosophique, s'il faut supposer une affirmation donatrice sans laquelle rien ne serait, celle-ci est à jamais hors de notre portée, elle n'est affirmation par personne ni affirmation de quoi que ce soit, juste un « il y a », l'ouverture d'un espacement rendant une temporalité et du sens possible, ce que Derrida appelle une différ*a*nce. Si aucun fondement stable n'est accessible, si aucune présence n'est fermée sur soi, hantée qu'elle est par l'absence dont elle porte la trace, Derrida maintient quand même l'orientation vers un originaire, sans laquelle il n'y aurait pas de déconstruction. Mais l'originaire – que Derrida appelle plutôt l'archi - ne s'indiquant que comme absent, il provoque en nous l'aspiration à passer au-delà de ce qui est sans l'abolir. Le nom de cette aspiration est la justice, et l'activité qu'elle suscite est la déconstruction. En d'autres termes, la déconstruction est la justice.

Nourri de l'œuvre d'Emmanuel Levinas, Derrida suit ses analyses de la source éthique de la justice : Autrui fait effraction en moi et suscite ma responsabilité infinie avant toute thématisation. L'expérience du visage, si l'on peut encore parler d'expérience, est de face à face. Autrui n'est pas une généralité, mais il se donne toujours comme cet autrui singulier suscitant ma réponse ici et maintenant. Mais si, poursuit Levinas, je cède sans restriction à sa demande, ne vais-je pas léser quelqu'un d'autre, un Tiers ? On peut rappeler brièvement ici le déplacement que ce dernier opère de *Totalité et infini* à *Autrement qu'être*. Dans *Totalité et infini*, la justice, directement articulée à la conscience morale et à l'asymétrie de la relation à Autrui, « s'éloigne de la vie politique » qui suppose des relations réciproques entre des hommes interchangeables[5]. Dans *Autrement qu'être*, qui creuse la proximité de l'Autre en obsession, substitution, responsabilité infinie, la justice procède toujours de cette antériorité anachronique, elle en porte la trace, mais elle la modère aussi, car elle réintroduit de la mesure, de la comparaison, elle s'énonce dans une succession : « la justice, la société, l'État ». La justice devient vraiment l'*institution* de la justice (les tribunaux, les juges). Alors que la proximité m'évinçait littéralement, la justice redonne droit à un « terrain commun à moi et aux autres où je suis compté parmi eux, c'est-à-dire où la subjectivité est citoyen

5 E. Levinas, *Totalité et infini. Essai sur l'extériorité*, La Haye, Martinus Nijhoff, 1961, p. 274.

avec tous les devoirs et droits mesurés et mesurables »[6]. De cela Derrida retient de cela, entre autres, que le droit calcule. Mais si la justice est originairement articulée à la relation éthique duelle, l'exigence infinie qui la caractérise ne cesse de travailler les institutions et en particulier l'ordre juridique, à condition que ceux qui les font vivre ne l'étouffent pas. C'est cette articulation qui, selon Derrida, donne à la justice son caractère incalculable.

On peut comprendre alors l'élaboration très subtile de la justice au-delà de la loi chez Derrida. La déconstruction de l'ancrage direct de la loi dans la souveraineté ne le conduit pas à désirer une société sans lois : il prend plutôt appui sur le fait même que « le droit prétend s'exercer au nom de la justice et que la justice exige de s'installer dans un droit qui doit être mis en œuvre (constitué et appliqué) par la force – « *enforced* »[7] Cette prétention n'est pas une mystification, il faut au contraire la pousser dans ses retranchements jusqu'à conduire aux apories constitutives de la nécessité intrinsèque à la loi de devoir s'appliquer. L'application de la loi engage deux plans : le plan directement politique (examiné par Derrida à partir de Walter Benjamin par exemple), mais aussi le moment judiciaire du jugement, auquel Derrida comme Levinas accordent une attention privilégiée. Il n'a pas de jugement d'un cas sans un moment de suspension du droit, tout jugement étant à la fois réglé et sans règle, toute décision n'étant prise qu'au risque de l'indécidable. Les différentes apories relevées par Derrida convergeant peut-être dans une oscillation entre « le respect du droit et de l'équité, mais aussi de la singularité toujours hétérogène et unique de l'exemple non subsumable »[8].

Avoir compris que la déconstruction inspirée de l'œuvre de Derrida ne suppose pas de s'installer en un autre lieu que celui-là même de la loi positive, rendant ainsi possible une articulation originale entre une élaboration philosophique et la pratique juridique, permet au lecteur du livre de Serpil Tunç Ütebay d'aborder avec beaucoup d'intérêt sa présentation du mouvement des *Critical Legal Studies.* Entre les nombreux auteurs mentionnés dans ce livre, je retiendrai plus particulièrement Costas Douzinas qui me paraît le mieux faire comprendre le positionnement très singulier de la justice au-delà de la loi selon Derrida, à l'écart tant du positivisme juridique que des philosophies du droit naturel. La démarche de Douzinas ne consiste pas à élaborer des valeurs extra-juridiques et à se demander dans quelle mesure le droit est conforme ou non à l'éthique. Il interroge plutôt ce qui, dans les dispositifs juridiques eux-mêmes qu'il ne s'agit jamais d'abolir, peut être dit éthique, en un sens proche de ce que Levinas entend par là. Douzinas s'intéresse

6 E. Levinas, *Autrement qu'être ou au-délà de l'essence,* Paris, Le livre de poche, 1990, p. 250-251.
7 J. Derrida, *Force de loi*, op.cit., p. 49-50. Cité p. 131.
8 *Ibid.*, p. 53. Cité p. 146.

lui aussi au moment judiciaire du jugement (par rapport à celui de la défense ou du témoignage). C'est là que l'on peut directement observer les apories dégagées par Derrida : l'époché de la règle, l'indécidable, l'urgence à juger. L'apport spécifique de Douzinas est d'insister sur le fait qu'un « entendre l'autre » est consubstantiel à l'institution judiciaire et que la loi limite la responsabilité infinie pour l'autre, introduisant la part de calcul et de synchronisation dans l'asymétrie éthique. On pourrait dire alors que si l'on pouvait atteindre la justice, elle consisterait en une adéquation de la singularité avec l'égalisation calculante de la loi. Sauf que même si l'égalisation et le calcul sont nécessaires, ils sont toujours à la limite de faire violence au singulier, c'est pour cela que, du sein-même de la justice comme loi, la justice au-delà de la loi, comme rappel de l'infinité de l'Autre, ne cesse d'en miner le contentement de soi et la certitude.

Prête au départ à se laisser convaincre par les travaux des *Critical Legal Studies*, Serpil Tunç Ütebay finit par reconstituer un débat interne à ce mouvement après avoir rencontré les arguments de Jack M. Balkin auxquels elle admet être, en fin de compte, sensible. Celui-ci s'inspire certes de Derrida mais reformule l'articulation entre droit et justice en revenant à une conception pré-derridienne de la justice conçue en termes d'intime conviction (qui rappelle la voix de la conscience critiquée par Derrida dès *La voix et le phénomène*). Balkin objecte, d'une part, que l'Autre en général n'a pas de sens en droit mais qu'il est toujours spécifié, catégorisé (immigré, femme, mineur, etc.) et, d'autre part, que la responsabilité ne peut jamais s'y présenter comme infinie au risque de se transformer en une injustice majeure.

Le livre de Serpil Tunç Ütebay témoigne d'une traversée, d'un itinéraire en compagnie d'un auteur dont le statut aura été davantage celui d'un éducateur que d'un maître.

Martine Leibovici

Introduction

De Platon, qui l'élaborait dans La *République,* à des penseurs contemporains comme Jacques Derrida, dans *Force de Loi,* la question de la justice occupe une place importante. Car la demande d'un monde plus juste, qu'elle soit une demande individuelle ou collective, est toujours éminente et actuelle. Nous pouvons même dire que parmi toutes les notions prestigieuses telles que la réalité, la sagesse, la vertu, le bien et la liberté, la justice constitue la source de toutes les autres : « La justice, c'est l'essence de la religion, la forme de la raison, l'objet secret de la foi, le commencement, le milieu et la fin du savoir. Qu'imaginer de plus fort, de plus achevé que la justice. »[1] Pourtant, malgré son sens prestigieux et primordial, la notion de justice demeure toujours aussi confuse, générale et donc problématique.

Il est en effet impossible de définir un concept de justice sur lequel tout le monde s'accorde. Mais cette impossibilité n'est pas seulement due aux divergences habituelles d'interprétation d'un concept, elle renvoie aussi au fait qu'il est question de justice dans différents domaines et que sa définition change selon le domaine considéré. Ces domaines sont en particulier ceux de l'éthique et du droit. La justice gouverne non seulement notre monde individuel mais aussi notre monde public. On parle de justice pour un individu mais on en parle aussi pour l'État ou le système du droit.

Rappelons d'abord que dans la mythologie grecque, ces deux domaines ont toujours été imbriqués. Ainsi, Dikè, symbole de la justice, naquit de l'union de Zeus et de Thémis, la déesse de l'ordre du monde. Ayant, comme sa mère Thémis, un caractère suprahumain et sacré, Dikè s'intéressait cependant aux querelles des hommes et sa parole, sa décision, étaient les plus hautes. Cependant, comme le

1 PROUDHON, J.F., cité par PERELMAN, Chaïm, *Ethique et droit,* Bruxelles : Éditions de l'Université de Bruxelles, 1990, p. 18.

souligne Simone Goyard-Fabre, dès les tragédies d'Eschyle au Ve siècle avant J.-C., la déesse Dikè n'appartient plus au monde mythique :

> Installant dans le monde des hommes les exigences d'une justice qui doit présider à l'ordre de leurs sociétés, elle donne au droit le principe d'après lequel il devra s'exprimer. De même que les idées rejoignent les mots, de même les institutions de notre terre rejoignent les mythes de l'au-delà. Justice et droit ont scellé l'alliance éternelle qui tient à leur essence.[2]

Cependant, toujours selon Simone Goyard-Fabre, « la fondation de la dignité du droit dans le caractère divin de son essence est loin (...) d'en effacer la problématicité intrinsèque. »[3] Dès cette époque commence un débat interminable qui porte sur la nature même de la justice : « Dikè propose-t-elle aux hommes une exigence morale ou une catégorie juridique ? »[4] Ce problème est au centre de l'Antigone de Sophocle[5].

Pour Aristote, comme il l'explique dans l'Éthique à Nicomaque, la justice est la plus haute exigence morale : « C'est par des actions justes que l'on devient juste. »[6] La tradition morale de la justice vient de Platon, pour qui la justice est la source du courage, de la tempérance et de la sagesse. Elle est perpétuée au XVIIIe siècle par des penseurs aussi différents l'un de l'autre que Montesquieu ou Diderot. Selon Montesquieu, la justice comme vertu détermine nos actions justes. Quant à Diderot, il défend l'idée selon laquelle « il n'y a qu'une seule vertu, la justice » et il précise : « La justice renferme tout ce qu'on doit à soi-même et tout ce qu'on doit aux autres, à sa patrie, à sa ville, à sa famille, à ses parents, à sa maîtresse, à ses amis, à l'homme et peut-être à l'animal. »[7] Elle est parfois une idée absolue, une vertu divine ou un impératif de la raison.

L'autre domaine dans lequel il est question de justice est le droit. La justice se dit alors d'une façon de juger, elle suppose un appareil judiciaire, elle est une figure du droit et de la loi. Dans notre œuvre, nous avons choisi de laisser de côté

2 GOYARD-FABRE, Simone, « La Justice, une problématique embarrassée », in *La Revue numérique Philopsis*, http://www.philopsis.fr, p. 2.

3 *Ibid.*, p. 3.

4 *Ibidem.*

5 La grande scène de la confrontation entre Créon et d'Antigone illustrerait de façon à jamais égalée la tension qui oppose la loi humaine, le droit, représenté par Créon, et la loi divine, la justice dont Antigone serait la porte-parole.

6 ARISTOTE, *Ethique à Nicomaque*, traduit par TRICOT, J., Paris : Éditions Vrin, 1997, p. 89. (Livre II, 1103b).

7 DIDEROT, cité par GOYARD-FABRE, S., « La Justice, une problématique embarrassée », *op. cit.*, p. 4.

la question de la justice des actions humaines pour nous intéresser surtout aux relations entre justice et droit. Nous n'abandonnerons pas pour autant la préoccupation éthique, mais l'aborderons essentiellement dans son rapport éventuel au droit. Cela ne facilite pas pour autant la compréhension de la justice. Car les relations entre justice, éthique et droit sont comprises de façons très diverses dans toute l'histoire de la philosophie.

Pour commencer à nous orienter, nous allons repartir d'une formulation de Chaïm Perelman lorsqu'il dégage les éléments fondamentaux qui entrent dans toute définition de la justice. S'il en faut absolument une définition (disons « absolument », car nous allons voir que chez Derrida la justice n'est pas une chose définissable), ces éléments seraient :

> La valeur qui la fonde, la règle qui l'énonce, l'acte qui la réalise[8].

Envisager la justice à partir de la notion de valeur nous engage d'emblée dans une confusion. S'agit-il ici de la justice comme valeur ou d'une valeur qui la fonderait et lui serait donc supérieure ? Mais si la justice est elle-même une valeur, elle est confrontée à d'autres valeurs comme l'égalité, la liberté, l'équité, l'utilité, etc. Dans ce cas, une valeur est-elle supérieure aux autres ? Si, pour ne pas nous engager dans ces discussions, nous prenons quand même le concept de valeur comme un élément pour définir la justice, nous nous retrouvons aussi devant une pluralité de possibilités, car selon la valeur considérée différents types de justice apparaissent. Perelman donne quelques exemples de ces possibilités qui correspondent aux conceptions les plus courantes de la justice [9]. Ainsi la valeur d'égalité gouverne la première conception – À chacun la même chose :

> Que l'on soit jeune ou vieux, malade ou bien portant, riche ou pauvre, vertueux ou criminel, noble ou rustre, blanc ou noir, coupable ou innocent, il est juste que tous soient traités de la même façon sans aucune discrimination, sans aucun discernement.[10]

La valeur d'équité fonde la deuxième conception – à chacun selon ses mérites – ainsi que la troisième – à chacun selon ses œuvres – qui a été proposée la première fois par Aristote avec la notion de justice distributive distinguée de la justice corrective[11]. Perelman identifie encore trois autres conceptions de la justice (à chacun selon ses besoins, à chacun selon son rang, à chacun selon ce que la loi lui

....

8 PERELMAN, Chaïm, *Ethique et droit, op.cit.,* p. 80.
9 *Ibid.*, p. 19. Perelman préfère parler ici de conceptions plutôt que de concept de la justice.
10 *Ibid.*, p. 20.
11 Pour Simone Goyard-Fabre, ces conceptions de la justice chez Aristote constituent des catégories quasi-juridiques.

attribue), mais, d'une manière générale, il considère qu'aucune de ces conceptions n'est satisfaisante. Cela est particulièrement le cas pour la cinquième – à chacun selon ce que la loi lui attribue : « Quant à la valeur qui fonde le système normatif, on ne peut la soumettre à aucun critère rationnel, elle est parfaitement arbitraire et logiquement indéterminée. »[12]

Il faut alors se tourner vers un autre élément pour définir la justice : la règle. Contrairement à une conception largement répandue, la différence entre l'école du droit naturel et l'école du droit positif – qui se fait généralement à propos du statut de la justice dans le droit – n'en revient pas à la différence entre valeurs (droit naturel) et énonciation des valeurs (droit positif). L'énonciation comprend le texte, le législateur, les règles, c'est-à-dire tout l'aspect concret des valeurs. De ce point de vue, même si la justice dans le droit naturel fait plutôt référence à une valeur idéale, elle est encore assurée par la loi comme dans le droit positif, qui, de son côté, ne tient compte que de l'application de la loi, de la conformité avec les lois juridiques. Tout au plus pouvons-nous dire que dans le droit naturel la deuxième définition de la justice comme valeur est supérieure, alors que dans le droit positif c'est l'application. Mais que l'on considère le droit naturel ou le droit positif, la justice est toujours inséparable de la loi. Dans ce sens, comme le dit Olivier De Schutter, « le positivisme et le jusnaturalisme, en position de supplémentarité nécessaire, sont les faces opposés d'une même feuille. »[13]

Dans la modernité, à partir de Jean Bodin, la loi est chose posée par la volonté souveraine, ce qui conduit immédiatement au problème de l'arbitraire du souverain législateur. Notons que dans les deux doctrines du droit naturel, classique ou moderne, le droit est aussi en un sens une chose et une chose posée, il a une existence réelle. Il ne résulte pas de la création humaine, mais est donné par Dieu ou la Nature. Dans le droit naturel moderne, c'est la raison qui devient cette fois la seule réalité. Dès lors, la différence entre les doctrines du droit naturel et les théories modernes qui ne veulent tenir compte que du droit positif, consiste en ce que les doctrines du droit naturel n'identifient pas la loi (le droit positif) au droit (ou au juste) qui, tout en étant posé, est l'expression d'une justice divine ou naturelle à laquelle est soumis le souverain.

L'insistance quasi-exclusive sur la justice comme règle est le fait d'une tradition qui naît au XVIIe siècle avec Thomas Hobbes et se poursuit avec le positivisme juridique jusqu'à nos jours. Selon Simone Goyard-Fabre, Hobbes, en définissant la justice en relation avec les lois posées par le souverain, ouvre la voie du positivisme

....

12 PERELMAN, Chaïm, *Ethique et droit, op.cit.*, p. 220.

13 SCHUTTER, Olivier de, « Les Critical Legal Studies au pays du droit international public », dans *La Revue québécoise de droit international*, n : 2, vol.7, 1992, p. 590.

juridique qui se développera au XIXe siècle. Car quand on examine les traits caractéristiques du positivisme juridique – « l'étatisme centralisateur, l'ordonnancement déductiviste et la cohérence de l'appareil juridique, la séparation du droit et de la morale et l'autonomisation d'un ordre politique »[14] – on y reconnaît des traits déjà présents chez Hobbes : « la rationalité de l'Etat-Léviathan, en son principe constructiviste, en son légalisme fonctionnel et jusque dans la métamorphose conceptuelle du droit qui ouvre la voie au positivisme juridique. »[15] L'originalité des positivistes juridiques anglais du XIXe siècle et « plus particulièrement celui d'Austin » résident dans leur examen beaucoup plus approfondi de conceptions initialement introduites par Hobbes[16].

Le côté positiviste de Hobbes vient surtout du fait qu'il comprend la loi non seulement comme une chose posée, mais encore comme une chose dont la source vient de l'extérieur, du souverain, et non de la Nature ou de Dieu. Cette idée de la loi change aussi la conception du Droit[17]. Jusqu'à Hobbes, le Droit au sens aristotélicien était défini comme une bonne proportion dans le partage des biens entre membres d'un groupe (*to dikaion*). Le rôle du Droit était d'attribuer à chacun le sien. Son essence était de servir à équilibrer l'« égalité proportionnelle »[18]. Dans ce sens, l'idée du Droit était fille de la justice (*dikaisoune*). Avec Hobbes, le droit est compris comme l'ensemble des lois qui sont posées, fixées par le souverain, par l'État. Elles ne sont plus des lois de la Nature ou bien de la Torah[19]. Selon le commentaire de Perelman, le Droit moderne est défini comme un ensemble de règles. Quant à la justice,

> Elle ne se conçoit pas sans règle. Elle est fidélité à la règle, obéissance au système. Elle pèse, elle calcule, elle mesure. L'individu n'est rien pour

....

14 GOYARD-FABRE, Simone, « L'Intuition du positivisme juridique et ses limites in la pensée de Hobbes » in *Le Pouvoir et le droit*, éd. par ROUX, L. et TRICAUD, F., St. Etienne : Publications de l'université St. Etienne, 1992, p. 91.

15 *Ibidem.*

16 MAINE, Henry Summer, cité par PAULSON, Stanley L., *ibid.*, p. 110.

17 Pour le distinguer du droit au sens individuel, nous avons choisi d'écrire le *Droit* avec une majuscule.

18 VILLEY, Michel, *Philosophie du droit*, Paris : Éditions Dalloz, 2001, p. 69.

19 Il faut aussi préciser que dans le contexte de la relation entre la justice et le droit, on observe davantage une continuité qu'une rupture entre la pensée classique et la pensée moderne de la justice et du droit. En effet, le droit moderne s'est institutionnalisé en suivant la logique d'Aristote concernant la punition et la distribution, et l'idée d'une justice mesurable s'est répercutée sur les institutions, les discours et les pratiques du droit moderne. Cf. SAĞLAM, R., *YapıbozumsalAdalet*, (La justice comme déconstruction) İstanbul : Tekin Yayınevi, 2004, p. 101.

> elle. La justice ne peut pas être instinctive : elle est soumise à des règles, des conditions, des qualifications.[20]

Quelle que soit la source de la loi – la nature, Dieu, la raison, la volonté, l'État –, une fois la loi posée, la justice n'est possible qu'à partir de son application. Apparaît alors le troisième élément : l'acte, c'est-à-dire l'application de la loi et ce sera la façon même dont elle est appliquée qui va manifester ou non la justice. De là un certain nombre de questions : qui va appliquer la loi ? Les juges, les avocats ? Selon Perelman, les juges sont les gardiens de l'application de la loi : « Les palais de la justice et toute l'administration de la justice sont des boucliers qui protègent l'ordre établi dont les juges sont les gardiens car leur rôle est d'appliquer la loi et punir ceux qui la transgressent. »[21]

Les questions relatives à l'application de la loi sont l'occasion de critiques adressées aux conceptions de plus en plus acceptées qui identifient la justice à la loi. On peut les résumer par les questions suivantes : acceptons-nous le fait que chaque application de la loi soit la manifestation de la justice ? Une fois que la loi est fixée, pensons-nous que cette loi soit juste ? Comment peut-on éviter l'arbitraire du souverain, du législateur ? N'y a-t-il pas des lacunes dans les lois ? Tout est-il complet dans le système du droit ? L'application de la loi suffit-elle à la réalisation de la justice ?

Ces questions sont posées par ceux qui veulent sortir de la tradition positiviste et rechercher une autre voie pour penser la relation entre la loi et la justice. Or, les juristes positivistes ont eux-mêmes tenté de répondre à ces objections et, sur ce point, la théorie de Kelsen semble proposer une solution. Il propose une version renouvelée du positivisme juridique sous le nom de *Théorie pure du droit*, également appelée *Normativisme*. La science du droit devant décrire non ce qui est mais ce qui doit être, le normativisme examine la norme du point de vue de sa forme plutôt que de son contenu. Kelsen essaie de trouver un compromis entre le droit naturel et le droit positif. D'une manière générale, il pense que le droit n'est pas fondé sur Dieu, la nature, ou la raison comme dans le droit naturel, ni sur la volonté des individus comme dans le droit positif. Du jusnaturalisme, il retient cependant que le droit n'est pas un ensemble de faits mais de normes obligatoires. Du positivisme traditionnel, il retient que la science doit se borner à décrire son objet et s'abstenir de tout jugement de valeur. Grâce à la théorie pure du droit, l'objectivité va se réaliser dans le droit sans dépendre de l'arbitraire du souverain. Kelsen appelle norme, c'est-à-dire loi, la norme qui est conforme à une autre norme.

....

20 PERELMAN Chaïm, *Ethique et droit*, *op.cit.*, p. 61.
21 *Ibid.*, p. 179.

La source d'une norme provient de sa conformité avec une autre. Mais jusqu'où ? Y-a-t-il une norme supérieure ? Si oui, d'où vient sa source ? Pour Kelsen, il y a dans le droit une norme fondamentale (*Grundnorm)* dont la particularité n'est pas d'avoir été posée par une autorité quelconque. Son statut est d'être présupposée à la manière d'un postulat[22]. Ainsi, une norme est juste lorsqu'elle découle de cette norme fondamentale quel qu'en soit le contenu. Il est aussi question chez Kelsen d'une concrétisation de la norme grâce au rôle du juge lorsqu'il décide. La juridiction est ainsi fondatrice du droit et la justice se manifeste elle-même dans cette étape. Nous pouvons trouver des idées proches de cette norme fondamentale chez Herbert L.A Hart qui parle d'une règle de reconnaissance, laquelle « déterminera un ou plusieurs traits qui peuvent être considérés comme indiquant d'une manière positive et décisive que la règle visée qui les possède, constitue bien une règle du groupe »[23]. Il faut entendre par là que la reconnaissance de la validité impérative des normes ne vient pas d'une supposition comme chez Kelsen mais d'une pratique sociale constatée par la science du droit.

Cependant, ni la *Grundnorme* de Kelsen, ni la règle de reconnaissance de Hart ne donnent une bonne solution pour sortir du dilemme de la loi et de la justice. Car ils continuent à penser le droit comme un système de règles et ils essayent de développer des règles techniques de raisonnement juridiques, sans faire appel à une dimension de justice pour sortir quand il le faut de ce système des règles. La nouvelle jurisprudence herméneutique (*the new hermeneutical jurisprudence*)[24] pour qui le droit n'est pas réductible à un système de règles va peut-être nous aider. Elle insiste sur l'interprétation des lois plutôt que sur les règles et les techniques du raisonnement juridique et remet en question l'idée d'une justice identifiée à l'application de la loi. En tant qu'elles sont écrites, les lois sont toujours ouvertes à l'interprétation et ne font pas que s'appliquer mécaniquement. S'attarder, même un moment avec Perelman, sur l'interprétation exige d'examiner, même brièvement, sa nature, sa méthode, son objet, son auteur et le pouvoir de l'interprète.

Concernant sa nature, il y a deux types d'interprétation : l'interprétation traditionnelle et l'interprétation réaliste. Selon une conception traditionnelle, l'interprétation est une fonction de la connaissance selon laquelle il faut découvrir le sens caché. Selon une conception réaliste, l'interprétation est une fonction de la volonté, au sens où les préférences subjectives gouvernent l'interprète. Kelsen ajoute une autre conception de l'interprétation : l'interprétation authentique

22 TROPER, Michel, *La Philosophie du droit*, Paris : PUF, 2003, p. 47.

23 HART, H.L.A, *Le Concept de droit,* Bruxelles : Publications de l'Université de St. Louis, 1976, p. 120.

24 DOUZINAS, C., GEAREY, A., *Critical Jurisprudence: The Political Philosophy of Justice,* Oxford: Hart Publishing, 2005, p. 7.

qui n'est que décision. Elle est une activité de connaissance et, contrairement à l'interprétation traditionnelle, elle ne découvre pas une chose cachée. Elle a pour but de décrire tous les sens possibles d'un énoncé. Elle exige donc, d'une part, un raisonnement et, d'autre part, une connaissance des normes. Quant aux méthodes de l'interprétation, on peut distinguer les interprétations sémiotique, génétique, systématique et fonctionnelle[25]. L'interprétation sémiotique se fonde sur le langage. Comme le sens d'un mot n'est pas toujours le même, cela change l'interprétation. L'interprétation génétique repose sur une connaissance de la volonté réelle de l'auteur du texte. L'interprétation systématique vise à éclairer un fragment du texte par d'autres textes. L'interprétation fonctionnelle donne au texte la signification qui lui permettra de remplir la fonction qu'on lui attribue.

L'objet de l'interprétation, c'est la norme. Mais l'interprétation est surtout requise en cas de non-conformité entre la norme et le texte. En d'autres termes, l'objet de l'interprétation n'est pas seulement la conformité mais aussi la non-conformité. C'est lorsqu'il y a crise que l'on a besoin d'interpréter. Cependant, selon Perelman, l'interprétation ne suffit pas pour combler les lacunes du droit résultant de l'interprétation restrictive de la loi. La meilleure solution juridique d'un cas est la solution la plus raisonnable dans les limites du droit en vigueur. Pour y parvenir, il faut argumenter. Selon Perelman, l'argumentation n'est pas un simple calcul, mais l'appréciation de la force de tel ou tel raisonnement ; elle suppose l'emploi de la rhétorique. Ainsi, le juge ne se définit pas comme une machine à calculer, mais comme détenant un pouvoir de décider, et donc une responsabilité corrélative, qu'il peut exercer à bon ou mauvais escient[26].

Perelman finit par donner une définition de la justice formelle : « On peut définir la justice formelle ou abstraite comme un principe d'action selon lequel les êtres d'une même catégorie essentielle doivent être traités de la même façon. »[27]. Alors que le contenu de la loi ne relève que de la décision du pouvoir, il faut respecter la forme de la règle sans s'intéresser à ce contenu. Mais une telle définition ne reste-t-elle pas une définition positiviste ? Même si la théorie de l'interprétation de Perelman, qu'il aborde dans le contexte de la relation entre la loi et la justice, semble nous apporter la lumière d'une pensée différente, il continue de penser la justice de manière formelle, à l'instar du positivisme. La justice a beau ne pas être, comme dans la pensée positiviste, quelque chose qu'on atteint simplement en faisant des comptes à partir de ce que disent les lois, interpréter, c'est à nouveau s'embourber dans les lois, et non les dépasser.

25 TROPER, Michel, *La Philosophie du droit*, *op.cit.*, p. 100.
26 PERELMAN, *Ethique et droit*, *op.cit.*, p. 35.
27 *Ibid.*, p. 47.

Le point commun entre toutes les théories que nous avons évoquées lorsqu'elles tentent de sortir du dilemme de la loi et de la justice – y compris la théorie de l'interprétation de Perelman – est que, pour concevoir la justice, elles se tiennent délibérément dans le seul cadre du droit considéré comme un système de règles. Cela est particulièrement le cas du positivisme juridique pour qui la justice n'est rien d'autre que le fait de connaître et d'appliquer le savoir juridique. Et lorsqu'on conçoit la justice comme la seule application des lois, les concepts qui l'accompagneront seront l'autorité, le souverain, la force et la violence. L'enjeu de notre recherche est de concevoir une idée de justice qui pourrait être conçue à l'écart de tous ces concepts. Une justice qui, tout en tenant compte de la dimension de la loi, serait capable quand il le faut de dépasser la loi, d'aller au-delà.

La justice que nous cherchons est-elle au-delà de la loi ou au-delà du droit ? Pour un juriste, droit et loi sont distincts : la loi est une composante du droit, qui est bien plus que la loi et comprend les principes constitutionnels, les règlements et décrets, les décisions de justice, les textes internationaux, etc. Nous ne nous attarderons pas sur cette distinction : dans la mesure où la « loi » que nous évoquerons en travaillant la notion de justice au-delà de la loi renverra aux lois du droit, au droit lui-même conçu sur les bases du droit positif comme un ensemble de lois, la justice au-delà de la loi et la justice au-delà du droit peuvent, dans ce qui nous préoccupe, être prises l'une pour l'autre. Par ailleurs, il est vrai que ce sont les doctrines du droit naturel qui postulent une dimension de justice extérieure au droit. Or ce n'est pas de ce côté-là que nous voulons nous tourner. Car nous ne voulons nous appuyer ni sur la justice divine, ni sur la justice comme principe immuable découvert par la raison. Nous allons cependant aller dans le sens d'une justice au-delà de la loi, en tant que dimension différente de celle de la loi comme telle, sans que sa position par rapport à la loi soit celle du droit naturel antique ou moderne. En même temps, tout en étant au-delà de la loi, cette justice ne nie pas la dimension de la loi, ne se pose pas contre les lois comme si sa réalisation dépendait de leur abolition. C'est la raison pour laquelle nous allons aussi nous demander dans quelle mesure l'idée de justice au-delà de la loi peut cesser d'être une simple idée pour trouver sa place au niveau juridique alors que la conception de la justice qui y prévaut repose sur la définition traditionnelle de la justice comme application des lois et que le mieux que puisse faire le juge est d'interpréter ces lois dans les limites d'un cadre déterminé.

L'auteur qui nous a mise sur la piste d'une telle idée est Jacques Derrida avec sa formulation radicale selon laquelle « La déconstruction est la justice ». La justice déconstruit le droit en dévoilant sa relation fondamentale avec la souveraineté. Dès lors, l'idée d'une justice au-delà de la loi porterait-elle – sans renvoyer au plan divin, mais en évoquant le plan juridique réel – la promesse d'une conception différente de la justice, dans laquelle il n'y aurait ni souverain ni violence ?

La nécessité de réfléchir sur la justice, la loi et le droit nous est venue il y a quelques années lorsque quatre enfants ont été condamnés à neuf ans de prison parce qu'ils avaient volé des baklavas. Voici ce qu'il s'est passé :

> Dans la nuit du 10 août 1997, à Gaziantep, quatre enfants entrant par effraction dans une célèbre boutique de baklavas ont été condamnés à une peine de neuf ans de prison lors du procès où ils ont été jugés pour avoir volé des baklavas et des pistaches. Trois d'entre eux ayant moins de 18 ans au moment des faits, leur peine a cependant été réduite à six ans. Ces enfants, après être restés 19 mois en prison, ont été libérés par une amnistie du premier ministre.

Analysons aussi cet autre fait :

> Le 17 décembre 2013, on a trouvé 4,5 millions de dollars dans une boîte à chaussures appartenant au PDG de la Banque populaire de Turquie (Türkiye Halk Bankası), dont le domicile avait été perquisitionné dans le cadre d'une série d'arrestations de personnes accusées de corruption. Le directeur général emprisonné fut remis en liberté quelques mois après l'événement.

Ces faits sont tous deux des cas de vols. Le vol est bien sûr un délit puni par le code pénal turc. Il faut souligner qu'entre les deux dates une réforme du code pénal est intervenue[28], qui diminue l'importance de la peine sanctionnant le vol. Peut-on dire cependant que le juge a rendu la justice en appliquant cette loi, même après la réforme ? La justice n'est-elle que le fait, pour le juge, de lire la loi concernant le vol et de prendre une décision en fonction de cela ? L'application du code pénal turc, selon notre système constitutionnel, est partie intégrante du devoir du juge à qui un pouvoir d'appréciation est attribué[29]. Cependant, comme la légalité du délit et

....

28 Entre le premier et le deuxième événement, le code pénal turc a changé. Dans le premier, la durée de la peine pour un vol est plus longue que dans le deuxième. Dans la loi la plus récente, le délit de vol est ainsi défini :
Loi n°5237, Article 141 – (1) Toute personne enlevant de l'endroit où il se trouve, sans le consentement de son propriétaire, un bien transportable appartenant à autrui, dans le but d'en tirer un avantage pour soi-même ou pour un tiers, sera punie d'un à trois ans de prison.

29 La Sous-Commission de Justice de l'Assemblée, reconnaissant que les peines infligées aux enfants pour avoir volé des baklavas heurtaient la conscience publique, a ajouté une nouvelle disposition au code pénal turc. Dans l'article ajouté sous le titre de « État de nécessité », on a donné pour la première fois aux juges un pouvoir d'appréciation quant au fait de donner une peine ou non. En conséquence, si le juge le veut, il peut ne pas pénaliser ceux qui volent lorsqu'ils ne peuvent pas faire autrement. Selon les exemples donnés par la sous-commission,

des peines est le principe fondamental, le droit pénal ne reconnaît pas de liberté de mouvement au juge : il n'a pas le droit de passer au-delà de la loi. Le juge ne peut que décider, en fonction des arguments contenus dans le code de procédure pénale, si un acte délictueux a eu lieu ou non, en fonction des arguments contenus dans le code de procédure pénale et se prononcer, à partir de là, sur la sanction qui viendra le punir. La légalité ici est essentielle. Ces deux événements différents et leur conclusion – une peine trop lourde dans le premier cas, une peine trop légère dans le second – ont heurté les consciences en ce qui concerne la difficulté de la justice à se réaliser et ont incité à remettre en question la relation entre la justice et la loi. Voilà deux décisions parfaitement légales que nous jugeons pourtant parfaitement injustes. Pour formuler un tel jugement, n'avons-nous pas dû nous porter au-delà de la loi ? Par la suite, il s'avéra que le nombre de petits exemples de ce genre se multipliaient, que cela ne se limitait pas à la Turquie, et que par ailleurs cela devenait un problème de plus en plus important.

En Turquie, il est écrit sur le mur de toutes les salles de tribunal que « La justice est le fondement de l'État ». Mais hélas, on sort de la plupart de ces tribunaux en se disant : « C'est ça, la justice ? » Nos juges, chargés de rendre la justice, l'ont en effet généralement comprise comme l'application des lois conformément à la procédure et n'ont pas pensé à dépasser la loi. Un juge devant prendre une décision peut dire à un moment donné : « Voilà ce qu'est la justice », mais nous devons savoir que cette situation momentanée où nous pourrons dire « voilà la justice » n'est que supposée en se fondant sur les règles et le verdict.

La déconstruction derridienne permet de pénétrer le système juridique en y dévoilant la conception logocentrique et communément admise de la justice, à laquelle le droit donne du sens en s'appuyant sur des analogies. « La déconstruction débarrasse la justice des habits étroits dont on l'avait habillée, révèle le point de vue qui interprète les différences en les faisant entrer de force dans le discours juridique universel et montre ce qu'il ne faut pas entendre par équité »[30]. Le juge peut rester « dans » la loi lorsqu'il prend une décision, mais sortir « hors de » la loi du point de vue d'une justice déconstructive. Si la conception de la justice au-delà de la loi qui apparaît avec cette idée nous a enthousiasmée et permis à ce travail de voir le jour, c'est peut-être parce qu'elle laisse penser qu'elle pourrait extraire la justice de ce système juridique dégénéré et coincé dans le cadre des lois.

....

un individu volant du bois pour se réchauffer quand il l risque de mourir de froid, ou quelques miches de pain quand il n'a pas d'argent, peut ne pas être pénalisé grâce à l'appréciation du juge. Cette évolution ne permet cependant pas de dire que « justice est faite ».

30 SAĞLAM, R., *Yapıbozumsal Adalet*, (La justice comme déconstruction), *op.cit.*, p. 102.

Ce livre comportera ainsi trois grandes parties. Dans la première, nous allons nous concentrer sur la structure de la modernité qui propose la Justice comme Droit, *qui devient Droit, qui devient loi en tant que Droit*[31]. Une telle conception est généralement attribuée à Hobbes, souvent considéré, nous l'avons vu, comme le premier des positivistes juridiques. Certains commentateurs de sa pensée doutent cependant de cette interprétation, en arguant de la présence d'une idée de justice comme loi de nature chez lui, laquelle correspondrait alors à une justice au-delà de la loi. Pour trancher dans ce débat, nous reprendrons les étapes qui mènent chez Hobbes à la création des lois civiles indissociables de la création de la souveraineté. Avec les lois civiles, l'état civil assure la préservation des hommes et de la propriété. L'état de guerre de l'état de nature est ainsi transformé en état de paix avec le droit et la politique. C'est aussi le moment de la naissance du droit positif car ces lois civiles sont posées par le souverain et non par la nature.

À partir de là, il semble que la justice soit définie par l'obéissance aux lois civiles. Ainsi, les définitions « à chacun selon ce que la loi lui attribue »[32] ou bien « être juste, c'est appliquer les lois du pays » pourraient bien trouver leurs racines chez Hobbes ; ce genre de conception continue à être important dans le domaine du droit et la justice y reste dans les frontières de l'activité juridique, elle est justice en tant que loi. Chez Hobbes, c'est le souverain qui est « en-dehors » des lois ou hors-la-loi : source des lois positives, il ne leur est pas assujetti. L'autre face de cette position de la souveraineté n'est autre que le monopole de la violence. En tant que catégorie juridique, la justice reste prise dans le rapport de la loi, du souverain et de la violence.

La deuxième grande partie de ce travail cherche à élaborer la notion de justice au-delà de la loi, à partir de l'œuvre de Jacques Derrida. Cette partie est essentielle, car la mise en lumière du rapport vicieux hobbesien révèle l'indétermination propre à la structure de la souveraineté, telle que l'on ne peut pas la distinguer durablement de la violence. Aussi l'un des buts de notre travail est de questionner la relation entre la Justice, le Droit, la loi, le souverain et la force, la possibilité de penser une justice au-delà de la loi ne pouvant avoir lieu qu'à la condition de déconstruire la structure même de la souveraineté. Derrida se consacre à cette tâche dans la dernière partie de son œuvre, qui contient l'histoire politique et onto-théologique du concept de souveraineté et de ses figures. Grâce à cette déconstruction, Derrida va non seulement nous proposer de sortir du rapport vicieux dans lequel est prise la justice, mais aussi de penser autrement cette justice. Pour

....

31 DERRIDA, Jacques, *Force de Loi. « Le Fondement mystique de l'autorité »*, Paris : Éditions Galilée, 1994-2005, p. 17.

32 PERELMAN, C., *Ethique et droit*, *op.cit.*, p. 41.

le comprendre, nous allons d'abord rappeler en quoi consiste la déconstruction en général, puis réfléchir à la façon dont Derrida déconstruit l'idée de souveraineté comme fondement de l'État moderne, pour analyser la façon dont cette déconstruction donne lieu à l'idée de justice au-delà de la loi. Quand Derrida dit : « la justice n'est pas une construction, elle se manifeste par la déconstruction du droit », il prend lui aussi le Droit comme l'ensemble construit des lois positives. Or le but de Derrida est de montrer que la justice n'est pas une construction, en particulier elle n'est pas une construction juridique et ne peut par conséquent pas être limitée par les lois. Elle n'est pas en dehors mais au-delà de la loi. Ou encore la justice est extra-juridique et est impossible à transcrire dans un texte de loi. Cela veut dire que le droit et la justice ne sont pas la même chose. Ce qui n'en revient pas à dire que la justice est hors-la-loi. Le souverain est hors-la-loi, mais pas la justice. Nous allons voir que cette définition nous renvoie à une exigence éthique, non l'éthique de l'Antiquité, mais celle d'Emmanuel Levinas, qui nous parle de l'éthique de l'Autre. Dans cette éthique, la justice n'est jamais présente mais toujours « à venir ».

Notre troisième grande partie portera sur le mouvement des « Critical Legal Studies (CLS) ». Les CLS sont apparues dans les années 1970 comme un mouvement qui s'opposait à la conception classique, conservatrice et masculine du droit en vigueur aux États-Unis et en Angleterre. L'importance de ce mouvement pour nous réside dans le fait que la pensée de Derrida en tant que philosophe sur la justice et sur la déconstruction a pénétré le monde des praticiens du droit. Nous verrons qu'il y a deux générations de CLS et que d'importantes différences existent entre elles tant du point de vue de leur relation à la pensée de Derrida que de la manière dont elles se définissent. La première génération avait surtout pris forme en Amérique avec, en tête, Duncan Kennedy, Peter Gabel, Mark Kelman, Roberto M. Unger et Mark Tushnet, tandis que la deuxième, avec Costas Douzinas, Drucilla Cornell, Pierre Schlag et Jack M. Balkin, vivait plutôt dans l'aire britannique. La question qui nous orientera dans cet examen sera celle de savoir si les CLS peuvent véritablement être considérées comme la « mise en pratique » de la déconstruction derridienne.

Le lecteur nous reprochera peut-être d'avoir passé trop de temps à présenter une diversité d'interprétations des œuvres que nous mobilisons sans prendre suffisamment de distance critique à leur égard. Concernant Derrida, en particulier n'aurions-nous pas pu lui retourner la démarche déconstructive, faire jouer Derrida au-delà de lui-même ?[33] Peut-être ce même lecteur aurat-il aussi souhaité rencontrer davantage de cas exemplaires dont on aurait pu dire : "voilà une vraie

33 Selon une suggestion de M. Patrice Vermeren.

pratique de l'idée derridienne dans un cas juridique". Mais plutôt que de considérer ces difficultés comme les lacunes de ce livre, nous nous abriterons derrière une distinction faite par Derrida lui-même entre le texte et le livre : « L'idée du livre, qui renvoie toujours à une totalité naturelle, est profondément étrangère au sens de l'écriture. Elle est la protection encyclopédique de la théologie et du logocentrisme contre la disruption de l'écriture, contre son énergie aphoristique et (...) contre la différence en général. Si nous distinguons le texte du livre, nous dirons que la destruction du livre, telle qu'elle s'annonce aujourd'hui dans tous les domaines, dénude la surface du texte. »[34] Ce qui va suivre n'est pas à prendre exactement comme un livre mais comme un texte accueillant à l'autre, à la lecture par l'autre, ou bien comme un livre, qui a toujours-déjà consenti à sa déconstruction.

....

34 DERRIDA, J., *De La Grammatologie*, Paris : Éditions de Minuit, 1967, p. 30.

PREMIÈRE PARTIE

L'idée de justice dans la théorie de la souveraineté et de l'état moderne de Hobbes : la justice en tant que droit

La politique moderne et la conception du droit et de l'État indépendant de la religion et de la morale commencent avec Thomas Hobbes. Son but est de construire autrement le concept du Droit par rapport au droit naturel de l'Antiquité et du Moyen Âge. Comme l'écrit S. Goyard-Fabre : « Contre Aristote, contre le droit romain, Hobbes n'entend donc nullement penser le droit comme le résultat d'un partage objectif, d'une distribution ou d'une répartition des biens au sein du groupe social. Selon Hobbes, le droit naturel est une qualité spécifique du sujet particulier. »[1] Hobbes introduit donc l'idée du contractualisme et l'idée moderne d'État dans l'histoire de la philosophie politique, ainsi qu'une nouvelle forme de subjectivité, la subjectivité juridique, dans la philosophie du droit. À côté du « sujet » de Descartes, il y a le « sujet de droit » chez Hobbes. Le contractualisme hobbesien nous raconte le passage des êtres raisonnables de l'état de nature à l'état civil pour plus de conservation et d'intérêt, en trois étapes. Ce contractualisme est important pour nous dans la mesure où l'idée de la justice y est comprise à partir de l'ensemble des lois.

Hobbes commence par définir la justice comme une loi de nature. Dans notre premier chapitre, nous allons voir qu'il expose la loi de nature d'une manière différente par rapport à ses prédécesseurs. Les lois de nature ne sont ni les simples conseils de la raison, ni les produits de la volonté, ni les commandements de Dieu. Elles sont les produits du consentement individuel. Mais si Hobbes définit la justice dans le cadre de l'examen des lois de nature, cela ne suffit cependant pas à la garantir. Il faut pour cela que le souverain apparaisse, que les lois naturelles deviennent des lois civiles. La philosophie de Hobbes représente l'une des premières tentatives d'exposition philosophique du principe de souveraineté après Bodin. Chez lui, l'instauration d'un souverain se réalise avec le pacte social. Chacun transfère volontairement sa puissance à ce souverain, qui a le droit d'utiliser la force pour préserver sa puissance. Ce pouvoir du souverain est sans limite extérieure : les termes du contrat social lui ont donné un pouvoir absolu. De ce fait,

1 GOYARD-FABRE, Simone, *Le Droit et la loi dans la philosophie de Thomas Hobbes*, Paris : Libraire C.Klincksieck, 1975, p. 70.

au nom de la préservation de l'état civil, le souverain, autrement dit l'État ou bien Léviathan, détient l'unique monopole de la violence, et cette violence est légitime. Bien sûr, ce n'est pas une violence visible, et même si elle est visible, elle n'est pas sans raison : elle est employée pour préserver l'état de paix ou bien pour assurer la Justice. Ainsi, la justice reste prise dans un rapport entre le souverain, la violence et le pouvoir. C'est cette relation entre justice, souveraineté et violence que nous allons élaborer dans le deuxième chapitre de cette partie.

I –

La justice comme loi de nature

Commencer par l'examen de la loi de nature est fondamental pour comprendre l'idée de justice chez Hobbes, puisqu'il la définit comme troisième loi de nature. Mais avant de passer directement à la troisième loi de nature, il faut comprendre en quoi consiste en général la loi de nature. De là, nous examinerons les deux premières lois de nature, puis la troisième, où il est fait mention de la justice.

A – Le sens de la loi de nature chez Hobbes ou la loi de nature en général

Par *loi de nature*, Hobbes entend une règle générale rationnelle qui assure la survie de l'homme et rend la paix possible :

> La loi de nature est un précepte, une règle générale, découverte par la raison, par laquelle il est interdit aux gens de faire ce qui mène à la destruction de leur vie ou leur enlève le moyen de la préserver, et d'omettre ce par quoi ils pensent qu'ils peuvent être le mieux préservés.[1]

Avec cette définition, Hobbes opère un tournant dans la tradition de la loi de nature qui avait commencé avec Aristote et prenait sa racine soit dans la nature, soit en Dieu. Hobbes rejette ces deux sources de la tradition pour définir la loi de nature comme un précepte, basé sur la raison humaine. C'est sur cette conception

....

1 HOBBES, T., *Léviathan traité de la matière, de la forme et du pouvoir de la république ecclésiastique et civile*, traduit par TRICAUD, F., Paris : Éditions Dalloz, 1999, p. 128.

que se fonde son rejet d'Aristote pour qui la nature est l'ensemble des accidents qui, réunis, constituent la nature totale d'une chose, *the whole nature of thing*, par opposition à ses parties[2]. La nature chez Hobbes n'a plus de sens métaphysique. Elle est un mécanisme de parties. C'est ce qu'indique Goyard-Fabre :

> En effet, tandis qu'Aristote définit la loi naturelle comme « la loi commune » qui, fondée sur le consentement tacite de tous, possède cette universalité qu'Empédocle avait déjà vue et que la plupart des auteurs ont répétée, Hobbes assure que la loi de nature ne réside pas dans le consensus omnium mais qu'« il ne peut y avoir aucune autre loi de nature que la raison. » (Hobbes, *Elements of Law*, chap. XVIII)[3]

D'un côté, l'origine de la loi reste encore divine « car Dieu a donné la raison à l'homme pour lui tenir de lumière et de flambeau »[4]. C'est pourquoi la loi de nature est non-écrite, immuable, éternelle et universelle. Cependant, d'un autre côté, il ne faut pas la confondre avec la loi divine : même si elle a une origine divine, la loi de nature est fondamentalement humaine, car c'est la raison qui la découvre. Elle n'a pas besoin de révélation, elle n'est pas un commandement direct de Dieu mais un commandement de la Raison. Toujours selon Goyard-Fabre : « La loi naturelle, différente de la loi divine strictement entendue en ce qu'elle demeure étrangère à la révélation surnaturelle, est déjà une déduction ou une construction rationnelle. »[5] La loi de nature est donc morale et rationnelle. Hobbes est le premier théoricien moderne de la loi naturelle.

Si la loi de nature n'est ni le produit de la Nature, ni celui de Dieu, comment la Raison la produit-elle ? Pour comprendre cette relation, il faut examiner comment Hobbes pense la raison, autrement dit, la nature humaine. D'après Léo Strauss, il faut, selon Hobbes, rechercher le fondement de la loi naturelle non dans la finalité de l'homme mais dans ses origines, dans la *prima naturae* ou plutot *primum naturae*[6]. Selon Hobbes, si la nature humaine est constituée de deux éléments principaux – la raison et la passion – ce sont les passions qui ont la primauté. L'homme de Hobbes est dominé par la gloire, l'humilité, l'abjection, la honte, le courage, la colère, la vengeance, le repentir, l'espérance, le désespoir, la défiance, la confiance, la pitié, la dureté, l'indignation, l'émulation, l'envie, l'amour, l'admiration, la curiosité. Ces passions sont issues du mouvement animal – appelé aussi

2 HOBBES, *De Cive*, cité par POLIN, R., « Les Lois de nature à la mode de Hobbes », in *Le Pouvoir et le droit*, éd. par ROUX, L., TRICAUD, F., *op.cit.*, p. 49.

3 HOBBES, cité par GOYARD-FABRE, *Le Droit et la loi dans la philosophie de Thomas Hobbes*, *op.cit.*, p. 46.

4 HOBBES, *De Corpore politico*, Première partie, cité par GOYARD-FABRE, *ibid.*, p. 47.

5 GOYARD-FABRE, *ibid.*, p. 48.

6 STRAUSS, Leo, *Droit naturel et histoire*, Paris : Champs Flammarion, 1986, p. 165.

par Hobbes mouvement volontaire –[7] qui oriente l'homme vers autre chose que lui-même. Hobbes définit ainsi le désir qui est un effort (*conatus*) vers son objet. L'effort est un concept central de la science du mouvement physique de l'esprit humain et de plusieurs aspects de la philosophie morale et politique de Hobbes. Il l'aborde pour la première fois dans les *Eléments de la loi* comme le « commencement intérieur du mouvement animal » :

> Ce mouvement en quoi consiste le plaisir ou la douleur est aussi une sollicitation ou une provocation à poursuivre la chose qui plaît ou à fuir la chose qui déplaît ; et cette sollicitation est l'*endeavour* ou le commencement intérieur du mouvement animal. Quand l'objet plaît, ce mouvement s'appelle appétit ; quand il déplaît, il s'appelle aversion.[8]

Hobbes utilise aussi le mot conatus dans le *Tractatus Opticus* quand il définit « la propagation de la lumière jusqu'à l'œil comme un mouvement, mouvement qui poursuit par le nerf optique, de la rétine jusqu'au cerveau par conatus »[9]. Le conatus en général est donc une inclination à se mouvoir. L'homme de Hobbes est déterminé par ces inclinations ou désirs.

Si le conatus a une telle importance, c'est que sa conséquence n'est autre que la loi de nature. Mais pour arriver à la loi de nature, il faut que la raison intervienne car le désir est naturellement infini et il signifie toujours incomplétude, illimitation. Heureusement, la nature humaine possède aussi la raison qui intervient dans les passions. C'est ce que Hobbes appelle le droit usage de la raison, qui est un calcul. Il le définit dans le *De Cive.*

> Par droite raison, en l'état naturel des hommes, je n'entends pas, comme beaucoup d'autres, une faculté infaillible, mais l'acte propre et véritable du calcul rationnel que chacun applique à ses propres actions dans la mesure où elles peuvent être accomplies dans l'intérêt ou au détriment des autres hommes.[10]

La nature humaine écrit Goyard-Fabre, implique, à la différence de ce que pensera Rousseau, l'impossible solitude de l'individu. C'est le contraire aussi de l'homme d'Aristote, dont la nature est sociale, tandis que le calcul rationnel est en rapport avec ma relation à autrui. « L'homme de Hobbes éprouve constamment,

....

7 HOBBES, *Nature humaine*, cité par GOYARD-FABRE, *Le Droit et la loi dans la philosophie de Thomas Hobbes, op.cit.*, p. 43.

8 HOBBES, *Eléments de la loi,* cité par BARNOUW, J., « Le Vocabulaire du conatus », in *Hobbes et son vocabulaire*, sous la direction de ZARKA, Y.C., Paris : J.Vrin, 1992, p. 104.

9 HOBBES, *Tractatus opticus I,* cité par BARNOUW, *ibidem.*

10 HOBBES, *De Cive*, Première partie, chap. II, cité par GOYARD-FABRE, *Le Droit et la loi dans la philosophie de Thomas Hobbes, op.cit.,* p. 4.

et jusqu'à l'angoisse, la présence de l'autre homme et la menace du temps qui, l'une et l'autre, contiennent sa mort. »[11]

D'après Raymond Polin, le jeu des passions et les calculs de la raison convergent dans ce qu'on est convenu d'appeler la loi de nature[12]. Elle est, selon Hobbes, ce qui nous oblige à notre propre conservation :

> La loi de nature n'ordonne rien aux hommes ; elle est simplement un calcul, un conseil de la raison ; elle n'est pas une norme juridique ; elle n'est pas même une règle impérative, mais bien plutôt une tendance et même une qualité de l'humaine nature[13].

L'obligation de la loi de nature est une obligation *in foro interno* et non pas *in foro externo*. C'est-à-dire qu'à la différence de la loi comprise à la manière de la philosophie positiviste, la loi de nature n'est pas une règle prescriptive ou prohibitive. Elle n'est obligatoire que pour la conscience. Toutes les autres obligations prennent leur source à partir de cette obligation. Selon R. Polin :

> L'obligation imposée par ces théorèmes relève de la cohérence rationnelle, d'une exigence de non-contradiction qui n'est pas seulement abstraite, mais effective et efficace, puisque la raison est un élément intrinsèque de notre nature, puisqu'il est de notre nature de pouvoir agir rationnellement.[14]

B – Les deux premières lois de nature

Hobbes énonce dix-neuf lois de nature dans le *Léviathan*. Elles sont des déductions rationnelles mais aussi des lois morales. Une seule formule les résume toutes : « Ne fais pas à autrui ce que tu ne voudrais pas qu'on te fasse à toi-même. »[15]

La première loi de nature – dont découlent toutes les autres – est la recherche de la paix. Raymond Polin les a classées en cinq grands groupes[16] :

Groupe 1 : il s'agit de l'ossature du système et sa structure affecte la forme d'une stricte déduction : que faire pour établir la Paix et la maintenir ?

Groupe 2 : comment user raisonnablement de la crainte réciproque qui anime les hommes ?

....

11 GOYARD-FABRE, *ibid.*, p. 44.

12 POLIN, Raymond, *Hobbes, dieu et les hommes*, Paris : PUF, 1981, p. 160.

13 HOBBES, *Nature humaine*, cité par GOYARD-FABRE, *Le Droit et la loi dans la philosophie de Thomas Hobbes*, *op.cit.*, p. 49.

14 POLIN, R., *Hobbes, dieu et les hommes, op.cit.*, p. 161.

15 HOBBES, *Léviathan*, *op.cit.*, p. 157.

16 POLIN, R., *Politique et philosophie chez Thomas Hobbes*, Paris : PUF, 1953, p. 191.

Groupe 3 : combat la crainte réciproque sous toutes ses formes, qu'il s'agisse de l'orgueil, de l'insolence ou de l'arrogance offensante.
Groupe 4 : organise le choix des arbitres et les conditions de l'arbitrage.
Groupe 5 : concerne la juste distribution des biens, sans que Hobbes ne se préoccupe ici de principe directeur qui relève des lois civiles.

Je vais m'en tenir ici aux trois premières lois de nature, parce que ce sont elles qui ouvrent la voie de la justice chez Hobbes. La première est le droit de nature, la deuxième, le contrat et la justice est la troisième.

1 – Première loi de nature : Le droit de nature dans l'état de nature

Hobbes définit ainsi la première loi de nature dans *Léviathan* :

> C'est un précepte, une règle générale, de la raison, que tout homme doit s'efforcer à la paix, aussi longtemps qu'il a un espoir de l'obtenir ; et quand il ne peut pas l'obtenir, qu'il lui est loisible de rechercher et d'utiliser tous les secours et tous les avantages de la guerre.[17]

Cette définition se lit en deux parties. L'une nous donne la première et fondamentale loi de nature, *qui est de rechercher et de poursuivre la paix*, et l'autre résume l'ensemble du droit de nature, qui est le droit de se défendre par tous les moyens dont on dispose. Hobbes définit le droit de nature de la façon suivante :

> Le droit de nature, que les auteurs appellent généralement *jus naturale*, est la liberté qu'a chacun d'user comme il le veut de son pouvoir propre, pour la préservation de sa propre nature, autrement dit de sa propre vie, et sa conséquence de faire tout ce qu'il considérera, selon son jugement et sa raison propres, comme le moyen le mieux adapté à cette fin.[18]

Le droit de nature est le corollaire de la première loi de nature et il apparaît donc lui-même comme une loi de nature. Mais avant de donner cette définition, Hobbes fait une distinction entre le droit et la loi, *jus* et *lex*. Le droit est d'abord une liberté. Par liberté, il entend la possibilité pour l'homme d'user de son propre pouvoir selon les dictats de sa raison. C'est la liberté de faire une chose ou de ne pas la faire.

> La liberté fait ainsi de chaque homme un être différent, un être qui imagine, calcule et décide, à lui tout seul, pour lui tout seul, en dernier

....

17 HOBBES, *Léviathan*, *op.cit.*, p. 129.
18 *Ibid.*, p. 128.

> ressort, les moyens de sa survie. Cette individualité confère à cette liberté ce qu'elle comporte en elle-même d'irréductible.[19]

Or, si nous nous souvenons de la définition de la loi de nature, la loi énonce une obligation :

> [...] car le Droit consiste dans la liberté de faire une chose ou de s'en abstenir, alors que la Loi vous détermine, et vous lie à l'un ou à l'autre ; de sorte que la loi et le droit diffèrent exactement comme l'obligation et la liberté, qui ne sauraient coexister sur un seul et même point.[20]

À la loi correspondrait donc l'obligation, au droit, la liberté. Mais selon Goyard-Fabre, cela est contradictoire, même si loi naturelle et droit de nature sont des corollaires[21]. Car, d'une part, la loi de nature nous commande de rechercher la paix, et, d'autre part, le droit de nature nous dit d'user de notre pouvoir jusqu'à la fin pour nous défendre. S'il est essentiel de se défendre par le droit de nature, l'homme peut rester sauvage. Mais pourquoi l'homme doit-il se défendre lui-même ? Pour répondre à cette question, il faut en revenir à la conception hobbesienne de l'état de nature.

L'état de nature est un état de guerre où il n'y a de sécurité ni pour la vie, ni pour la propriété. Dans l'état de nature, c'est la volonté réciproque de se nuire qui anime les hommes[22]. C'est pourquoi les hommes vivent dans la peur de la mort et sont dotés de la passion du pouvoir. Ils sont tous égaux. L'égalité vient de l'égalité du droit de nature et de la liberté. Chacun est libre d'utiliser son droit de nature. Dans l'état de nature, le but est d'assurer la défense et la protection de sa vie en vertu du droit de nature. Selon le commentaire de Frank Lessay : « Dans l'état de nature, en effet tout est légitime (*lawful*) au sens où aucune conduite ne peut enfreindre le moindre droit puisque, par définition, le droit de nature qui s'applique aux comportements individuels correspond pour chacun à une liberté sans limites d'agir selon son jugement. »[23]

Pour survivre, chacun est libre d'utiliser son pouvoir propre. Le droit de nature donne à chacun une liberté infinie pour la préservation de sa vie. Toute personne faisant face à un danger pour sa vie a par nature le droit de tuer. Dans cet état

19 POLIN, *Hobbes, dieu et les hommes*, *op.cit.*, p. 133.

20 HOBBES, *Léviathan*, *op.cit.*, p. 128.

21 GOYARD-FABRE, Simone, « Metamorphosis of the Idea of Right in Thomas Hobbes's Philosophy », in *Hobbes's Science of Natural Justice*, éd. par WALTON, C., JOHNSON, P.J., Dordrecht: Martinus Nijhoff Publishers, 1987, p. 158.

22 HOBBES, *De Cive*, cité par GOYARD-FABRE, *Le Droit et la loi dans la philosophie de Thomas Hobbes*, *op.cit.*, p. 57.

23 LESSAY, Frank, *Souveraineté et légitimité chez Hobbes*, Paris : PUF, 1988, p. 169.

de nature, l'homme est un loup pour l'homme *(« homo homini lupus »)*. Il faut cependant rappeler avec Goyard-Fabre que l'état de nature est un état fictif qui sert à montrer la nécessité du pouvoir civil.

> L'état naturel de la vie humaine n'est pas un état historique ni même une conjecture anhistorique ; c'est une fiction, une simple hypothèse logique : on peut discerner le genre de vie qui prévaudrait s'il n'y avait pas de pouvoir commun.[24]

Pourquoi Hobbes a-t-il imaginé cet état de nature comme un état de guerre ? Il aurait pu être coopératif et être un état de paix. Selon Bernard Gert, cette image violente de l'état de guerre vient de la compréhension pessimiste que Hobbes a de la nature humaine. Les hommes sont souvent gouvernés par leurs passions et ces passions les conduisent à se conduire comme des loups : Hobbes « considère que la plupart des gens sont plus souvent gouvernés par leurs passions que par la raison, et qu'ils sont souvent prêts à sacrifier leurs semblables à leur propre intérêt et à celui de leur famille ou de leurs amis proches »[25]. Mais surtout, cette conception de l'état de nature comme sauvage et violent est nécessaire à Hobbes parce qu'il doit montrer la nécessité du souverain. Selon Jean Hampton, l'état de nature est le premier moment pour établir le pouvoir commun. Hobbes en a absolument besoin pour défendre l'absolutisme[26]. Si tous les hommes vivaient naturellement en paix, pourquoi le souverain apparaîtrait-il ?

La conséquence de tout cela est que dans l'état de nature, la force fait le droit, au sens où le droit de nature n'est rien d'autre que la force spécifique de l'individu naturel, une force physique selon S. Goyard-Fabre[27]. Cette force peut être vue comme une violence sauvage pour sauver sa vie. Mais elle n'est pas une force illimitée : du fait de sa relation avec la loi de nature, c'est une force raisonnable. C'est ainsi que Hobbes aborde le droit de nature comme une qualité inhérente à la nature humaine : c'est lui qui est à la source du droit subjectif. On voit ici comment la pensée moderne prend pour point de départ les droits individuels. Toutes les étapes suivantes, comme le contrat social, l'idée du souverain et l'État, découlent en effet d'une nécessité inhérente au droit de nature. Selon Leo Strauss, cette relation entre le droit de nature et la loi de nature marque un tournant dans l'histoire de la politique et du droit : « La pensée moderne prend pour point de

24 GOYARD-FABRE, Simone, *Le Droit et la loi dans la philosophie de Thomas Hobbes*, *op.cit.*, p. 59.

25 GERT, Bernard, « Le Droit de nature », in *Le pouvoir et le droit*, *op.cit.*, p. 39.

26 HAMPTON, J., « Hobbes' State of War », in *Hobbes*, éd. par SHAVER, R., UK: Ashgate Publishing, 1999, p. 77.

27 LESSAY, F., *Souveraineté et légitimité*, *op.cit.*, p. 169.

départ les droits de l'individu et conçoit l'Etat comme un moyen de garantir les conditions de son développement, (alors que) la pensée grecque prend pour point de départ le droit de l'Etat. »[28]

On peut reprendre ici la question de la contradiction entre droit de nature et loi de nature pointée par S. Goyard-Fabre, intéressante car elle donne lieu à une discussion entre les commentateurs de Hobbes.

S. Goyard-Fabre insiste sur le fait que la finalité du droit de nature est d'user de notre pouvoir jusqu'à la fin pour nous défendre, alors que la loi de nature nous commande de rechercher la paix. Cela peut engendrer la guerre, par qui « le genre humain est détruit ». Hobbes montre aussi que l'égalité des droits de nature et de la liberté des hommes est une grande misère, car l'égalité des forces et des droits devient en fait le droit du plus fort. Si chacun a le droit de se préserver lui-même, il doit utiliser sa puissance de sorte que le plus puissant en ressorte victorieux. L'égalité est donc celle d'utiliser le droit de nature mais non celle de l'égalité des puissances. Quant à la liberté, c'est une liberté inopérante, car, selon S. Goyard-Fabre, elle n'est pas garantie par la loi : « Elle est donc anarchique et sauvage ; rien ne la contrôle, rien ne la garantit et privée de sanction, elle est ipso facto, privée d'efficacité. »[29] La liberté véritable apparaît après l'institution du pouvoir commun. Le droit de nature est un droit basé sur la puissance mais il est lui-même impuissant parce qu'il est dépourvu de légitimité. En ce sens, le droit de nature est vain et est donc un non-droit. « Ce sont donc, conclut S.Goyard-Fabre, les antinomies du droit de nature qui amènent l'homme, parce qu'il est un *homo-rationalis* à qui l'irrationnel est insupportable, à quitter l'état de nature pour l'état civil, à substituer, par le truchement d'un artifice, un corps politique à la masse des individus naturels. »[30] En fin de compte, la loi de nature est en réalité la conséquence du droit de nature. C'est l'idée que défend Strauss : la morale et la politique modernes sont fondées sur le droit de nature et non pas sur la loi de nature : « Le fondement de la morale et de la politique n'est pas la loi de nature, ni l'obligation naturelle, mais le droit de nature. La loi de nature ne doit toute sa dignité qu'au fait qu'elle est la conséquence nécessaire du droit de nature »[31]. En d'autres termes, le droit de se défendre de l'homme vient avant tout mais il ne suffit pas : pour arriver à l'état de paix, il faut en plus que la loi de nature intervienne. Même si le droit de nature donne une liberté, l'obligation propre à la loi de nature préserve mieux la vie humaine car elle seule peut donner lieu à un état de paix.

28 STRAUSS, Leo, *La Philosophie politique de Hobbes*, Paris : Belin, 1991, p. 221.

29 GOYARD-FABRE, Simone, *Le Droit et la loi dans la philosophie de Thomas Hobbes, op.cit.*, p. 80.

30 *Ibid.*, pp. 81-82.

31 STRAUSS, Leo, *La Philosophie politique de Hobbes, op.cit.*, p. 220.

Mais cette thèse du caractère misérable du droit de nature et de sa relation avec la loi de nature, défendue tant par Goyard-Fabre que Strauss, est discutée. Ainsi pour C.A.J. Coady, « Strauss se trompe en voyant le droit de nature de Hobbes comme inconditionnel, surtout s'il dit comme Goyard-Fabre le comprendre comme une simple volonté brutale. »[32] Ni l'un ni l'autre n'aperçoit la rationalité du droit de nature. Le droit de nature est encore le corollaire de la loi de nature et ce dernier est le fondement de la morale et du politique modernes. En tant qu'exercice de la loi de nature, le droit de nature n'est pas sauvage et a une normativité. Ce n'est pas une liberté de violer la loi de nature. Raymond Polin défend la même thèse que Coady : « Le droit naturel peut être défini comme une règle de la droite raison qui fait connaître qu'une action, suivant qu'elle est ou non conforme à la nature raisonnable ou sociale, est entachée de difformité morale ou qu'elle est moralement nécessaire. »[33] D'après lui, le fondement de la morale et du politique n'est pas le droit de nature mais bien la loi de nature. Le droit de nature est déjà limité par le droit d'agir rationnellement et ainsi par la loi de nature, « mais ce droit ne constitue ni une catégorie morale, ni une catégorie juridique : il exprime un fait, une nécessité de nature qui entraîne l'homme à vouloir et à désirer ce qui est *bonum sibi*, c'est à dire se maintenir dans sa nature et à toujours tenter de conserver sa vie, par tous les moyens en son pouvoir »[34].

Cependant, quelle que soit la relation entre le droit de nature et la loi de nature, une chose est sûre : pour Hobbes, il faut soit abandonner le droit de nature soit le transférer, par un contrat, à un pouvoir commun qui sera le souverain. Ainsi, nous pouvons passer à la deuxième loi de nature : le contrat pour transférer le droit de nature.

2 – Deuxième loi de nature : le contrat social

Nous savons que le but de la loi de nature fondamentale dite première nous incline à faire la paix et nous donne le droit de nous défendre par tous les moyens dont nous disposons. L'homme peut se défendre lui-même par des moyens violents en utilisant la force pure, mais la force n'est pas tout à fait pure puisque Hobbes lui associe le calcul et le choix de moyens rationnels. C'est ainsi qu'il déduit la deuxième loi de nature de la loi fondamentale de nature :

> Que l'on consente, quand les autres y consentent aussi, à se dessaisir, dans toute la mesure où l'on pensera que cela est nécessaire à la paix

32 COADY, C.A.J, « The Peculiarity of Hobbes' Concept of Natural Right », in *Hobbes's Science of Natural Justice, op.cit.*, p. 177.

33 POLIN, *Politique et philosophie chez Thomas Hobbes, op.cit.*, p. 183.

34 *Ibid.*, p. 184.

> et à sa propre défense, du droit qu'on a sur toutes choses ; et qu'on se contente d'autant de liberté à l'égard des autres qu'on en concèderait aux autres à l'égard de soi-même.[35]

Hobbes évoque ici une opération : se dessaisir de son droit de nature en passant des contrats. Mais en quoi consiste un tel dessaisissement ? S'agit-il de quitter le droit de nature ou de transférer le droit de nature à un autre ?

Hobbes explique d'abord que se dessaisir d'un droit sur une chose est se dépouiller de la liberté infinie qui peut être utilisée pour empêcher autrui de profiter de son propre droit sur la même chose[36]. Le sens du renoncement par chacun au droit de nature est la limitation de sa liberté infinie. Mais comment allons-nous renoncer à notre droit de nature ? Selon Hobbes, soit on y renonce purement et simplement, soit on y renonce au profit d'une autre personne. Dans le premier cas, peu importe qui bénéficie de cette renonciation, alors que dans le deuxième cas, on sait qui en bénéficie :

> En y RENONÇANT *purement et simplement*, quand on ne se soucie pas de savoir à qui échoit le bénéfice d'un tel geste. En le transmettant, quand on destine le bénéfice de son acte à une ou plusieurs personnes déterminées[37].

On peut donc dire que ce n'est pas la renonciation pure et simple au droit de nature qui nous amène à la paix. Ce transfert de droit n'ajoute rien à la puissance du droit de nature d'autrui mais il diminue seulement les obstacles à son utilisation. De plus, si l'homme a une fois transféré son droit de nature, il commettrait une injustice s'il revenait sur ce transfert qui a été volontaire.

> [...] car tel est son devoir, ne pas rendre nul l'acte volontaire qu'il a ainsi posé ; et qu'un tel acte d'empêchement est une injustice et un tort étant accompli sine jure.[38]

Dans ce transfert, l'homme ne se désiste de son droit de nature que s'il obtient quelque bien pour lui-même. C'est pourquoi, tous ses droits ne sont pas aliénables. Parmi les droits inaliénables, « le droit de résister à ceux qui attaquent de vive force pour lui enlever la vie » est essentiel. Car, selon Hobbes, le but du transfert des droits est de se défendre soi-même ou bien d'obtenir quelque bien pour soi-même. Ainsi l'essentiel est la défense de l'individu.

35 HOBBES, *Léviathan*, *op.cit.*, p. 129.
36 *Ibid.*, p. 130.
37 *Ibidem*. (Majuscules et italiques sont dans le texte)
38 *Ibidem*.

Comment se réalise ce transfert du droit de nature ? La réponse est le contrat. « La transmission mutuelle de droit est ce qu'on nomme Contrat. »[39] Un contrat exige d'abord une réciprocité, autrement dit, il n'est pas une donation, ou alors c'est une donation mutuelle. Voici comment Hobbes définit le contrat dans *Elements of Laws* :

> Quand un homme transfère son droit en attente d'un bienfait réciproque, cela n'est pas une donation libre-*free gift*- mais une donation mutuelle, qu'on appelle contrat.[40]

L'essentiel dans le contrat, ce sont les obligations réciproques des parties. Il s'agit donc d'un contrat d'association et non pas d'un contrat de soumission absolue, dont il faut souligner qu'il n'est réalisé qu'entre les hommes. Quand Hobbes parle de l'alliance de la Bible entre Dieu, Abraham et ses descendants, il emploie le mot pacte. Il n'y a pas donc de contrat entre les animaux ou entre l'homme et l'animal ou encore entre Dieu et l'homme : « Acte laïc et temporel, le contrat consacre la désacralisation de ce qui est de droit »[41]. Cependant, ce qui est important dans la pensée du contrat de Hobbes n'est pas seulement qu'il met l'homme à la place des animaux ou de Dieu, mais c'est surtout qu'il pose les prémisses de l'individualisme. Le contrat est encore au profit de l'individu : « Cela signifie que l'acte de contracter est tributaire de l'essence subjective du droit de nature : autrement dit, il appartient aux individus d'être les puissances génératrices de l'État et de la paix »[42].

En résumé, la deuxième loi de nature, définie comme le transfert mutuel du droit de nature, indique une voie de sortie de l'état de guerre. Il faut se dessaisir de son droit de nature et de la liberté sauvage en passant des contrats. L'homme passe de la violence à la politique mais, cette fois-ci, la violence sauvage sera transformée en violence légitime. Nous y reviendrons plus tard.

Remarquons pour le moment que l'idée de contrat n'est pas propre à Hobbes, elle vient de l'antiquité grecque, influencée par le pluralisme médiéval et l'humanisme renaissant[43]. Mais l'originalité de Hobbes est d'ajouter l'idée de Pacte à celle de contrat. Luc Barot explique cette adjonction de la manière suivante : « Le contrat (*contract* ou *contractus*) est la relation qui lie les sujets au souverain sans que le souverain soit redevable de ses actes devant les sujets. Le souverain

39 *Ibid.*, p.132.

40 HOBBES, *Elements of Law*, cité par GOYARD-FABRE, *Le Droit et la loi dans la philosophie de Thomas Hobbes, op.cit.*, p. 92. (Les italiques sont dans la citation.)

41 GOYARD-FABRE, *Le Droit et la loi dans la philosophie de Thomas Hobbes, op.cit.*, p. 95.

42 *Ibid.*, p. 92.

43 *Ibid.*, p. 86.

n'est souverain qu'à partir du moment où, s'engageant par le pacte réciproque (*covenant, pact, pactum, foedus*) à ne plus se gouverner chacun individuellement, les individus se constituant comme sujets s'engagent en même temps et dans la même formule à obéir à un souverain désigné »[44]. En d'autres termes, le contrat a lieu entre les sujets qui conviennent d'obéir à un souverain pour vivre dans un état de paix, tandis que le pacte se passe entre les sujets et le souverain mais l'obéissance n'y est pas mutuelle. Le souverain n'a pas d'obligation dans ce contrat. Il est délié de tout engagement contractuel.

Ainsi, dès la seconde loi de nature, l'idée du contrat est le point à partir duquel la loi de nature fondamentale peut commencer à se réaliser, tout en étant essentielle pour le mécanisme d'apparition du souverain, de l'État, de la loi civile, c'est-à-dire de l'état civil : « Le *covenant* », c'est-à-dire le pacte réciproque entre les individus, « est le point de départ d'un nouvel ordre humain, la mutation sociale et politique qu'il engendre par son mécanisme même est une révolution juridique par laquelle le pouvoir régulateur de la loi civile supplante la liberté sauvage du droit de nature »[45].

Nous allons examiner comment Hobbes construit ce mécanisme, mais avant cela ce dernier nous parle d'une exigence forte très importante : obéir aux conventions, ce qui est en même temps la source de la justice, qui est la troisième loi de nature

C – La troisième loi de nature : la Justice

Avec la troisième loi de nature, il est question d'une exigence d'obéir au contrat : « que les hommes s'acquittent de leurs conventions, une fois qu'ils les ont passées (...) »[46]. C'est là que Hobbes arrive à la définition de la justice : « Et c'est en cette loi de nature qui consiste la source et l'origine de la Justice. »[47]

On voit donc que la justice est cachée dans la troisième loi de nature, elle est ainsi elle-même une loi de nature. Comme on l'a déjà vu, la loi de nature n'est pas une loi au sens propre : il faut pour cela l'instauration de l'état civil. Dès lors, ne peut-on pas dire que même chez Hobbes il y a une justice au-delà de la loi ? C'est la thèse d'un certain nombre de commentateurs. Je voudrais soutenir au contraire

....

44 BOROT, Luc, « Le Vocabulaire du contrat, du pacte et de l'alliance », in *Hobbes et son vocabulaire*, sous la direction de ZARKA, Y.C., *op.cit.*, p. 204.

45 *Ibid.*, p. 118.

46 HOBBES, Thomas, *Léviathan*, *op.cit.*, p. 143.

47 *Ibidem.*

que, dans la mesure où les lois auxquelles les hommes doivent obéir sont les lois civiles et que l'assurance de cette obéissance est assurée par le souverain, il n'y a pas de justice au-delà de la loi chez Hobbes dans la mesure précisément où elle advient dans la limite même des lois. De fait, avec l'apparition du souverain et la compréhension des lois comme commandements du souverain, ce dilemme se résout et la justice sera définie en termes juridiques. De plus, ce sens de la justice en tant que limitée par les lois du souverain provoque une exigence de violence qui va causer la disparition de la justice elle-même.

Reprenons ici les arguments par lesquels on établit généralement que chez Hobbes il y a une justice au-delà de la loi. Cette idée provient avant tout du fait que la justice est définie comme une loi de nature alors que les lois de nature ne sont pas des lois au sens positiviste. N'étant posées ni par Dieu, ni par le souverain, elles sont avant tout le résultat d'un effort (*conatus*) et de la volonté. Mais ce n'est pas un effort quelconque, c'est un effort ou une volonté dans lequel la raison intervient. C'est ainsi que les lois de nature sont des commandements de la Raison. Donc la justice chez Hobbes est un calcul de la Raison avant d'être l'exécution d'une loi. Là serait, selon Jeffrey Barnouw, la première preuve de la justice comme au-delà de la loi : « Hobbes dit aussi que notre salut requiert que nous tâchions (*endeavour*) d'obéir aux lois naturelles (qui sont identiques à celles du royaume céleste) et d'être juste, «au sens où l'on entend par justice non pas l'absence de culpabilité, mais l'effort (*endeavour*) et la volonté constante de faire ce qui est juste». »[48] Cette relation entre la justice, le *conatus* et la raison montre que l'obéissance au pacte, autrement dit la justice, n'est pas basée sur le pouvoir extérieur mais sur l'obligation intérieure – obligation *in foro interno* et non *in foro externo*. La justice chez Hobbes a d'abord une relation avec notre conscience et non pas avec les lois juridiques. Cette relation de la justice avec la conscience est un deuxième argument en faveur de la justice comme au-delà de la loi chez Hobbes. L'obligation qu'a le souverain de respecter les lois naturelles quand il fait les lois est aussi un argument qui va dans ce sens. Enfin, troisième argument, en disant que ces lois de nature sont les lois morales aussi, la justice est une vertu qui fait plutôt partie de la morale que du droit.

Tous ces arguments viennent contester l'idée selon laquelle Hobbes serait le fondateur du positivisme juridique. C'est aussi la position de Mark Murphy[49], pour qui Hobbes est plus proche de la tradition du jus naturalisme en raison de

....

48 BARNOUW, Jeffrey, "Le Vocabulaire du conatus", in *Hobbes et son vocabulaire, op.cit.*, p. 120.

49 MURPHY, Mark C., « Was Hobbes a Legal Positivist? », in *Hobbes*, éd. par SHAVER, R., UK: Ashgate Publishing, 1999.

la relation nécessaire entre la loi naturelle et la loi civile. Chez Hobbes, une loi civile n'est pas seulement un commandement du souverain. Elle doit aussi être compatible avec la raison, autrement dit avec les lois de nature :

La loi de nature et la loi civile se contiennent l'une l'autre, et sont d'égale étendue. En effet, dans l'état de pure nature, les lois de nature, qui consistent dans l'équité, la justice, la gratitude et les autres vertus morales qui dépendent de ces premières, ne sont pas proprement des lois [...] mais des qualités qui disposent les hommes à la paix et à l'obéissance.[50]

Une telle justice ne reste-t-elle cependant pas uniquement conceptuelle voire formelle, et la vraie justice ne devient-elle pas uniquement possible, en tant que résultat du pacte et de l'apparition du souverain ? Dans la citation ci-dessous, le passage de la justice comme au-delà de la loi vers la justice comme loi apparaît clairement :

> C'est une fois qu'une République est établie (et pas avant) qu'elles sont effectivement des lois, en tant qu'elles sont alors les commandements de la République, et qu'en conséquence elles sont aussi les lois civiles : c'est en effet le pouvoir souverain qui oblige les hommes à leur obéir.[51]

L'effectivité de la justice ne vient qu'avec les lois civiles, autrement dit avec le souverain. À partir de là, la justice devient inhérente au système légal auquel il est obligatoire d'obéir, elle est en fin de compte définie par cette obligation. De plus, c'est une obligation non pas *in foro interno*, mais *in foro externo,* autrement dit, c'est une obligation qui vient du pouvoir du souverain. Dans *De Cive,* Hobbes caractérise l'obligation comme le processus selon lequel « le plus faible, désespérant de son pouvoir de résistance, ne peut que se soumettre au plus fort. »[52]

C'est ainsi que chez Hobbes, la justice reste prise dans les frontières de l'activité juridique. Mais si la justice est l'application de la loi, une telle application supposant des règles, les règles de droit précisément, alors cela veut dire aussi que la justice en tant que loi est aussi la volonté du souverain. Car les lois sont posées par le souverain et c'est lui aussi qui applique les lois : « (...) le Souverain, écrit Hobbes, dispose de l'Epée de justice. »[53] La Justice ne peut donc pas être assurée à partir de la loi de nature. C'est pour garantir la possibilité de la justice que le pouvoir, l'État, sera nécessaire. Il faut examiner maintenant cette relation entre la justice et le souverain.

....

50 HOBBES, *Léviathan, op.cit.,* p. 285.

51 *Ibidem.*

52 HOBBES, *De Cive,* cité par PAULSON, S. L., « Thomas Hobbes et le positivisme juridique classique », in *Le Pouvoir et le droit, op.cit.,* p. 111.

53 HOBBES, *Elements of Laws,* cité par POLIN, R., *Hobbes, Dieu et les hommes, op.cit.,* p. 227.

II –

Justice, souveraineté et violence

Jusqu'ici nous avons examiné l'idée de la loi de nature en général, comme droit de nature, contrat et justice. En abordant la justice comme loi de nature, nous avons discuté la question de savoir si l'on pouvait parler d'une justice au-delà de la loi chez Hobbes. Même si nous avons rencontré des idées favorables à cette thèse, nous avons finalement conclu que la justice était plutôt définie par les lois positives. À partir de là, nous allons voir que si la justice est définie par les lois, elle exige une figure comme le pouvoir souverain, source des lois. « Là où il n'est pas de pouvoir commun, il n'est pas de loi ; là où il n'est pas de loi, il n'existe pas d'injustice », écrit Hobbes dans *Léviathan*[1], et S. Goyard-Fabre ajoute : « donc, non plus, de justice »[2]. Nous constatons également que cette relation provoque une exigence de violence. Pour comprendre ces relations, nous étudierons d'abord cette figure du pouvoir souverain, puis sa relation avec la justice (à travers la relation entre le souverain et la loi) et enfin, la relation entre le souverain, la justice et la violence.

A – Le souverain : le Léviathan comme personne

Chez Hobbes, c'est l'État qui garantit la justice. Sa figure est celle du Léviathan qui est une image issue de la Bible, de l'Ancien Testament. Léviathan n'est pas un animal quelconque mais un monstre marin, l'animal le plus puissant et le plus

....

1 HOBBES, *Léviathan, op.cit.*, p. 126.

2 GOYARD-FABRE Simone, « La Notion de souveraineté de Bodin à Hobbes », in *Hobbes et son vocabulaire*, sous la direction de ZARKA, Y.C., *op.cit.*, p. 227.

indomptable. Le choix de cette figure montre que chez Hobbes l'État doit être à la fois puissant et prêt à se transformer en monstre. Dans la première édition de son livre, il utilise l'image suivante pour définir le Léviathan :

> [...] Un homme gigantesque, composé d'une infinité de petits hommes, tient, en protecteur d'une ville paisible, une épée de la main droite et une crosse épiscopale de la gauche. Sous chaque bras, le temporel comme le spirituel, se trouve une série de cinq dessins : sous l'épée, une citadelle, une couronne, un canon, puis des fusils, des lances et des étendards, et pour finir, une bataille ; à cela correspondent, sous le bras spirituel : une église, une mitre d'évêque, les foudres de l'excommunication, de subtils distinctions, syllogisme et dilemmes, et enfin un concile.[3]

Sur quels concepts Hobbes construit-il sa théorie de l'État ? L'homme ? Dieu ? L'animal ? Le peuple ? La représentation, l'État ou le souverain ?

Dans le chapitre XVII du *Léviathan*, Hobbes explique ainsi la « génération de la République » :

> Il s'agit d'une unité réelle de tous en une seule et même personne, unité réalisée par une convention de chacun avec chacun passée de telle sorte que c'est comme si chacun disait à chacun : [...] Cela fait la multitude, ainsi unie en une seule personne est appelée une République, en latin *CIVITAS*. Telle est la génération de ce grand LÉVIATHAN, ou plutôt, pour en parler avec plus de révérence, de ce *dieu mortel* auquel nous devons, sous le *Dieu immortel*, notre paix et notre protection.[4]

Dans cette définition, nous observons que le traducteur François Tricaud a choisi d'utiliser le mot République, en latin *Civitas*, au lieu de celui d'État. Aucun de ces trois mots ne correspond au vrai sens du mot *Commonwealth* que Hobbes utilise dans le nom complet du *Léviathan*[5]. Nous reprendrons ce point un peu plus loin, l'important pour le moment étant de comprendre la relation entre le souverain et l'État, la République ou *Commonwealth.* Comment comprendre que la République et le souverain désignent la même chose ? Il faut pour cela examiner la définition suivante du souverain.

> En lui réside l'essence de la République, qui se définit comme suit : *une personne unique telle qu'une grande multitude d'hommes se sont*

....

3 *Ibid.*, p. 81.

4 HOBBES, *Léviathan, op.cit.*, pp.177-178. (Les italiques sont dans le texte.) Ce passage que nous soulignons indique l'unité et l'indivisibilité de la souveraineté. Nous ne les développons pas dans ce chapitre mais y insisterons dans la partie consacrée à Derrida.

5 *Léviathan, or the Matter, Form, and Power of a Commonwealth, Ecclesiastical and Civil*

faits, chacun d'entre eux, par des conventions mutuelles qu'ils ont passées l'un avec l'autre, l'auteur de ses actions, afin qu'elle use de la force et des ressources de tous comme elle le jugera expédient, en vue de leur paix et de leur commune défense. Le dépositaire de cette personnalité est appelé SOUVERAIN, et l'on dit qu'il possède le *pouvoir souverain* ; tout autre homme est son SUJET.[6]

Soulignons d'abord qu'il y a une différence, établie pour la première fois par Jean Bodin, entre le souverain et la souveraineté[7]. Alors que la souveraineté est le principe de la *res publica*, le souverain est la personne seulement chargée de la souveraineté. Il existe une seule souveraineté qui est l'État. La souveraineté et le souverain relèvent de deux temporalités. La temporalité de la souveraineté est la perpétuité, alors que le pouvoir du souverain est seulement temporel.

Dans l'introduction du *Léviathan,* Hobbes parle également de la souveraineté comme de l'âme artificielle du corps de l'État : « En lui la souveraineté est une âme artificielle, puisqu'elle donne la vie et le mouvement à l'ensemble du corps »[8]. Ainsi, l'État ou la République est le corps du souverain et la souveraineté l'âme de ce corps. La souveraineté est l'essence de la République, et non la République elle-même. L'image du Léviathan contient les deux comme l'ensemble de l'âme et du corps, autrement dit l'État et la souveraineté. L'État est le lieu de la souveraineté : c'est à dire que la souveraineté n'existe que dans l'État, et sans souveraineté, l'État ne serait pas[9].

Nous pouvons à présent examiner les caractéristiques du souverain, en tant que dépositaire de la souveraineté. Dans sa définition, Hobbes parle tout de suite du Léviathan comme d'une seule et même personne. Que signifie être une personne ? Ce mot vient de « persona » en latin s'utilise plutôt pour les acteurs qui jouent un rôle représentant soi-même ou autrui :

> [...] *persona* en latin désigne le *déguisement, l'apparence extérieure* d'un homme, imités sur la scène ; et parfois, plus précisément, la partie du déguisement, qui recouvre le visage : le masque. De la scène, le mot est passé à tout homme qui donne en représentation ses paroles et ses actions, au tribunal aussi bien qu'au théâtre. *Personne* est l'équivalent d'un *acteur,* tant à la scène que dans la vie courante ; et *personnifier,* c'est *jouer le rôle,* ou *assurer la représentation,* de soi-même ou d'autrui.[10]

6 HOBBES, *Léviathan, ibidem.*
7 MAIRET, Gérard, *Le Principe de souveraineté,* Paris : Éditions Gallimard, 1997, p. 42.
8 *Ibid.*, p. 5.
9 RANGEON, François, *Hobbes : État et droit,* Paris : Albin Michel, 1982, p. 101.
10 HOBBES, cité par LESSAY, F., « Le vocabulaire de la personne », in *Hobbes et son vocabulaire, op.cit.,* p. 158.

Pour Hobbes, être une personne signifie donc d'abord représenter. Si cette personne se représente elle-même, c'est une personne naturelle, si elle représente l'autre, c'est une personne fictive ou artificielle :

> Est une PERSONNE, celui *dont les paroles ou les actions sont considérées, soit comme lui appartenant, soit comme représentant les paroles ou actions d'un autre, ou de quelque autre réalité à laquelle on les attribue par une attribution vraie ou fictive.* Quand on les considère comme lui appartenant, on parle d'une personne naturelle, quand on les considère comme représentant les paroles ou les actions d'un autre, on parle d'une personne fictive ou artificielle.[11]

En tant que personne, le souverain est une personne fictive ou artificielle qui représente un autre. Apparaît alors une nouvelle question : quel est cet autre représenté par le souverain en tant que personne artificielle ? La réponse se trouve dans *Les éléments du droit naturel et politique,* dans la définition suivante de la personne :

> 1. Il s'agit d'abord de l'être humain en général
>
> 2. Il s'agit ensuite de l'homme ou de la femme considérés en eux-mêmes et par eux-mêmes, indépendamment de ce qui leur appartient mais n'est pas eux-mêmes.
>
> 3. Il s'agit enfin d'une personne artificielle, telle qu'une corporation, autrement dit d'une société constituée de personnes individuelles (...)[12].

Le souverain, en tant que personne artificielle, unit la multitude. Sa personnalité est constituée par cette multitude qui va devenir, grâce à lui, le peuple. Notons ici la distinction entre la multitude et le peuple. La multitude n'a aucune unité, aucune volonté unie. Elle n'est pas une personne, mais un pur néant social[13]. Grâce au contrat qui instaure une personne artificielle par transfert de droits, c'est le peuple qui se constitue en tant que volonté unie. Si on se souvient de l'image du *Léviathan*, on constate que cette personne artificielle est composée d'une infinité de petits hommes, autrement dit de petites personnes naturelles :

> Une multitude d'hommes devient *une seule* personne quand ces hommes sont représentés par un seul homme ou une seule personne de telle sorte que cela se fasse avec le consentement de chaque individu

....

11 HOBBES, *Léviathan*, *op.cit.*, p.161. (Les majuscules sont dans le texte)

12 HOBBES, *Les Éléments du droit naturel et politique,* cité par LESSAY, « Le Vocabulaire de la Personne », in *Hobbes et son vocabulaire*, *op.cit.*, p.156.

13 LANDRY, Bernard, *Hobbes*, Paris : Libraire Felix Alcan, 1930, p. 202.

> singulier de cette multitude. Car c'est l'*unité* de celui qui représente, non l'unité du représenté, qui rend *une* la personne. Et c'est celui qui représente qui assume la personnalité, et il n'assume qu'une seule. On ne saurait concevoir l'unité dans une multitude, sous une autre forme.[14]

Ce que commente Bernard Landry : « L'État est une personne, parce que la multitude, après le contrat social, est censée n'avoir qu'une volonté »[15]. C'est pourquoi Hobbes a choisi d'utiliser le mot de *Commonwealth* dans le titre complet de *Léviathan*. Car ni le mot d'État, ni celui de République ne suffisent à rendre compte de la volonté qui caractérise le Léviathan : le recours au suffixe *common-* de *Common-wealth* indique que cette volonté n'est pas la volonté d'une personne, mais est une volonté unie, commune à une multitude de personnes, c'est-à-dire un peuple.

Quant à la relation entre le souverain et la République, nous pouvons dire que le souverain est la personne de la République, *la persona civitatis*[16]. Comme cette personne se compose par le contrat, autrement dit par le consentement de chacun, c'est une personne juridique, et non une personne théâtrale : c'est-à-dire qu'elle est à la fois artificielle et civile. Le souverain décide et agit au nom du peuple, dont il est le représentant. La personne souveraine devient donc la personne représentante.

B – L'absoluité du souverain et sa relation avec la loi et la justice

Que va faire le *Léviathan* en tant que personne représentante ? Que représente-t-il ? Et quels sont ses droits ?

Le Léviathan est tout d'abord seul législateur, autrement dit le seul responsable de faire la loi. Hobbes appelle cette loi « loi civile », et il la définit en fonction du souverain :

> La LOI CIVILE *est pour chaque sujet, l'ensemble des règles dont la République, par oral, par écrit, ou par quelque autre signe adéquat de sa volonté, lui a commandé d'user pour distinguer le droit et le tort, c'est-à-dire ce qui est contraire à la règle et ce qui ne lui est pas contraire.*[17]

Dans cette définition, nous observons que la loi civile est basée sur la volonté du souverain. Mais cela ne signifie pas qu'elle dépend de son arbitraire. En faisant

....

14 HOBBES, *Léviathan*, *op.cit.*, p. 166.
15 LANDRY, B., *Hobbes*, *op.cit.*, p. 202.
16 LESSAY, Frank., *Souveraineté et légitimité chez Hobbes*, *op.cit.*, p. 160.
17 HOBBES, *Léviathan*, *op.cit.*, p. 282. (Les italiques sont dans le texte).

la loi civile, le souverain ne doit obéir ni à Dieu, ni à une autre autorité, mais aux lois de nature qui sont avant tout les conséquences de la Raison. D'ailleurs la loi civile n'est pas totalement différente de la loi de nature : la différence ne porte que sur la forme. La loi de nature est non écrite, immuable et éternelle tandis que la loi civile est écrite, muable et finie.

> La loi civile et la loi naturelle ne sont pas des espèces de loi différentes, mais des parties différentes de la loi : une partie de celle-ci, écrite, est appelée loi civile ; l'autre, non écrite, est appelée loi naturelle.[18]

Nous pouvons même dire que la loi de nature est le fondement de la loi civile. Comme l'écrit Hobbes :

> La loi de nature et la loi civile se contiennent l'une l'autre, et sont d'égale étendue. En effet, dans l'état de pure nature, les lois de nature [...] ne sont pas proprement des lois, mais des qualités qui disposent les hommes à la paix et à l'obéissance. C'est une fois qu'une République est établie qu'elles sont effectivement des lois, en tant qu'elles sont alors les commandements de la République, et qu'en conséquence elles sont aussi lois civiles : c'est en effet le pouvoir souverain qui oblige les hommes à leur obéir.[19]

En ce sens, le souverain n'est pas assujetti à la loi civile mais à la loi de nature. L'obligation par rapport aux lois de nature est une obligation pour tous *in foro interno*. Même si le souverain n'a pas d'obligation par rapport aux lois civiles– alors que l'obéissance aux lois civiles fait aussi partie de l'obligation dûe à la loi de nature – il doit obéir aux lois de nature. En cela la loi que fait le souverain est une bonne loi.

> Par bonne loi, je n'entends pas une loi juste, car aucune loi ne peut être injuste. La loi est faite par le pouvoir souverain, et tout ce qui est fait par ce pouvoir est cautionné et reconnu pour sien par chaque membre du peuple : et ce que chacun veut ne saurait être dit injuste par personne. Il en est des lois de la République comme des lois des jeux : ce sur quoi les joueurs se sont accordés n'est pour aucun d'eux une injustice. Une bonne loi se caractérise par le fait qu'elle est, en même temps *nécessaire* au *bien du peuple*, et claire.[20]

Hobbes fait une différence entre la bonne loi et la loi juste. Par bonne loi, il entend la loi faite par le souverain pour le bien du peuple, conformément aux indications de la loi de nature. Mais le critère de la loi juste n'est pas celui de la

....

18 *Ibid.*, p. 285.
19 *Ibidem.*
20 *Ibid.*, p. 370. (Les italiques sont dans la citation.)

bonne loi car la loi n'est juste qu'en tant que décision du pouvoir souverain qui représente la volonté de chaque sujet. Le souverain est la source de la légalité et la justice n'en est pas séparée. Au fond, la question de l'injustice de la loi souveraine ne se pose même pas.

Il est cependant difficile de comprendre pourquoi on a ici une si grande confiance dans le souverain. Selon Hobbes la justice du souverain est sa conscience, autrement dit le produit du calcul de sa raison. Mais pourquoi devrions-nous avoir confiance dans la conscience d'une seule personne pour arriver à la justice ? Comment savons-nous que le souverain obéit chaque fois à la loi de nature ? La réponse est qu'il lui obéit pour protéger son propre pouvoir. La violation des lois de nature causerait sa ruine. Selon Yves-Charles Zarka, il y a certes des mauvais souverains qui ne connaissent pas ou ne respectent pas les lois de nature. Cependant l'existence humaine n'est jamais exempte d'inconvénients et, somme toute, un mauvais souverain vaut mieux qu'une absence totale d'État[21]. De même pour B. Landry : « La violation des lois de nature entraîne, pour les souverains, de graves châtiments ; elle les affaiblit ; et lorsqu'ils sont devenus complètement incapables de protéger leurs sujets, les sujets sont déliés de tout devoir. »[22]

Si nous pouvons mieux comprendre à présent pourquoi la loi faite par le souverain est une bonne loi, il n'en reste pas moins que, même s'il doit obéir à la loi de nature, la loi civile est la conséquence de sa volonté. C'est ce point qui ouvre la voie du positivisme juridique, comme nous l'avons vu plus haut. Avec comme conséquence pour la justice, que si, comme l'indique A. Passerin d'Entrèves, « le droit ne tire pas sa qualité légale de son contenu intrinsèque, mais uniquement de la volonté du souverain, il n'y a manifestement aucun moyen de faire dépendre sa valeur d'une mesure objective, que ce soit de la «justice» ou de la loi naturelle, ou même de la moralité positive. [...] Dernier nominaliste, Hobbes peut aussi être qualifié de premier positiviste juridique ».[23] Par l'action du souverain, la loi devient une véritable loi qui oblige civilement et non pas moralement. L'obligation à cette loi civile est donc *in foro externo*, et non pas *in foro interno :* « De la loi naturelle qui n'était pas une loi, écrit S. Goyard-Fabre, l'autorité souveraine fait une véritable règle législative, qui emporte avec soi obligation et effectivité »[24]. Ainsi la validité de la loi ne vient pas de la nature ni de Dieu, mais du souverain.

....

21 ZARKA, Yves Charles, *Hobbes et la pensée politique moderne, op.cit.,* p. 226.

22 LANDRY, Bernard, *Hobbes, op.cit.*, 1930, p. 224.

23 PASSERIN, A. D'Entreves, *La Notion d'état*, cité par LESSAY, *Souveraineté et légitimité chez Hobbes, op.cit.,* p. 179.

24 GOYARD-FABRE, Simone, « La Législation civile dans l'état-Léviathan », in *Thomas Hobbes : De la métaphysique à la politique,* éd. par BERTMAN M., MALHERBE M., Paris : J. Vrin, 1989, p. 190.

Julie Saada partage cette idée : « Jamais la loi naturelle ne peut être opposable à la loi positive. Elle ne constitue donc pas une norme extérieure, mais seulement une condition de validité, c'est à dire, de rationalité de la loi civile. »[25] Mais si la justice est définie par les lois civiles, le souverain devient le garant de la justice. Il faut souligner encore une fois que, même s'il initie la tradition du positivisme juridique, Hobbes n'est pas positiviste en raison de sa relation avec la loi de nature comme on l'a vu dans la première partie. Son côté positiviste vient de ce que la loi civile est posée par le souverain qui est l'unique législateur. En fin de compte, la loi civile n'est que le commandement du souverain. Par le contrat, les gens lui donnent le droit d'édicter les lois civiles et acceptent d'obéir à ses commandements. Le souverain désormais possède le pouvoir législatif. Même si la source de la souveraineté vient du consentement des sujets, en constituant le souverain en source de la loi, Hobbes lui donne toute légitimité pour qu'il instaure et annule la loi sans qu'il soit besoin pour cela du consentement de ses sujets.

La tâche première des lois civiles est de conférer certains droits civils aux hommes. Comme on l'a vu dans la première partie le droit de nature nous donne une liberté tandis que la loi, soit de nature, soit civile, nous donne une obligation. En revanche les droits civils sont protégés par les lois civiles, autrement dit, par le souverain.

> Le droit, en effet, c'est la liberté, plus précisément la liberté que nous laisse la loi civile ; la loi civile, au contraire, est une obligation, elle nous enlève la liberté que la loi de nature nous avait donnée.[26]

Le premier des droits civils est le droit de propriété. Comme l'écrit R. Polin, c'est grâce à lui que l'on s'éloigne de la violence de l'état de nature : « L'institution de la propriété est une conséquence de l'État ; elle est déterminée et distribuée par le Souverain grâce aux lois civiles qui sont les règles de la propriété. »[27] En plus d'assurer le droit de propriété, le souverain a d'autres devoirs envers ses sujets pour éloigner l'état perpétuel de guerre, comme se renseigner sur les projets et les ressources de ses voisins, ou établir des magistrats et une armée permanente :

> Le premier devoir du souverain, écrit Landry, chargé de mettre ses sujets à l'abri d'une attaque étrangère, c'est de se renseigner sur les projets et les ressources de ses voisins ; il doit posséder des espions en tous les pays, afin de ne jamais être surpris par un assaut subit. Ensuite, le prince,

....

25 SAADA, Julie, *Hobbes et le sujet de droit*, Paris : CNRS Éditions, 2010, p. 172.
26 HOBBES, *Léviathan*, *op.cit.*, p. 311.
27 POLIN, Raymond, *Politique et philosophie chez Thomas Hobbes*, *op.cit.*, p. 199.

> pour être en mesure de repousser l'attaque, doit faire une grande provision de soldats, d'armes, de vaisseaux, de forteresses et d'argent.[28]

Le but final de toutes ces lois est de garantir le salut du peuple, *salus populi*[29], synonyme de sûreté du peuple, en premier lieu la préservation de la vie et le fait de vivre en paix et en justice. C'est d'ailleurs ce sens que désigne en premier le terme de *Commonwealth* qui vient de *viel* en anglais *wela* ou *weola* qui signifie le bien-être, la prospérité.

> Notez que par *sûreté*, je n'entends pas ici la seule préservation, mais aussi toutes les autres satisfactions de cette vie que chacun pourra acquérir par son industrie légitime sans danger ni mal pour la République.[30]

Comme l'indique S. Goyard-Fabre, la finalité qui justifie la souveraineté (garantir la paix et la sûreté) est aussi ce qui garantit qu'elle est source de justice :

> La souveraineté n'est source de justice que dans la mesure où, par ses lois, elle contribue à la paix, au *salus populi*, au *comfort of life* et même à la vertu. Lors même que la souveraineté est absolue – *saluta legibus ou ex lege* – elle est, dans sa fonctionnalité même « contenue » par les lois de nature qui sont l'index de sa finalité.[31]

Pour comprendre l'importance de la sécurité chez Hobbes, il faut se tourner vers l'état de nature qui est un état sans sécurité, un état de peur. L'homme est un loup pour l'autre homme. Personne n'est assuré de continuer à vivre : tout le monde a peur de la mort. Avec le contrat le souverain transforme l'état de guerre en état de paix. La crainte ne disparaît cependant pas, sauf qu'il n'en reste qu'une, consécutive au contrat, la crainte du pouvoir. Tout le monde accepte cette crainte qu'entraîne l'obligation ou la conformité aux lois, c'est-à-dire la justice chez Hobbes. La différence avec la crainte propre à l'état de nature c'est que, selon F. Rangeon, celle-ci est consentie : « De même le souverain ne peut-il ériger la crainte en méthode de gouvernement. Le pouvoir du souverain n'est efficace que s'il est reconnu et accepté. »[32]

Si le pouvoir du souverain est reconnu et accepté, c'est parce que, par le contrat, les gens acceptent déjà d'obéir aux lois civiles car ces lois sont au fond posées par eux. Le souverain est le représentant constitué par ses sujets. Donc désobéir aux lois civiles signifie désobéir à eux-mêmes : « En l'autorisant à agir comme bon lui

28 LANDRY, Bernard, *Hobbes*, *op.cit.*, 1930, p. 220.

29 GOYARD-FABRE, Simone, « La Législation civile dans l'état-Léviathan », *op.cit.*, p. 182.

30 HOBBES, *Léviathan*, *op.cit.*, p. 357.

31 GOYARD-FABRE Simone, « La Notion de souveraineté de Bodin à Hobbes », in *Hobbes et son vocabulaire*, *op.cit.*, p. 228.

32 RANGEON François, *Hobbes : État et droit*, *op.cit.*, p. 92.

semble en mon nom, je le constitue mon représentant. Désormais, lui désobéir reviendrait à me désobéir à moi-même, ce qui serait absurde »[33], indique F. Lessay.

Cependant, pour assurer la justice, la paix et la sécurité, le souverain doit posséder certains droits indivisibles au-dessus de tous les droits des sujets et qui ne peuvent passer à autrui. Dans le chapitre XVIII, Hobbes nous expose ces droits :

1. Les sujets ne sauraient changer la forme de la République.
2. On ne peut pas être déchu du pouvoir souverain.
3. Nul ne peut sans injustice protester contre l'institution du souverain reconnu par la majorité.
4. Les sujets ne sauraient incriminer justement les actions du souverain.
5. Rien de ce que fait le souverain ne saurait être puni par un sujet.
6. Le souverain est juge de ce qui est nécessaire pour la paix et la défense de ses sujets.
7. Le droit d'édicter des règles telles que chaque sujet sache ce qui lui appartient en propre, de telle sorte que nul autre sujet ne puisse le lui enlever sans injustice.
8. Lui appartient aussi le droit de rendre la justice sous toutes ses formes et de décider de l'issue des litiges.
9. Et de décider la guerre ou la paix, selon ce qui lui paraîtra le meilleur.
10. Et de choisir tous conseillers et ministres, tant de paix que de guerre.
11. De rétribuer et de châtier, et lorsqu'aucune loi préalable n'en a déterminé la mesure à son gré.
12. Et d'assigner l'honneur et le rang.[34]

Tous ces droits nous montrent que le souverain est au-dessus des lois civiles et des droits des sujets. Il possède le pouvoir absolu. D'une part, ce pouvoir est une force légitime, mais, d'autre part, nous allons le voir, il cause la violence. Nous nous intéresserons d'abord à ce pouvoir comme force légitime puis à sa transformation en violence pour nous demander quelles conséquences le lien intrinsèque de l'État avec la violence aurait-il sur son rôle de garant de la justice.

C – L'absoluité du souverain et sa relation au pouvoir, à la force et à la violence

Considérons d'abord la question de la légitimité du pouvoir souverain en tant que pouvoir absolu. À la fin de sa définition de la République, Hobbes parle du souverain comme d'un « dieu mortel ». Que signifie cette expression ? Pourquoi

33 LESSAY Frank, *Souveraineté absolue, souveraineté légitime, op.cit.*, p. 283.

34 HOBBES, *Léviathan*, *op.cit.*, pp.179- 187.

Hobbes rapproche-t-il Dieu et le Léviathan ? Selon Luc Foisneau, Hobbes cherche à reconduire au plan de l'artifice l'efficace politique de la transcendance : issu du contrat, le souverain transcende tous les participants individuels à ce contrat. Mais, comme le souligne Foisneau, cette transcendance est d'ordre juridique, et pas métaphysique comme Dieu : « Alors que la transcendance divine se définit comme un excès naturel de la puissance de Dieu, qui le met au-dessus de tout contrat, la transcendance du souverain humain se définit comme un excès de puissance créé par contrat. »[35] Ainsi le Léviathan est « hors-la-loi », au sens où il est *au-dessus* des lois : sa transcendance vient de cette supériorité[36]. En tant que tout-puissant, Léviathan ressemble à Dieu, mais sa toute-puissance n'est pas identique à celle de Dieu, car le caractère de toute puissance n'appartient au sens fort qu'au Dieu immortel. La puissance de Léviathan est œuvre humaine et elle se forme grâce à un contrat passé entre des hommes. C'est pourquoi elle est, selon F. Lessay, *précaire, limitée et provisoire*[37]. Il ne s'agit pas d'une puissance illimitée comme celle de Dieu.

En fin de compte, comme l'indique A. Passerin d'Entrèves, la puissance de Léviathan se définit plutôt comme pouvoir (*potestas* et non *potentia*) : « La théorie de Hobbes concernant la souveraineté est une description de l'État en fonction du pouvoir, non de la puissance. »[38] Ce pouvoir résulte du contrat et le pacte social constitue le souverain comme légitime. Sa force n'est pas simplement une force physique, elle est aussi la force de la loi, une force qualifiée par le Droit. Selon Passerin D'Entrèves, avec le concept de pouvoir comme tel, naît l'État moderne : « L'État moderne est un système juridique. Le pouvoir qu'il exerce n'est pas seulement basé sur la force, mais sur la force employée au nom d'un ensemble de règles : et c'est du fait que la force est employée en accord avec elles que nous pouvons inférer qu'un État «existe». »[39] Avec ce pouvoir légitime, l'État devient un système juridique.

Être une personne civile implique donc une volonté autorisée par le contrat. La légitimité confère son autorité au pouvoir. Dans l'introduction du *Léviathan*, Hobbes fait d'ailleurs équivaloir le mot de pouvoir et celui d'autorité, en latin

....

35 FOISNEAU, Luc, « La Transcendance de l'état dans la philosophie de Hobbes », dans *Les Cahiers de Fontenay : L'Etat. Philosophie morale-politique*, no :67-68, ENS Fontenay : St Cloud, 1992, p. 147.

36 Dans ce travail, nous allons rencontrer trois sortes de « hors-la- loi » : la première apparaît ici avec cette caractéristique du Léviathan, du souverain d'être *au-dessus* des lois, la seconde correspondra à la justice comme *au-delà* de la loi, la troisième sera le *en dehors-de-la-loi* de l'animal et de Dieu chez Derrida.

37 LESSAY, Frank, *Souveraineté et légitimité chez Hobbes*, *op.cit.*, p. 106.

38 PASSERIN, A. D'Entreves, *La Notion d'état*, p.138, cité par LESSAY, *ibid.*, p. 108.

39 PASSERIN, A. D'Entreves, *La Notion d'état*, Paris : Éditions Sirey, 1969, p. 124.

potestas sive autoritas : « La *potestas*, c'est en effet le pouvoir, en tant qu'il incarne l'autorité, c'est-à-dire en tant qu'il est légitime. »[40]. Hobbes définit également l'autorité comme le droit d'accomplir : « Et de même que le droit de possession est appelé empire sur une chose (*Dominion*), le droit d'accomplir quelque action est appelé Autorité. »[41] Parler du *Léviathan* comme d'une personne ou d'un acteur signifie qu'il agit en vertu de l'autorité : « La personne est alors l'acteur ; celui qui en reconnaît pour siennes (*owneth)* les paroles et actions est l'AUTEUR, et en ce cas l'acteur agit en vertu de l'autorité qu'il a reçue. »[42] Cette autorité fait la loi, sans référence à la vérité : « C'est l'autorité, non la vérité qui fait la loi. »[43] Le fondement de l'autorité est donc le respect, et non la contrainte ou la violence. Selon Jacqueline Russ, le fondement de l'autorité est le prestige[44].

Sans le pouvoir de l'État, les individus vivent uniquement dans l'état de guerre, dépourvus de toute cohésion sociale. Autrement dit, avec ce pouvoir, le souverain devient la garantie de la protection, de la liberté, de la paix et finalement de la justice. Comme l'indique encore R. Polin :

> La souveraineté absolue ou l'obéissance absolue ne sont pas des fins en elles-mêmes. [...] Souveraineté absolue et obéissance absolue sont, aux yeux de Hobbes, les moyens nécessaires à la réalisation des fins pour lesquelles la société civile a été instituée : la protection, la sauvegarde de la vie et de la liberté, la paix et la justice.[45]

Par obéissance absolue, Hobbes entend l'obéissance aux lois civiles, autrement dit l'obéissance aux volontés du souverain, pour permettre la sécurité. Mais, comme nous l'avons vu plus haut, il ne s'agit pas d'obligation involontaire car elle est déterminée par la raison. En vertu de la loi de nature elle-même, chacun veut vivre dans un état de paix : « L'obéissance absolue, écrit R. Polin, n'est pas la servitude, puisqu'elle est soumise à la raison publique et non pas à la raison privée et au caprice d'un maître particulier. »[46]

Mais l'absoluité n'engage pas seulement l'obéissance absolue du sujet au souverain, elle engage encore l'autorité absolue du souverain qui comprend aussi le droit de contrainte sur les sujets. Ainsi, selon J. Russ : « Si le pouvoir n'est pas résolu à

40 HOBBES, *Léviathan,* cité par, FOISNEAU, L., « Le Vocabulaire du pouvoir », in *Hobbes et son vocabulaire*, sous la direction de ZARKA, Y.C., *op.cit.*, 1992, p. 92.

41 HOBBES, *Léviathan, op.cit.*, p. 163.

42 *Ibidem.*

43 HOBBES, *Léviathan*, cité par FOISNEAU, L., HHOURAD, D., *Kant et Hobbes de la violence à la politique*, Paris : J. Vrin, 2005, p. 30.

44 RUSS, Jacqueline, *Les Théories du pouvoir*, Paris : Libraire Générale Française, 1994, p. 39.

45 POLIN, Raymond, *Hobbes, Dieu et les hommes, op.cit.*, p. 111.

46 *Ibid.*, p. 110.

forcer l'obéissance, il disparaît en tant que tel. Ici apparaît la *contrainte* : le pouvoir met en place un réseau et un appareil avec, essentiellement, armée, police, bureaucratie, règles, gamme de sanctions diverses, règlements, lois, appareil exclusivement orienté vers une action coercitive pesant sur les individus. »[47] Ainsi, l'obligation *in foro interno* n'est pas suffisante pour l'effectivité de la justice. Pour vivre en paix, il faut une obligation *in foro externo* qui se réalise grâce à l'autorité absolue du souverain.

Nous savons que le souverain est au-dessus des lois, comme un dieu mortel. C'est essentiellement cette caractéristique qui lui donne une absoluité. Souvenons-nous de l'image de Léviathan, au-dessus de toute la ville, de tous les hommes. D'après S. Goyard-Fabre : « Dire que la souveraineté est absolue, c'est-à-dire qu'elle est franche ou libre à l'égard des lois, édits ou ordonnances dont elle a seule le pouvoir de décider et de disposer. Tout pouvoir souverain est au-dessus des lois puisqu'elles dépendent de lui ; il n'est lié par aucun *vinculum juris* qui l'obligerait juridiquement ; d'ailleurs *service* et *souveraineté* sont des notions antinomiques. »[48] Cette supériorité donne une grande force au souverain. Les lois civiles dépendent de lui mais il n'en dépend pas, n'est pas responsable devant elles. Quoi qu'il fasse, le souverain ne peut être jugé ni puni en vertu de ces lois. Il n'est responsable que devant les lois de nature. Comparé au pouvoir de Dieu, son pouvoir est précaire et certes limité (il est mortel), mais par rapport aux autres hommes, il est illimité et indivisible (c'est un *dieu* mortel). Son pouvoir fondamental, autrement dit son droit, est celui de contraindre. Son visage de monstre apparaît alors. Avec son pouvoir absolu, on s'éloigne du respect et du prestige. Mieux : selon Polin, le souverain assurerait même le respect de son autorité par la terreur qu'elle inspire et, s'il le faut, par la contrainte qui peut porter sur la vie et la mort des sujets.[49] C'est pourquoi il devient difficile de définir l'autorité sans se référer à la force ou à la contrainte. D'après Anne-Laure Angoulvent, le souverain absolu possède tous les avantages de l'état de nature - une liberté infinie et une puissance illimitée -, avec aussi ceux de l'état civil en tant que pouvoir légitime : « Le souverain est donc le seul à cumuler les avantages respectifs de l'état de nature et de l'état en société civilisée. »[50] Il faut ajouter que chez Hobbes, le souverain est présenté avant tout comme un pouvoir exécutif : « La souveraineté absolue, écrit Polin, est principalement un pouvoir exécutif ; elle n'est que secondairement un pouvoir législatif. »[51]

....

47 RUSS, Jacqueline, *Les théories du pouvoir, op.cit.*, p. 18.

48 GOYARD-FABRE, Simone, « La Notion de souveraineté de Bodin à Hobbes » in *Hobbes et son vocabulaire*, sous la direction de ZARKA, Y.C., *op.cit.*, p. 212.

49 POLIN, Raymond, *Hobbes, dieu et les hommes, op.cit.*, p. 113.

50 ANGOULVENT, Anne-Laure, *Hobbes ou la crise de l'état baroque*, Paris : PUF, 1992, p. 111.

51 POLIN, Raymond, *Hobbes, dieu et les hommes, op.cit.*, p. 115.

Nous pouvons donc conclure que sans la force ou le droit de contrainte, il est impossible de parler de souveraineté absolue. Sans souveraineté absolue, il est difficile de parler de *Commonwealth,* sans lequel ni l'assurance de la justice, ni la paix, ni la sécurité ne sont assurés. La force fait donc bien la justice chez Hobbes. Ce n'est pas la raison, mais la force légitime du souverain inséparable de l'exercice de la violence qui assure l'obéissance aux lois civiles. Cette violence peut être telle qu'Alexandre Manzoni a pu la qualifier de « cruelle » : « Une force cruelle possède le monde, et les hommes l'appellent justice. »[52] La force des individus est restée dans l'état de nature. Par le contrat, ils transfèrent non seulement leur force mais aussi le droit d'appliquer la force au nom de la justice, de la paix et de la sécurité. Selon R. Polin :

> Tout usage autonome de la force est interdit aux sujets ; dans l'état civil, ils ne sont ni les juges, ni les instruments de leur propre défense, pas même contre le Souverain, fût-il tyrannique. La rébellion, la révolte sont par définition un crime contre le droit du Souverain et contre le Bien Commun, qui se confondent.[53]

L'État hobbesien, comme le souligne Luc Foisneau, détient comme pour Max Weber le monopole de la violence : « Ainsi la puissance de la cité résidera-t-elle dans le droit qui lui seul permet presque de définir sa souveraineté. Cette idée de Hobbes constitue, on l'aura compris, l'une des sources possibles de la thèse wébérienne, qui fait du monopole de la violence légitime l'un des traits caractéristiques de l'État. »[54]

Chez Hobbes la justice est bien définie d'abord comme une loi de nature. Mais avec la nécessité pour le souverain de rendre la justice effective, la force comme violence devient inséparable de cette définition. Même si le pouvoir est une forme de puissance légitimée par le Droit, même si la force de ce pouvoir est autorisée en tant que force de l'État, cela ne supprime pas la violence dans la pratique. Le souverain doit être absolu et l'absoluité exige une force, un pouvoir illimité, qui peut causer de la violence. La différence est qu'elle est à présent justifiée au nom de la Justice. Comme l'écrit Jacqueline Russ :

> Lorsque les hommes vivent selon l'état de nature, leurs forces s'affrontent âprement, d'où la création de l'État, organisme exerçant le pouvoir politique, lequel nait de la violence ou, plus précisément, de la nécessité de maîtriser la barbarie première. [...], l'État, cet être

52 MANZONI, cité par PASSERIN, A. D'E., *La Notion de l'état*, Paris : Éditions Sirey, 1969, p. 27.

53 POLIN, Raymond, *Politique et philosophie chez Thomas Hobbes*, *op.cit.*, p. 76.

54 FOISNEAU, Luc, « Le Vocabulaire du pouvoir », in *Hobbes et son vocabulaire*, *op.cit.*, p. 96.

> redoutable, ce monstre (...) exerce une souveraineté absolue, un pouvoir illimité : quand contrat social et pouvoir absolu se lient, comment ne pas remarquer que la force de l'État peut se transmuter en violence.[55]

D'un côté, pour rendre la Justice possible, il a fallu passer par un contrat : de l'autre, pour garantir ce contrat, il faut un pouvoir comme celui du souverain. Ce pouvoir doit être fort ; il peut utiliser la force, son emploi doit être autorisé, même si elle devient violence. Ainsi, dans la pensée moderne, la Justice est prise dans un rapport entre le pouvoir, la violence et la force. Il faut souligner également avec J. Russ que l'État de Hobbes n'est ni l'État totalitaire ni l'État monarchique mais l'État de Droit : « L'auteur de *De Cive* et du *Léviathan*, longtemps considéré comme le penseur de l'absolutisme despotique, voire comme un «précurseur» du futur État totalitaire, ne serait-il pas l'analyste de l'État moderne, garant des droits et des libertés ? L'État de Hobbes annonce l'État de Droit, garantissant l'accès aux libertés individuelles. »[56] Cependant, même dans l'État de Droit, la justice reste prise dans ce rapport vicieux entre le pouvoir, la violence et la force. Nous pouvons ajouter dans ce rapport aussi l'État démocratique, l'État libéral ou républicain voire l'État providence. En effet, tant que la justice est définie par les lois qui sont les commandements du souverain, sa relation avec la violence est inévitable.

....

55 RUSS, Jacqueline, *Les théories du pouvoir*, *op.cit.*, p. 34.

56 FOISNEAU, Luc, « Le Vocabulaire du pouvoir », in *Hobbes et son vocabulaire, op.cit.*, pp. 91-92.

DEUXIÈME PARTIE

L'idée de justice dans la déconstruction de la souveraineté moderne chez Jacques Derrida : La justice au-delà du droit

Dans notre première partie, nous avons vu que, dans la théorie de Hobbes, l'idée de justice était prise dans un rapport entre la loi, le souverain et la violence, lorsqu'elle était conçue dans le cadre de l'État de droit. La souveraineté est la clé de voûte de ce rapport car elle désigne la liaison entre le droit et la toute-puissance qui enveloppe la force et la violence : « Or, souligne Yves-Charles Zarka, le trait particulier de la modernité politique, ce qui, d'une certaine manière, la définit, c'est que le droit y est lié non seulement à la puissance, mais même à la toute-puissance. La liaison du droit et de la toute-puissance, c'est que l'on nomme la souveraineté. »[1] Pour sortir de ce rapport, autrement dit pour arriver à penser une justice au-delà du droit, il faut déconstruire la souveraineté :

> Faire, ainsi, de la souveraineté la pièce centrale autour de laquelle s'édifie de la politique moderne n'est pas du tout un acte neutre ou indifférent, parce que déconstruire notre monde politique, celui dans lequel nous vivons encore, c'est se donner prioritairement pour tâche de déconstruire la souveraineté.[2]

D'une manière générale, c'est Jacques Derrida qui, à partir de *De La Grammatologie* (1967), a fait entrer le mot déconstruction dans la vie intellectuelle, et il est désormais utilisé dans différents domaines : la philosophie, l'art, la littérature, l'architecture, le droit etc. Au point de départ, il s'agissait pour lui de réexaminer la tradition métaphysique en mobilisant des notions comme *différance, écriture, loi d'indécidable.* Au fur et à mesure de sa réflexion, Derrida finira par faire jouer la démarche déconstructive dans l'examen de l'histoire politique et onto-théologique du concept de souveraineté et de ses figures, en particulier dans *La bête et le souverain*, le séminaire qu'il a tenu à l'EHESS de 2001 à 2003. Il y poursuit le repérage déjà entamé des fantasmes logocentriques et phallocentriques liés à la souveraineté, fantasmes qu'à partir des années 1990, il avait retrouvé dans

....

1 ZARKA, Yves-Charles, "Le Souverain vorace et vociférant", in *Derrida politique, Cités,* numéro 30, 2007, p. 6.

2 *Ibidem.*

la construction de la vie sociale, politique et historique[3]. Comme il l'indique dans l'une des séances de ce séminaire, c'est « la situation contemporaine » qui l'incite à se tourner vers ces questions : d'une part, parce que les « problèmes de la mondialisation (« globalisation ») [...] affectent la logique de la souveraineté état-nationale » et, d'autre part, parce que le comportement de certains États les a fait qualifier d'« États voyous (*Rogue States*) » alors que leurs « leaders [sont] souvent comparés, dans la rhétorique politicienne des États les plus puissants, à des « bêtes »[4]. Derrida est alerté par le vocabulaire animalier de ces formulations et constate que l'analogie entre l'animalité zoologique et la souveraineté politique est récurrente chez les penseurs majeurs de la politique moderne.

Nous accorderons une grande importance au séminaire de 2001-2003, dans la mesure où il nous semble que c'est avec la déconstruction de la souveraineté que l'idée derridienne de justice, de la « justice elle-même », devient plus claire et compréhensible. Mieux : la déconstruction de la souveraineté contribue à sortir la justice du rapport du pouvoir et de la violence dans lequel elle est prise. C'est pourquoi, sans entrer dans la discussion sur le tournant ou non tournant de la déconstruction, il est incontestable que c'est dans les années 1990 que Derrida réfléchit de façon plus directe – ou un peu plus directe... - sur la justice. Un texte important sur ce point est *Force de Loi. « Le Fondement mystique de l'autorité »* (1994) où Derrida traite de la structure *déconstructible* du droit, de la justice comme droit : « Dans la structure que je décris ainsi, le droit est essentiellement *déconstructible*, soit parce qu'il est fondé, c'est-à-dire construit sur des couches textuelles interprétables et transformables, [...] soit parce que son ultime fondement par définition n'est pas fondé. »[5] Derrida évoque ici un paradoxe qui va orienter notre réflexion sur la déconstruction et la justice dans la partie qui sera consacrée à la déconstruction de la souveraineté :

> Mais le paradoxe que je voudrais soumettre à la discussion est le suivant : c'est cette structure déconstructible du droit ou, si vous préférez, de la justice comme droit, qui assure aussi la possibilité de la déconstruction. La justice en elle-même, si quelque chose de tel existe, hors ou au-delà du droit, n'est pas déconstructible. Pas plus que la déconstruction elle-même, si quelque chose de tel existe. *La déconstruction est la justice.*[6]

....

3 Voir par exemple *Spectres de Marx* (1993), *Politiques de l'amitié* (1994), *Voyous* (2003).

4 DERRIDA, J., *Séminaire. La Bête et le souverain,* Volume II (2002-2003), Paris : Éditions Galilée, 2010, p. 14.

5 DERRIDA, J., *Force de Loi. « Le Fondement mystique de l'autorité », op.cit.*, pp. 34-35.

6 *Ibid.,* p. 35.

Dans cette deuxième grande partie, nous verrons que, grâce à la déconstruction de la souveraineté moderne, Derrida va nous inviter non seulement à sortir du rapport vicieux dans lequel la justice est prise, mais aussi à penser cette justice autrement.

Nous allons donc réfléchir d'abord à la déconstruction en général (premier chapitre), puis à la façon dont Derrida déconstruit l'idée de souveraineté comme fondement de l'État moderne (second chapitre), pour nous demander enfin comment cette déconstruction donne lieu à l'idée de justice au-delà de la loi (troisième chapitre).

I –

Les concepts non-concepts de la déconstruction

La *Lettre à un ami japonais* est une excellente référence pour aborder la déconstruction. Derrida signale d'abord que la question n'est pas « qu'est-ce que la déconstruction ? », mais, à l'inverse, « qu'est-ce que la déconstruction n'est pas ? »[1] Avec cet avertissement, nous comprenons que, pour Derrida, il est dans la nature de la déconstruction de ne pas se prêter à une définition claire et nette. On pourrait certes trouver des définitions de ce mot dans le dictionnaire[2], mais elles ne lui fournissent que des indications de départ pour sa propre utilisation. De plus, les définitions du dictionnaire n'empêchent pas de nombreux malentendus. Le dictionnaire comprend le mot déconstruction dans son sens primitif. Or, c'est la « valeur d'usage » de ce mot qui intéresse Derrida : « C'est cette valeur d'usage que je vais essayer maintenant de préciser et non quelque sens primitif, quelque étymologie à l'abri ou au-delà de toute stratégie contextuelle. »[3] En d'autres termes, le sens originaire ou primitif d'un mot s'efface toujours devant l'emploi

1 DERRIDA, J., « Lettre à un ami japonais », in *Psyché. « Inventions de l'autre »,* Paris : Galilée, 1998, p. 387.

2 DERRIDA reprend les définitions de la déconstruction dans le dictionnaire Littré : a) Désassembler les parties d'un tout. b) Terme de grammaire (...) Déconstruire des vers, les rendre c) Se déconstruire (...) Perdre sa construction, *ibid.,* p. 388.

3 *Ibid.,* p. 389.

qui en est fait, lequel suppose la prise en compte des contextes qui infléchissent nécessairement le sens d'origine[4].

Ainsi, c'est dans le contexte du structuralisme que Derrida a commencé à employer le mot déconstruction, dans une perspective non pas structuraliste mais anti-structuraliste. Pour lui en effet, « il s'agissait de défaire, décomposer, désédimenter des structures (toutes sortes de structures, linguistiques, « logocentriques », « phonocentriques » – le structuralisme étant surtout dominé alors par des modèles linguistiques, de la linguistique dite structurale qu'on disait aussi saussurienne –, socio-institutionnelles, politiques, culturelles et surtout, et d'abord, philosophiques). »[5] Ajoutons que le mot « déconstruction » ayant émigré aux États-Unis, son contexte d'emploi ne sera plus structuraliste mais post-structuraliste. Ainsi après avoir discuté la linguistique saussurienne, Derrida engagera une discussion avec John R. Searle et John L. Austin.

En examinant les origines de la déconstruction, Derrida se réfère plutôt à l'*Abbau*, méthode de recherche transcendantale chez Husserl, et à la *Destruktion*, utilisée pour la critique de la métaphysique traditionnelle par Heidegger. Néanmoins, ni l'*Abbau*, ni la *Destruktion* ne sont suffisamment radicales pour Derrida, car ils restent ancrés dans la tradition métaphysique :

> Tous les deux signifiaient dans ce contexte une opération portant sur la structure ou l'architecture traditionnelle des concepts fondateurs de l'ontologie ou de la métaphysique occidentale. Mais en français le terme « destruction » impliquait trop visiblement une annihilation, une réduction négative plus proche de la « démolition » nietzschéenne, peut-être, que de l'interprétation heideggérienne ou du type de lecture que je proposais. Je l'ai donc écarté.[6]

Le mot de déconstruction que Derrida reprend vient signaler sa distance tant avec l'*Abbau* qu'avec la *Destruktion*.

En suivant les avertissements de Derrida, demandons-nous alors : qu'est-ce que n'est pas la déconstruction ? Disons qu'elle n'est pas trois choses : elle n'est ni « analyse », ni « critique », ni « méthode ».

Pourquoi la déconstruction n'est-elle pas une analyse ? Björn Thorsteinsson rappelle le double sens de l'analyse : « D'une part, l'« ana » de l'analyse signifie « la remontée récurrente vers le principal, le plus originaire, et, d'autre part, le

4 Une telle orientation permettra aussi d'utiliser la déconstruction dans des domaines aussi différents que l'art, le droit, la littérature.

5 DERRIDA, J., « Lettre à un ami japonais », in *Psyché. « Inventions de l'autre », op.cit.*, p. 390.

6 *Ibid.*, p. 388.

« lysis » signifie la décomposition, déliaison, dénouement, délivrance, solution, dissolution ou absolution, du même coup achèvement. » [7] La déconstruction ne reprend pas ce double motif de l'analyse, elle ne recherche pas les éléments indécomposables d'une structure ou d'une totalité. Nous pouvons alors dire que la déconstruction est une résistance à l'analyse, alors même que Derrida la définit en même temps comme *hyper-analytisme*. L'analyse ici c'est l'analytique kantienne, la critique dialectique hégélienne, ou la phénoménologie husserlienne en quête d'originaire. La déconstruction et ses non-concepts comme la différance, la trace, l'écriture, résistent à tous les concepts présents dans la tradition de l'analyse, comme la différence, le logos ou la dialectique :

> [...] d'où des concepts impossibles, des quasi transcendantaux, comme l'archi-trace ou l'archi-écriture, l'archi-originaire plus « ancien » que l'origine – et surtout une affirmation donatrice qui reste l'ultime inconnue pour l'analyse qu'elle met pourtant en mouvement. Ainsi s'annonce finalement le statut sans statut de tous les concepts et de tous les noms de concepts proposés en nombre non fini dans le mouvement de « la déconstruction ».[8]

Si la déconstruction n'est pas une analyse, en quoi n'est-elle pas une critique ? Par critique, Derrida entend la critique kantienne ; la déconstruction « n'est pas non plus une critique, en un sens général ou en un sens kantien »[9]. Car la critique, qui vient du *krinein*, de la *krisis* en grec, contient les sens de décision, choix, jugement, discernement, qui sont justement voués à être déconstruits : « Au lieu d'opposer le critique au non-critique, l'objectivité et son contraire, il faudrait donc, d'une part, marquer des différences entre les critiques et, d'autre part, situer le non-critique en un lieu qui ne soit plus opposable, ni même peut-être extérieur au critique. »[10]

En ce sens, Derrida ne critique pas tant la tradition métaphysique occidentale, dans laquelle le structuralisme lui semble encore pris, qu'il ne la déconstruit, travail qu'il a commencé avec *De La Grammatologie* où il traite de l'écriture : « La "rationalité" – mais il faudrait peut-être abandonner ce mot pour la raison qui apparaîtra à la fin de cette phrase – qui commande l'écriture ainsi élargie et radicalisée, n'est plus issue d'un logos et elle inaugure la destruction, non pas la démolition mais la dé-sédimentation, la dé-construction de toutes les significations

7 THORSTEINSSON, Björn, *La Question de la justice chez Jacques Derrida*, Paris : Éditions L'Harmattan, 2007, p. 165.
8 DERRIDA, J., *Résistances. De la psychanalyse*, Paris : Éditions Galilée, 1996, p. 44.
9 DERRIDA, J., « Lettre à un ami japonais », in *Psyché. Inventions de l'autre*, *op.cit.*, p. 390.
10 DERRIDA, J., *Passions*, Paris : Éditions Galilée, 1993, p. 15.

qui ont leur source dans celle de logos. »[11] Si l'on applique cette formulation à la notion de structure, on dira que la déconstruction n'abolit pas la structure ni ne la démolit au sens nietzschéen. La démolition a un sens négatif, que n'a pas la dé-sédimentation. Il s'agit de comprendre comment la structure se construit pour la re-construire mais pas dans la tradition du logos. Le but de Derrida n'est donc pas d'accéder à la vérité cachée dans le *logos* de Platon à Heidegger, mais il est de dé-sédimenter, dé-construire la vérité elle-même. Tout autant qu'une hyper-analytique, la déconstruction est une hyper-critique. Voilà qui est très caractéristique de Derrida : se démarquer d'une attitude en surenchérissant, en étant encore plus critique que la critique, encore plus analytique que l'analyse.

On définit enfin souvent la déconstruction comme une méthode philosophique. Pourtant, selon Derrida, elle n'est pas non plus une méthode et ne peut être transformée en méthode[12]. Depuis Platon, on comprend par méthode philosophique, *dialektikè,* la science de diviser (*diairesis)* et de réunir (*synagogé)*, qui mène à la vérité[13]. La déconstruction ne cherche pas à neutraliser les oppositions par la synthèse : « La déconstruction ne mène pas à la neutralisation des opposés ; ce n'est pas une pratique à la recherche d'une essence, d'un fondement ou d'une unité par-delà tous les termes singuliers et opposés ou les aspects historico-pragmatiques des concepts ou positions qui font l'objet d'une mise en scène dramatique par la philosophie romantique et la critique littéraire afférente. »[14] La déconstruction n'est pas une méthode philosophique, elle n'est pas même « un acte » ou « une opération »[15]. Cette remarque nous conduit à la caractéristique la plus importante de la déconstruction : il n'y a pas un sujet ou un groupe qui s'en occuperaient de façon privilégiée.

> La déconstruction a lieu, c'est un événement qui n'attend pas la délibération, la conscience ou l'organisation du sujet, ni même de la modernité. Ça se déconstruit. Le ça n'est pas ici une chose imper- sonnelle qu'on opposerait à quelque subjectivité égologique. C'est en déconstruction. [...] Et le « se » du « se déconstruire », qui n'est pas la réflexivité d'un moi ou d'une conscience porte toute l'énigme.[16]

Nous voyons ainsi que chez Derrida, aucun agent n'est responsable de la déconstruction. Elle n'est pas une méthode et donc personne ne l'applique. Elle n'a

11 DERRIDA, J., *De La Grammatologie, op.cit.,* p. 21.

12 DERRIDA, J., « Lettre à un ami japonais », *op.cit.*, p. 391.

13 Cf. GASCHÉ, Rodolphe, *Le Tain du miroir : Derrida et la philosophie de la réflexion,* trad. par FROMENT-MEURICE, M., Paris : Éditions Galilée, 1995, p. 125.

14 *Ibid.,* p. 143.

15 DERRIDA, J., *Lettre à un ami japonais, op.cit.*, p. 391.

16 *Ibidem.*

pas non plus d'inventeur. « Ça se déconstruit » signifie l'absence d'une intervention extérieure. Par conséquent, « chaque «événement» de déconstruction reste singulier, ou en tous cas au plus près possible de quelque chose comme un idiome et une signature. »[17] Il n'existe pas de typologie de la déconstruction. Elle est « mais tout, mais rien ». Si elle n'est pas une méthode et si on ne peut pas la définir, on peut, en revanche, la reconnaître avec d'autres noms : différance, écriture, supplément, indécidable. Elle consiste en une chaîne de substitutions que Rodolphe Gasché définit comme « la chaîne des Infrastructures ». Selon lui, la différance, l'archi-écriture, l'itérabilité et la supplémentarité représentent toutes des « infrastructures » de la déconstruction :

> Les infrastructures, toujours plurielles, représentent la relation (ratio, rapport) qui organise et ainsi explique les différences, contradictions, apories ou inconsistances entre les concepts, les niveaux, et les dispositions textuelles et argumentatives qui caracté- risent le discours de la métaphysique.[18]

Selon Gasché, une infrastructure possède trois caractères. Tout d'abord, elle a un statut pré-ontologique et prélogique, ce qui signifie qu'« une infrastructure n'est pas un étant, elle n'est pas, mais elle n'est pas davantage simplement »[19]. Ensuite, elle a un caractère synthétique qui « doit donc expliquer la possibilité de l'unité, de la totalité spéculative et de la synthèse contre le retour de ces contradictions ni sublimées, ni relevées, ni apaisées »[20]. Elle a enfin une nature économique et stratégique, « une limitation qui est en réalité ce qui fait de la déconstruction, au contraire de la pratique anhistorique et purement esthétique d'annulation et de neutralisation des opposés, une forme active d'intervention historique dans des contextes historiquement déterminés »[21].

S'il n'est pas évident de définir la déconstruction, on peut quand tout de même tenter de comprendre en quoi elle consiste. À la suite de Gasché, nous allons élaborer la déconstruction en trois noms, en trois infrastructures, et donc en trois sous-chapitres :

Dans le premier, intitulé *La déconstruction comme mouvement de la différance*, nous élaborerons le terme de *différance* dans sa relation à la trace, au sens, au mouvement dialectique. De là nous passerons à l'archi-écriture dans le deuxième

....

17 *Ibidem.*

18 GASCHÉ, Rodolphe, *Le Tain du miroir : Derrida et la philosophie de la réflexion, op.cit.*, pp. 149-150.

19 *Ibid.*, p. 149.

20 *Ibid.*, p. 152.

21 *Ibid.*, p. 153.

sous-chapitre, intitulé *La déconstruction comme archi-écriture ou bien archi-trace.* En parvenant à l'idée de la nouvelle science, ou grammatologie, nous examinerons enfin la relation entre l'itérabilité et l'indécidable dans le troisième sous-chapitre, intitulé *La déconstruction comme itérabilité,* où apparaît la relation entre *l'itérabilité et l'idéalisation,* ainsi que *la double science* et *l'aporie.* Il ressort de tout cela que la déconstruction se constitue dans un jeu de substitutions qui forment une chaîne, non une chaîne de concepts mais bien une chaîne de non-concepts.

A – La déconstruction comme mouvement de la différance

La notion de différance, que Derrida avait énoncée dès ses premières œuvres, intervient dans la critique de la tradition métaphysique occidentale comme métaphysique de la présence. Par cette expression il faut entendre la consubstantialité de l'Être présent « ici et maintenant » et de la pensée métaphysique occidentale. Des lois logiques d'Aristote à la pensée dialectique de Hegel, cette métaphysique de la présence va avec le logocentrisme. Mais, comme le remarque Gayatri Spivak, la notion de différance ne joue pas seulement dans le cadre de la critique de cette métaphysique : toutes les notions politiques et juridiques de Derrida, comme la justice, l'Autre ou la responsabilité, se basent sur la différance[22]. Avant de le montrer, nous allons revenir à cette critique de la tradition métaphysique de la présence à partir de la notion de différance.

Le terme *différance* ne figure pas dans le dictionnaire français. Pourquoi Derrida emploie-t-il ce mot plutôt que celui de différence dans son utilisation courante[23] ? Le mot différ*a*nce (avec un a) ne signifie pas la même chose que le mot différence (avec un e). Il l'explique lui-même dans la présentation que l'on pourrait qualifier d'« officielle » du terme « différance », qui eut lieu en janvier 1968, dans le cadre d'une conférence organisée par la Société française de philosophie, sobrement intitulée *Différance.* Publiée simultanément la même année dans le *Bulletin de la société française de philosophie* et dans *Théorie d'ensemble*[24], elle fut reprise quatre ans plus tard dans *Marges de la Philosophie* .

22 SPIVAK, Gayatri C., cité par SAĞLAM, R., *Yapıbozumsal Adalet* (La justice comme déconstruction), *op.cit.*, p. 96.

23 Même si on utilise *le mot* ou bien *le concept* pour parler de la différance, nous verrons que la différance n'est ni un mot, ni un concept. Comme le dit Derrida, on utilise ces termes provisoirement.

24 DERRIDA, J., « Différance », in *Théorie d'Ensemble,* Paris : Éditions Seuil, (coll. Tel Quel), 1968.

Écrire *différance* (avec un « a » à la place du « e ») c'est introduire une différence graphique, car « elle s'écrit ou se lit, mais elle ne s'entend pas »[25]. Le *a* de la différance, en ne s'entendant pas, en demeurant silencieux, secret et discret, est déjà indicateur du privilège accordé par Derrida à l'écriture par rapport à la phonétique. L'écriture est silence, comme est silencieuse l'inscription sur un tombeau (*oikesis*). « La différ( )nce entre le *e* et le *a* se dérobe au regard et à l'écoute »[26], écrit Derrida, un tel ordre n'appartient ni à la sensibilité, ni à l'intelligibilité. La *différance* va apparaître comme une *résistance* à l'opposition « fondatrice de la philosophie » entre le sensible et l'intelligible, qui vient de la tradition du *logos*. Nous allons voir également que le mouvement de la différance résiste de façon générale à l'opposition entre n'importe quel X et Y. Aborder la différance comme résistance, c'est aussi faire apparaître la déconstruction elle-même comme un mouvement de résistance.

1 – Une logique de ni/ni et de et/et

Différance vient du verbe « différer »[27] qui a deux sens : temporiser et ne pas être identique, être autre, discernable. Précisons ici que dans la temporisation, Derrida voit « un calcul économique », qui évoque « une réserve », un tenir compte pour plus tard :

> [...] à savoir l'action de remettre plus tard, de tenir compte, de tenir le compte du temps et des forces dans une opération qui implique un calcul économique, un détour, un délai, un retard, une réserve, une représentation, tous ces concepts que je résumerai ici d'un mot dont je ne me suis jamais servi mais qu'on pourrait inscrire dans cette chaîne : *la temporisation.*[28]

Quant au deuxième sens – ne pas être identique –, Derrida procède ici encore à un petit changement graphique en écrivant *différend* pour introduire le *polemos* :

> S'agissant des différen(t)(d)s, mot qu'on peut donc écrire, comme on voudra, avec un *t* ou avec un *d* final, qu'il soit question d'altérité de dissemblance ou d'altérité, d'allergie et de polémique, il faut bien qu'entre les éléments autres se produise, activement, dynamiquement,

....

25 DERRIDA, J., « Différance », in *Marges de la philosophie*, Paris : Éditions Minuit, 1972, p. 4.

26 *Ibid.*, p. 5.

27 Le verbe *différer*, qui a le sens de temporiser, vient du verbe *differre* en latin, qui n'est pas la traduction simple du *diapherein* en grec. Le sens de *temporiser* échappe au mot grec.

28 DERRIDA, J., « Différance », in *Marges de la philosophie op.cit.*, p. 8.

> et avec une certaine persévérance dans la répétition, intervalle, distance, *espacement.*[29]

Le mot *différance,* et non le mot « différence », veut donc dire : *temporisation* et *espacement.* Au sens de *temporisation,* la différance est l'origine du temps. Au sens d'*espacement*, il s'agit de la non-fermeture sur soi, autrement dit de l'irréductibilité de l'autre. La *différance* est à l'origine des différences, elle les produit. Elle vient avant toutes les oppositions : sensibilité/intelligibilité, intuition/signification, nature/culture, homme/animal.

> Dans une conceptualité et avec des exigences classiques, on dirait que « différance » désigne la causalité constituante, productrice et originaire, le processus de scission et de division dont les différents ou les différences seraient les produits ou les effets constitués.[30]

Dans ce sens, Derrida considère la différance comme « un concept d'économie » [31]. En plus de sa fonction de production et de racine commune à toutes les oppositions, le terme d'économie vient désigner l'élément du *même* dans lequel s'annoncent ces oppositions. C'est-à-dire que si la différance distingue des termes, ce n'est pas en les opposant l'un à l'autre comme s'ils se contredisaient mutuellement. Dans le mouvement de la différance, nous pouvons saisir le différent dans le même.

> Ce qui s'écrit différance, ce sera donc le mouvement de jeu qui « produit », par ce qui n'est pas simplement une activité, ces différences, ces effets de différence. Cela ne veut pas dire que la différance qui produit les différences soit avant elles, dans un présent simple et en soi immodifié, in-différent. La différance est l'« origine » non-pleine, non-simple, l'origine structurée et différante des différences. Le nom d'« origine » ne lui convient donc plus.[32]

Derrida souligne aussi la terminaison en « *ance* » du mot différance, qui signale l'indécidabilité entre l'actif et le passif : la *différance* n'est ni simplement active ni simplement passive. C'est ainsi que s'explique la célèbre formule : « *Ni/ni*, c'est à la fois ou bien *ou bien.* »[33] Dire que la *différance* résiste à l'opposition entre X et Y, c'est, selon B. Thorsteinsson, montrer tout à la fois une logique *de « ni X ni Y »*

....

29 *Ibidem.*
30 *Ibid.*, p. 9.
31 DERRIDA, J., *Positions*, Paris : Éditions Minuits, 1972, p. 17.
32 DERRIDA, J., *Différance*, in *Marges de la philosophie, op.cit.,* p. 12.
33 DERRIDA, J., *Positions, op.cit.*, p. 59.

et une logique de « et X et Y »[34]. Cette logique est à l'œuvre dans les concepts derridiens de *pharmakon*, de *supplément*, d'*hymen*, de *gramme* et d'*espacement* :

> *le pharmakon* n'est ni le remède, ni le poison, [...] ; *le supplément* n'est ni un plus ni un moins, ni un dehors ni le complément d'un dedans, [...] ; *l'hymen* n'est ni la confusion ni la distinction, ni l'identité ni la différence, ni la consommation ni la virginité, [...] ; *le gramme* n'est ni un signifiant ni un signifié, ni un signe ni une chose, ni une présence ni une absence, [...] ; *l'espacement*, ce n'est ni l'espace ni le temps ; *l'entame*, ce n'est ni l'intégrité d'un commencement ou d'une coupure simple ni la simple secondarité. [35]

2 – Mouvement de différance versus mouvement dialectique

La différance est un mouvement d'oscillation entre X et Y. En d'autres termes elle n'est pas un mouvement dialectique, elle n'en revient pas à l'*Aufhebung* hégélienne, centrale à la pensée dialectique et pourtant intraduisible, note Derrida[36]. L'*Aufhebung* d'Hegel, au contraire de la négativité abstraite, conserve ce qui est supprimé :

> Cette morte pure et simple, cette morte muette et sans rendement, Hegel l'appelait *négativité abstraite*, par opposition à la « négation de la conscience qui *supprime* de telle façon qu'elle *conserve* et *retient* ce qui est supprimé » (*Die Negation des Bewusstseins, welches so* aufhebt, *dasz es das Aufgehobene aufbewahrt und erhält*) et qui, « par là même, survit au fait de devenir-supprimée (*und hiemit sein Aufgehobenwerden überlebt* »).[37]

Dans le mouvement dialectique, la négation de X dans Y supprime toujours X mais en le conservant, en le maintenant. On pourrait imaginer que cette structure

....

34 THORSTEINSSON, B., *La Question de la justice chez Jacques Derrida,* Paris : Éditions *op.cit.*, 2007, p. 117.

35 DERRIDA, J., *Positions, op.cit.*, p. 58-59.

36 Derrida utilise le mot de *relève* pour l'*Aufhebung* dans « Différance » et dans *La Mythologie blanche.* Cependant, selon la note du traducteur anglais de *La Mythologie blanche*, Alan Bass, la *Relève* déplace l'*Aufhebung* : d'une part, elle porte tous les sens d'*Aufhebung*, d'autre part, elle porte aussi le sens de réserve, de remplacement (*Margins of Philosophy*, The University of Chicago Press, 1982, p.22, note 2). Nous pouvons donc dire que la Relève n'est pas exactement la traduction d'*Aufhebung*, mais son déplacement vers le terme de *Différance.*

37 DERRIDA, J., « De L'économie restreinte à l'économie générale, Un hégélianisme sans réserve », in *L'Écriture et la différence*, Paris : Éditions du Seuil, 1967, p. 375.

recouvre celle de la trace. Dans une trace, une chose qui n'est plus ne se conserve-t-elle pas ?

Pour répondre à cette question, on peut repartir de l'analyse par Derrida de l'interprétation que Georges Bataille donne de l'*Aufhebung* dans *L'érotisme*. Pour Bataille, l'*Aufhebung* est risible en raison de sa soumission à l'évidence du *sens*. Pour arriver au sens, Hegel néglige le non-sens, sacrifie le *sans-fond* du non-sens : « La notion d'*Aufhebung* est risible en ce qu'elle signifie l'affairement d'un discours s'essoufflant à se réapproprier toute négativité, à élaborer la mise en jeu *en investissement, à amortir* la dépense absolue, à donner un sens à la mort, à se rendre du même coup aveugle au sans-fond du non-sens dans lequel se puise et s'épuise le fonds du sens. »[38] D'après Derrida, cette dimension de réserve propre à la recherche du sens chez Hegel est *une économie restreinte*. Comme dans la circularité des valeurs marchandes, la circularité du savoir absolu est conditionnée par le sens : « comme travail ». Hegel ne peut penser une économie sans réserve de sens, celle qui « ne peut être que perdue sans le moindre but, en conséquence sans aucun sens »[39]. L'*Aufhebung* « ne suspend jamais la totalité du discours, du travail, du sens, de la loi, etc. »[40]

Pour penser la différance, il faut aller au-delà de l'opposition dialectique entre le positif et le négatif afin de rendre possible une ouverture au non-sens, impliquée dans son impossibilité même. Il ne s'agit pas ici de s'en tenir au non-sens, de refuser le sens et la conceptualisation mais de fonder la possibilité du sens sur l'impossibilité du non-sens, plus exactement sur l'impossibilité de conceptualiser ou d'identifier le non-sens. Autrement dit le non-sens résiste à la conceptualisation et à l'identification. Disons qu'il est impersonnel et sans identité. Formulant les choses en termes phénoménologiques, Derrida parle de « l'époché de l'époque du sens ». Mais cette épоché, cette réduction est « le contraire d'une épоché phénoménologique (qui) se conduit au nom et en vue du sens »[41], puisqu'elle se produit sur fond de non-sens quand bien même ce serait sur le mode de son impossibilité.

Le mouvement de la différance est donc incompréhensible d'un point de vue hégélien :

> Contrairement à l'interprétation métaphysique, dialectique, « hégélienne », du mouvement économique de la différance, il faut ici

38 *Ibid.*, p. 378.
39 *Ibid.*, p. 399.
40 *Ibid.*, p. 405.
41 *Ibid.*, p. 393.

admettre un jeu où qui perd gagne et où l'on gagne et perd à tous les coups. [42]

La *différance* défait la relève hégélienne : « S'il y avait une définition de la différance, ce serait justement la limite, l'interruption, la destruction de la relève hégélienne *partout* où elle opère. »[43] Au lieu de synthèse, Derrida parle de *dissémination* qui porte toujours au-delà des oppositions qui structurent la pensée hégélienne.

> [...] la dissémination remet en scène une pharmacie où l'on ne peut plus compter ni par un, ni par deux, ni par trois, tout commençant par la dyade. L'opposition duelle [...], organise un champ conflictuel et hiérarchisé qui ne se laisse ni réduire à l'unité, ni dériver d'une simplicité première, ni relever ou intérioriser dialectiquement dans un troisième terme. [44]

La logique de la *différance* est donc une alternative à la façon dont la logique hégélienne pense la présence tant en rapport avec le passé qu'avec le futur ; c'est ce qui nous invite à élaborer le concept de *trace* chez Derrida.

3 – La trace

La trace est le simulacre d'une présence. En d'autres termes, elle ne peut pas être définie comme un étant-présent : dans la simplicité d'un présent, il y a toujours une absence. Ou encore, la présence n'est pas identique à elle-même, elle porte toujours l'autre en elle-même. Il y a toujours du désordre entre le présent, le passé et le futur. Si l'on considère le présent comme identité, nous pouvons dire que l'absence est l'autre, ou dans les termes de Geoffrey Bennington : « Toute trace est trace de trace. Nulle part un élément n'est seulement présent (ni simplement absent), il n'y a que des traces. »[45] En insistant sur le concept de trace, Derrida s'inscrit dans une tradition qui s'oppose à la tradition métaphysique depuis Nietzsche, Freud et surtout Levinas :

> Ainsi, nous rapprochons ce concept de trace de celui qui est au centre des derniers écrits de E. Levinas et de sa critique de l'ontologie : rapport à l'illéité comme à l'altérité d'un passé qui n'a jamais été et ne peut jamais être vécu dans la forme, originaire ou modifiée de la présence

....

42 DERRIDA, J., *Différance, op.cit.,* p. 21.
43 DERRIDA, J., *Positions, op.cit.*, p.55.
44 DERRIDA, J., *La Dissémination,* Paris : Éditions du Seuil, 1972, p. 35.
45 BENNINGTON, Geoffrey, *Derridabase,* cité par THORSTEINSSON, B., *La question de la justice chez Jacques Derrida, op.cit.*, p. 58

> [...]. Cette déconstruction de la présence passe par celle de la conscience, donc par la notion irréductible de trace (*Spur*), telle qu'elle apparaît dans le discours nietzschéen comme dans le discours freudien.[46]

Si Derrida fait le choix de la notion de trace, c'est qu'elle lui est essentielle pour décrire la déconstruction de la présence. La présence porte toujours la trace du passé et du futur, elle ne se présente jamais comme telle ou alors de manière dissimulée, dans l'intervalle entre le passé et le futur. *L'intervalle* rejoint *l'espacement* et *la temporisation :* « Cet intervalle se constituant, se divisant dynamiquement, c'est ce qu'on peut appeler *espacement,* devenir-espace du temps ou devenir-temps de l'espace (*temporisation).* »[47] Ainsi la trace n'est autre que la différance : « La trace pure est la différance »[48], elle est toujours différante, elle fait différer : « Elle s'efface en se présentant, s'assourdit en résonnant, comme le *a* s'écrivant, inscrivant sa pyramide dans la différance. »[49] En d'autres termes, il n'existe pas de plénitude sensible ou intelligible dans la trace.

La différance ou la trace ne commande rien. Elle n'est que l'articulation entre termes opposés, entre le signifiant et le signifié, condition du sens, sans avoir de sens en elle-même. Mais si la différance est condition du sens, une telle condition n'est pas un fondement, ou si c'est un fondement c'est un *fondement sans fondement*. C'est ce vocabulaire que Derrida reprendra pour parler du fondement mystique de l'autorité comme fondement sans fondement. Il faut donc bien lire ces lignes de Derrida. Nous aurons à nous en souvenir quand nous reviendrons à la question de la justice :

> *La trace (pure) est la différance.* Elle ne dépend d'aucune plénitude sensible, audible ou visible, phonique ou graphique. Elle en est au contraire la condition. Bien qu'elle n'existe pas, bien qu'elle ne soit jamais un étant-présent hors de toute plénitude, sa possibilité est antérieure en droit à tout ce qu'on appelle signe, (signifié/signifiant, contenu/expres- sion, etc.) concept ou opération, motrice ou sensible.[50]

....

46 DERRIDA, J., *De La Grammatologie, op.cit.*, p. 103.
47 DERRIDA, J., « Différance », *op.cit.*, p. 13.
48 DERRIDA, J., *De La Grammatologie, op.cit.*, p. 92.
49 DERRIDA, J., « Différance », *op.cit.*, p. 24.
50 DERRIDA, J., *De La Grammatologie, op.cit.*, p. 92.

4 – La différance comme ouverture du sens (Saussure)

Avant de préciser la façon dont la trace est la différance qui ouvre l'apparaître et la signification, il convient de rappeler la façon dont, selon B. Thorsteinsson, la pensée derridienne de la trace, autrement dit de la différance, telle qu'elle est présentée dans *De La Grammatologie,* dérive de l'idée de *l'arbitraire du signe* de Ferdinand de Saussure et du rapport entre parole et écriture, tout en la déconstruisant[51]. Même si nous ne pouvons pas nous livrer ici à une évaluation détaillée de la théorie de la signification de Saussure, il nous faut évoquer l'intervention de Derrida dans cette tradition pour comprendre la différance en tant que condition du sens.

Saussure élabore sa théorie du signe dans le *Cours de Linguistique Générale* (1900). Il y procède à un certain nombre de séparations, dont la première entre langue et langage :

> Mais qu'est-ce que la langue ? Pour nous elle ne se confond pas avec le langage ; elle n'en est qu'une partie déterminée essentielle, il est vrai. C'est à la fois un produit social de la faculté du langage et un ensemble de conventions nécessaires, adoptées par le corps social pour permettre l'exercice de cette faculté chez les individus. Pris dans son tout, le langage est multiforme et hétéroclite ; à cheval sur plusieurs domaines, à la fois physique, physiologique et psychique, il appartient encore au domaine individuel et au domaine social ; il ne se laisse classer dans aucune catégorie des faits humains, parce qu'on ne sait comment dégager son unité.[52]

La langue, système d'expression fondé sur des conventions est la partie sociale du langage. De cette première distinction découle immédiatement la deuxième distinction qui sépare la langue de la parole : si la langue est sociale, la parole est un acte individuel.

> En séparant la langue de la parole, on sépare du même coup : 1. Ce qui est social de ce qui est individuel ; 2. Ce qui est essentiel de ce qui est accessoire et plus ou moins accidentel.[53]

....

51 THORSTEINSSON, Björn, *La Question de la justice chez Jacques Derrida,* Paris : Éditions L'Harmattan, 2007, p. 58.

52 DE SAUSSURE, Ferdinand, *Cours de linguistique générale,* Paris : Éditions Payot, 1995, p. 25.

53 *Ibid.,* p. 30.

La troisième distinction est celle de la langue et de l'écriture : « Langue et écriture sont deux systèmes de signes distincts ; l'unique raison d'être du second est de représenter le premier ; l'objet linguistique n'est pas défini par la combinaison du mot écrit et du mot parlé ; ce dernier constitue à lui seul cet objet. »[54] Avec cette distinction, le privilège de la langue et l'abaissement de l'écriture apparaissent nettement, car Saussure dira bientôt que l'écriture ne représente que la langue, qu'elle voile la vue de la langue, non pas comme un *vêtement* mais comme un *travestissement*, ce que critique justement Derrida.

En distinguant la langue du langage, de la parole et de l'écriture, Saussure la définit comme « un système de signes exprimant des idées »[55] dans une science qu'il appelle *sémiologie* (du grec *sēmeîon*, « signe »)[56]. Il définit ainsi le signe linguistique :

> Nous proposons de conserver le mot *signe* pour désigner le total, et de remplacer *concept* et *image acoustique* respectivement par *signifié* et *signifiant* ; ces derniers termes ont l'avantage de marquer l'opposition qui les sépare soit entre eux, soit du total dont ils font partie.[57]

Le *signe* est une entité à double face : le *signifié* et le *signifiant*, le signifié étant l'élément psychique du signe tandis que le signifiant en est l'élément phonique. La théorie du signe reconnaît deux principes essentiels : l'arbitraire du signe et le caractère linéaire du signifiant. L'arbitraire du signe indique que le lien unissant le signifiant au signifié est contingent. Ainsi le signifié « bœuf » a pour signifiant *b-ö-f* d'un côté de la frontière, et *o-k-s (Ochs)* de l'autre[58]. Cela n'implique pas cependant que le signifiant change selon le libre choix du sujet parlant, mais qu'il n'existe pas d'attache naturelle dans la réalité entre le signifiant et le signifié. Le second principe, le caractère linéaire du signifiant, veut dire que le « signifiant représente une étendue mesurable dans une seule dimension »[59]. Le signifiant apparaît dans la succession du temps comme l'élément phonique.

Selon Derrida, la définition saussurienne du signe, et plus particulièrement l'opposition entre le signifié et le signifiant, méritent une attention particulière. De là, Saussure pense la signification qui rendra le sens possible comme la réunion du signifié et du signifiant. Mais ce qui rend la signification possible est soi-même sans signification. *Dans la langue*, dit Saussure, *il n'y a que des différences* : « Qu'on

....

54 *Ibid.*, p. 45.
55 *Ibid.*, p. 33.
56 *Ibidem.*
57 *Ibid.*, p. 99.
58 *Ibid.*, p. 100.
59 *Ibid.*, p. 103.

prenne le signifié ou le signifiant, la langue ne comporte ni des idées ni des sons qui préexisteraient au système linguistique, mais seulement des différences conceptuelles et des différences phoniques issues de ce système. »[60] Le sens émerge donc de cette structure différentielle du signe, ce qui la rapproche de la *différance* derridienne. Mais ce rapprochement ne va pas plus loin, car Derrida souligne que, si Saussure s'oppose à la tradition du signe, selon laquelle le signe renvoie à la chose, il reste quand même pris dans la tradition métaphysique, en particulier dans l'opposition entre le sensible et l'intelligible, le signifiant (ce qu'on entend) étant sensible et le signifié (ce à quoi l'on pense en prononçant un mot) intelligible : « La différence entre le signifiant et le signifié a toujours reproduit la différence entre le sensible et l'intelligible. Et elle ne le fait pas moins au XXe siècle que dans ses origines stoïciennes. »[61] Et si l'on suit Derrida lorsqu'il montre que l'audible est une des manifestations de la présence, on peut dire alors que la linguistique de Saussure est elle aussi prise dans la métaphysique de la présence.

5 – Le privilège de la présence chez Husserl

La critique du privilège de la présence était déjà au cœur de la lecture de Husserl par Derrida dans *La Voix et le phénomène* (1967). De même que Saussure commençait par la distinction entre la langue, le langage, la parole et l'écriture, Husserl commence par dénoncer une confusion concernant le mot « signe » (*Zeichen*), qui recouvre deux concepts hétérogènes : celui d'expression (*Ausdruck*), qu'on tient souvent à tort pour un synonyme de signe en général, et celui d'indice (*Anzeichen*)[62]. Selon Husserl, l'indice comme l'expression est un signe, en revanche il n'exprime rien, autrement dit il est privé de *Bedeutung* ou de *Sinn*. Cependant, traduire, comme on le fait généralement, *Bedeutung* ou *Sinn* par signification, rend incompréhensible la pensée husserlienne :

> On peut avec Husserl dire en allemand, sans absurdité, qu'un signe (*Zeichen*) est privé de *Bedeutung* (est *bedeutungslos*, n'est pas *bedeutsam*), on ne peut dire en français, sans contradiction, qu'un signe est privé de signification.[63]

L'expression est un signe qui exprime le sens tandis que l'indice n'exprime rien. D'après Derrida, il y a une relation entre l'expressivité de l'expression et le discours parlé ; c'est pourquoi il propose de traduire *Bedeutung* par *vouloir-dire :* « être

60 *Ibid.,* p. 166.
61 DERRIDA, J., *Positions*, Paris : Éditions Minuit, p. 29 (sous-note).
62 DERRIDA, J., *La Voix et le phénomène,* Paris : PUF, 1967, p. 17.
63 *Ibidem.*

assuré que la *Bedeutung* est toujours *ce que* quelqu'un ou un discours *veulent dire :* toujours un sens de discours, un contenu discursif. »[64] À partir de cette relation entre le signe et le vouloir-dire, Derrida montre comment Husserl est pris dans la métaphysique de la présence. « L'ex-pression, écrit-il, est extériorisation. » Avec l'expression le sens apparaît dans un certain dehors, qui n'est ni la nature, ni le monde, ni une extériorité réelle par rapport à la conscience, mais celui d'un ob-jet idéal : « Ce dehors est alors exprimé, passe hors de soi dans un autre dehors, qui est toujours «dans» la conscience. »[65] Dans ce mouvement d'extériorisation, il y a, selon Derrida, « une double sortie hors de soi du sens (*Sinn*) : dans la conscience, dans l'avec-soi ou l'auprès-de-soi »[66].

Comment un passage hors de soi peut-il en même temps nous faire rester dans la conscience ? Cela ne se peut que si la conscience est une voix, la voix « phénoménologique » qui correspond à la « vie solitaire de l'âme »[67]. Chez Husserl, le sens habite dans la voix. Le mouvement du vouloir-dire, de l'expression, rend le sens présent, parce qu'il suppose une voix, un s'entendre soi-même. Heidegger aussi évoque « la voix de l'Être » : « le logos de l'Être, «la pensée obéissante à la Voix de l'Etre», est la première et la dernière ressource du signe de la différence entre le *signans* et le *signatum.* »[68] Mais Derrida fait surgir ici un paradoxe. D'un côté, cette voix est « silencieuse, muette, insonore, sans mot, originairement *a-phoné* »[69], mais d'un autre côté, en assimilant la « voix de l'Être » au « logos de l'Être », Heidegger reste pris dans la tradition métaphysique.

Derrida trouve aussi les marques de la présence dans le concept d'intuition originaire chez Husserl, « Je peux avoir, pense Husserl, une intuition originaire, c'est-à-dire une perception immédiate de ce qui en lui est exposé dans le monde, de la visibilité de son corps, de ses gestes, de ce qui se laisse entendre des sons qu'il profère. »[70] Il la trouve également dans sa distinction entre *Körper*, qui signifie le corps biologique, et *Leib*, le corps vivant, le corps propre. Bien entendu, Husserl privilégie *Leib,* qui est l'habitation de la perception, le lieu des sensations et des émotions, effectivement éprouvées dans la présence à soi.

Chez Husserl, la métaphysique de la présence est aussi à l'œuvre dans la structure de la représentation, la *Vorstellung,* en tant que lieu de l'idéalité en général qui suppose une différence entre la présence réelle et la présence dans la représentation,

....

64 *Ibid.*, p.18.
65 *Ibidem.*
66 *Ibid.,* p. 35.
67 *Ibid.*, p. 35.
68 DERRIDA, J., *De La Grammatologie, op.cit.,* p. 33.
69 *Ibid.,* p. 35.
70 DERRIDA, J., *La Voix et le phénomène, op.cit.*, p. 42.

laquelle relève d'une répétition reproductive. Nous ne pouvons pas expliquer ici toute la théorie de l'idéalité et de la représentation chez Husserl, retenons seulement le fait que, d'après Derrida, l'ensemble des concepts employés par Husserl pour la constitution du sens appartient à la tradition métaphysique de la présence :

> Avec la différence entre la présence réelle et la présence dans la représentation comme *Vorstellung*, c'est ainsi, par le langage, tout un système de différences qui se trouve entrainé dans la même déconstruction : entre le représenté et le représentant en général, le signifié et le signifiant, la présence simple et sa reproduction, la présentation comme *Vorstellung* et la re-présentation comme *Vergegenwärtigung ;* car la re-présentation a pour représenté une présentation comme *Vorstellung.*[71]

Selon Derrida, le problème le plus important de la phénoménologie husserlienne est son point-source : l'identité à soi du maintenant, qui justifie la continuation de la tradition moderne de la conscience de soi. Dans *La parole soufflée,* il appelle cette métaphysique de la présence la *métaphysique du propre.* Par propre, il entend le propre à soi, la conscience de soi. Il n'y a donc pas de place pour *l'autre, la trace, la différance* dans la tradition phénoménologique. En parlant de non-présence, de trace, de l'autre, Derrida invite à la modifier. « Le pur maintenant », impliqué dans la théorie de la perception chez Husserl, est impossible, car il entretient toujours une relation double, soit avec le passé, soit avec le futur, relation qui s'effectue par le mouvement de la différance[72]. Pour Derrida, le soi du présent vivant n'est fait que de traces.

B – La déconstruction comme archi-écriture ou archi-trace

La pensée de la trace nous fait accéder à la constitution originaire de la présence que Derrida appelle archi-écriture, archi-trace ou encore une fois différance : « Et c'est cette constitution du présent comme synthèse "originaire" et irréductiblement non-simple, donc stricto sensu, non-originaire, de marques, de traces de rétentions et de protentions que je propose d'appeler archi-écriture, archi-trace ou différance. »[73]

71 *Ibid.,* p. 58.
72 THORSTEINSSON, Björn, *La Question de la justice chez Jacques Derrida, op.cit.*, p. 91.
73 *Ibidem.*

1 – La structure de supplémentarité

C'est le repérage d'une dimension de supplémentarité entre l'indication et l'expression chez Husserl, qui met Derrida sur la piste d'une telle constitution du présent, ce qui va, de plus, bouleverser la hiérarchie traditionnelle entre l'écriture et la parole :

> Si l'indication ne s'ajoute pas à l'expression qui ne s'ajoute pas au sens, on peut néanmoins parler à leur sujet de « supplément » originaire : leur *addition* vient *suppléer* un manque, une non-présence à soi originaire. Et si l'indication, par exemple l'écriture au sens courant, doit nécessairement « s'ajouter » à la parole [...], si la parole devait « s'ajouter » à l'identité pensée de l'objet, c'est que la « présence » du sens et de la parole avait déjà commencé à se manquer à elle-même.[74]

De même que la différance supposait du retardement, de la réserve, de même la structure de la supplémentarité est une structure « très complexe » de substitution par laquelle « *le pour-soi de la présence à soi* (c'est-à-dire de la conscience de soi) est un *à-la-place-de-soi* » qui n'est jamais directement présent :

> En tant que supplément, le signifiant ne re-présente pas d'abord et seulement le signifié absent, il se substitue à un autre signifiant, à un autre ordre de signifiant entretenant avec la présence manquante un autre rapport, plus valorisé par le jeu de la différence.[75]

Avec les termes de trace et de supplémentarité, on ne peut plus s'en tenir à l'opposition entre idéalité et non-idéalité, absence et présence. Si nous sommes à l'aube d'un nouvel *an-historique* de la différance, de l'écriture, il faut parler d'une *clôture*, d'une fin de l'histoire de la métaphysique de la présence, ce *vouloir-s'entendre-parler absolu,* qui, depuis Socrate, établit un « lien originaire » entre le *logos* et la *phonè*. L'essence de la *phonè* comme *logos* a un rapport au « sens », elle le produit, le reçoit, le dit, « le rassemble »[76]. La présence est consubstantielle au *logos,* en tant que voix sans différance, parole qui est « à la fois absolument vive et absolument morte »[77].

Ainsi Derrida réunit la métaphysique, la sémiologie et la phénoménologie, à partir de leur commune appartenance à une métaphysique de la *présence*, selon lesquelles la parole, la voix et la conscience sont inséparables. Il s'agit donc, d'une part, de *logocentrisme,* et d'autre part de *phonocentrisme*, qui ont en commun de

....

74 DERRIDA, J., *La Voix et le phénomène, op.cit.,* p. 97.
75 *Ibid.*, p. 99.
76 *Ibid.*, p. 21.
77 *Ibid.*, p. 115.

refouler l'écriture hors de la parole, ou ne la considèrent que comme une supplémentarité de la parole. D'après la logique de la *différance* l'écriture n'est pas un « supplément », mais une nouvelle structure de la supplémentarité : « Le supplément est toujours le supplément d'un supplément. »[78] Contrairement à Saussure, pour qui l'écriture est « travestissement » de la langue, pour Derrida, l'écriture en général n'est pas une image, une figure de la langue, de la parole, ni un signe de signe[79], elle est à la fois extérieure et intérieure à la parole, qui est « déjà en elle-même une écriture »[80].

2 – L'écriture

Mais que faut-il entendre comprendre par écriture ? Est-ce l'écriture littérale ? Bien sûr, elle n'est pas seulement littérale, elle est aussi picturale, musicale, sculpturale. Lisons cette définition de Derrida :

> On tend maintenant à dire « écriture » pour tout cela et pour autre chose : [...] ; par là, tout ce qui peut donner lieu à une inscription en général, qu'elle soit ou non littérale et même si ce qu'elle distribue dans l'espace est étranger à l'ordre de voix : cinématographie, chorégraphie, certes, mais aussi « écriture » picturale, musicale, sculpturale, etc.[81]

Dans *Phèdre* (278a), Platon parle d'une écriture de la vérité dans l'âme opposée à la mauvaise écriture, l'écriture ordinaire, sensible, dans l'espace. Plus tard, au Moyen-Âge, on parlera d'écriture naturelle et universelle ou encore d'écriture de Dieu, le mot écriture étant pris dans un sens métaphorique. Dans ce cas, la « métaphoricité », l'image immédiatement saisie tout en économisant le mouvement de transport sans lequel il n'y aurait pas métaphore, est un transport du sens propre de l'écriture ordinaire vers Dieu ou la nature. L'écriture ordinaire devient alors métaphore d'elle-même : « Il ne s'agirait donc pas d'inverser le sens propre et le sens figuré, mais de déterminer le sens «propre» de l'écriture comme la métaphoricité d'elle-même. »[82] Le résultat selon Derrida est la confirmation du privilège du logocentrisme.

Derrida annonce la constitution d'une nouvelle science de l'écriture, dont la linguistique, qui est l'unité de *phonè, glossa, logos,* deviendrait une partie :

78 DERRIDA, *De La Grammatologie,* cité par THORSTEINSSON, Björn, *La Question de la justice chez Jacques Derrida, op.cit.*, p. 133.

79 *Ibid.*, p. 63.

80 *Ibid.*, p. 70.

81 DERRIDA, *De La Grammatologie, op.cit.*, p. 19.

82 *Ibid.*, p. 26.

> Nous la nommerons [grammatologie]... Puisqu'elle n'existe pas encore, on ne peut dire ce qu'elle sera ; mais elle a droit à l'existence, sa place est déterminée d'avance. La linguistique n'est qu'une partie de cette science générale, les lois que découvrira [la grammatologie] seront applicables à la linguistique.[83]

Même si Derrida lui donne le nom de science, la grammatologie, excédant *le logos, le sens, la présence*, excède tout épistème, elle est une philosophie de l'écriture : « La constitution d'une science ou d'une philosophie de l'écriture est une tâche nécessaire et difficile. Mais parvenue à ces limites et les répétant sans relâche, une pensée de la trace, de la différance ou de la réserve, doit aussi pointer au-delà du champ de l'épistème. »[84] C'est une tâche particulièrement difficile car elle doit déconstruire tous les concepts du logocentrisme et du phonocentrisme.

D'après le mythe de Platon[85], l'écriture est présentée comme un remède, un *pharmakon*, mais il est compris par le Roi comme un poison ; c'est pourquoi elle est immédiatement refoulée hors de la parole, du *logos :* « Ce faisant, dieu-le-roi-qui-parle agit comme un père. Le *pharmakon* est ici présenté au père et par lui rejeté, abaissé, délaissé, déconsidéré. Le père suspecte et surveille toujours l'écriture. »[86] Dans ce mythe, nous voyons donc qu'il y a un père du *logos*. Le logos est toujours donné comme vivant tandis que l'écriture est morte, autrement dit le logos présente toujours la présence alors que l'écriture présente l'absence : « Le logos est un fils, donc, et qui se détruirait sans la *présence,* sans l'*assistance* présentée de son père. De son père qui répond. Pour lui et de lui. Sans son père, il n'est plus, précisément, qu'une écriture. »[87] Dans un sens, Derrida émancipe l'écriture de son soutien paternel, dans un geste qui en revient à un « meurtre différé du père et recteur ». La figure du *père, pater,* renvoie à celle du bien (*agathon)* : « Le logos représente ce à quoi il est redevable, le *père,* qui est aussi un *chef,* un *capital* et un *bien.* »[88] Le Bien, on le sait, est représenté par le soleil dans la *République*

....

83 *Ibid.*, p. 71.

84 *Ibid.*, p. 136.

85 La grammatologie vient du mot grec *grammata* (écriture). Dans « La Pharmacie de Platon », Derrida reprend le mythe de *Phèdre* (274c) : l'écriture est découverte comme un remède par le dieu Theuth et présentée par lui à Thamus, roi qui régnait sur l'Égypte : « Voici, ô Roi, dit Theuth, une connaissance (*to mathema)* qui aura pour effet de rendre les Égyptiens plus instruits et plus capables de se remémorer (*sophôterous kai mnemonikôterous*) : mémoire aussi bien qu'instruction ont trouvé leur remède (*pharmakon).* Et le roi de répliquer... » (in *La Dissémination*, Paris : Éditions du Seuil, 1972, p. 85).

86 DERRIDA, J., «La Pharmacie de Platon", in *La Dissémination, op.cit.,* p. 86.

87 *Ibidem.*

88 *Ibid.,* p. 91.

de Platon, il est « la source cachée illuminante et aveuglante, du *logos* »[89]. La nouvelle écriture produit la trace comme *trace.* Elle est « un pur jeu de traces et de suppléments »[90].

3 – L'archi-écriture

Nous pouvons à présent poser la question suivante : quelle est la relation entre l'écriture et la *différance* ? La réponse est très nette. Le mouvement de la différance n'est pas l'écriture mais l'archi-écriture : « [...] ce mouvement innommable de la *différence–même* que nous avons stratégiquement surnommé *trace*, *réserve* ou *différance*, ne pourrait s'appeler écriture que dans la clôture *historique,* c'est-à-dire dans les limites de la science et de la philosophie. »[91] En parlant d'archi-écriture et d'archi-trace au lieu d'écriture et de trace, Derrida veut indiquer, d'une part, un nouveau concept, autre que le concept vulgaire de l'écriture et de la trace, et, d'autre part, il veut surtout marquer avec « archi » qu'il n'y a pas d'écriture originaire. Avec la trace, la différance ou l'écriture, on rencontre l'origine du sens comme un « sans fond », comme archi-trace, archi-écriture ou différance. L'écriture comme *différance,* comme jeu de *traces*, de *supplémentarité,* c'est la possibilité de la répétition à l'écart de la signification : « Ce qui se répète, c'est le répétant, l'imitant, le signifiant, le représentant, à l'occasion en l'absence de la chose même qu'ils paraissent rééditer, et sans l'animation psychique ou mnésique, sans la tension vivante de la dialectique. »[92] Dans *Limited*, Derrida l'appelle *la loi de contamination indécidable*[93], qui n'est autre que *la loi de la différance*, c'est-à-dire *d'itérabilité.*

C – La déconstruction comme *itérabilité*

Nous avons déjà expliqué que ni la théorie structuraliste saussurienne, ni la théorie phénoménologique husserlienne n'incluaient la prise en compte de l'autre dans la présence. La métaphysique de la présence était l'identité à soi-même. Or, en disant que « l'essence même de la présence, si elle doit toujours se répéter dans

....

89 *Ibid.*, p. 93.
90 *Ibid.*, p. 101.
91 DERRIDA, *De La Grammatologie*, *op.cit.*, p. 136.
92 DERRIDA, « La Pharmacie de Platon », *op.cit.*, p. 127.
93 DERRIDA, *Limited inc.*, cité par THORSTEINSSON, *La Question de la justice chez Jacques Derrida*, *op.cit.*, p. 133.

une autre présence, ouvre originairement dans la présence même, la structure de la représentation »[94], Derrida place l'*itérabilité* à l'origine de la présence.

Le terme *d'itérabilité* vient de *iter, itara* en sanskrit, qui lie la répétition à l'altérité, ou à l'altération du même : « C'est sur ce concept de répétition qu'il aurait fallu insister, plus précisément sur le concept d'*itérabilité*, qui, comme *itara*, dont vient le mot, dit à la fois la répétition du même et l'altération. »[95] Ou encore : « L'itérabilité – une altérité totalement hétérogène à ce qu'elle fonde, soit l'identité et la différence – affecte ce qu'elle fonde en altérant, l'altère en le répétant. »[96] Dans son sens ordinaire, répéter c'est reproduire une chose, une phrase par exemple, à l'identique, la répétition étant une simple citation, sans modification ni ajout supposant que la chose a été donnée, identique à elle-même, présente une première fois. Mais que cette chose puisse être répétée suppose un caractère d'un autre ordre, à savoir justement l'itérabilité, la possibilité-même de la répétition qui ruine son identité tout en l'identifiant comme la chose répétée, reconnaissable dans sa réplique elle-même. Ainsi, y a-t-il toujours, dans la présence, l'*itérabilité* de la présence, qui n'est autre que le mouvement de la trace. La trace est toujours trace de la répétition d'une trace précédente. Elle la re-présente (elle la présente une nouvelle fois), la présence cachant en elle-même une autre présence. C'est la raison pour laquelle l'*itérabilité* est à la fois la répétition et l'altérité du même. Tout en relevant d'une certaine répétition, elle désigne une répétition originaire antérieure à la répétition commune :

> Cette « répétition originaire » n'est pas du même ordre que la répétition au sens courant, qui présuppose le caractère unique, la singularité et l'intégrité d'une première fois. Ce n'est pas, comme la répétition empirique, une répétition qui puisse n'avoir jamais lieu. L'expression renvoie plutôt à la répétition de la répétition, ou à la répétition en général, la *répétabilité*.[97]

L'itérabilité ne suppose aucune identité stable mais plutôt une divisibilité dans l'identité qui porte en elle-même son altérité. Cette définition de l'*itérabilité* la rend quasi synonyme de la *trace*. Elle est un autre nom de la trace, et donc de la différance. Avant d'en venir à la relation entre trace et itérabilité, il convient de préciser comment la fonction d'*itérabilité,* dont nous venons de voir qu'elle est à

....

94 DERRIDA, *De La Grammatologie*, cité par GASCHE, Rodolphe, *Le Tain du miroir : Derrida et la philosophie de la réflexion*, *op.cit.*, 1995, p. 204.

95 DERRIDA, J., *Résistances. « De La Psychanalyse »*, Paris : Éditions Galilée, 1996, p. 46.

96 GASCHE, Rodolphe, *Le Tain du miroir : Derrida et la philosophie de la réflexion*, *op.cit.*, p. 207.

97 *Ibid.*, p. 204.

l'origine de la re-présentation, est aussi à l'origine de l'idéalisation, de la re-production comme duplication.

1 – Itérabilité et idéalisation

L'itérabilité rend possible l'idéalisation et donc la conceptualisation, tout en les limitant. Pour comprendre cela il faut en revenir à la discussion d'Austin dans « Signature, événement, contexte »[98] et de J.R. Searle dans « Limited »[99]. Derrida critique Austin et Searle, en particulier leur théorie des « speech acts », « qui est, indique Pierre Zina, une idéalisation phonocentriste, qui ne peut postuler la *présence* de l'*intention* auctorielle et l'*identité* d'un acte de langage répété que dans la mesure où elle fait abstraction de "contextes toujours ouverts" »[100].

Selon Austin, la citation, la répétition ou bien l'itérabilité sont des anomalies, des échecs, des *parasites* des actes du langage. D'après Derrida, qui s'intéresse à une écriture *itérable* entraînant la désintégration de l'identité sémantique du signe, au glissement du sens et à l'apparition du non-sens, un tel geste d'exclusion en revient à une abstraction ou une idéalisation, en vue d'assurer l'identité sémantique du signe. Pour lui, « il n'y a pas de hors-texte »[101], expression qui est devenue une sorte de slogan de la déconstruction. En effet, toujours d'après Derrida, « *dans le texte* le présent absolu, la nature, ce que nomment les mots de "mère réelle", etc., se sont toujours dérobés, n'ont jamais existé ; (...) ce qui ouvre le sens et le langage, c'est cette écriture comme disparition de la présence naturelle » qui, extérieure au texte, en serait le hors-texte[102]. Cependant, selon Thorsteinsson, cette phase est souvent mal comprise : « Il n'y a pas de hors texte » ne signifie pas l'existence d'un monde où il n'y aurait que du texte, pas de locuteurs, pas de paroles, mais il signifie qu'« il n'y a pas de hors contexte »[103]. Ainsi, la fonction d'*itérabilité* recouvre la *répétition déconstructrice* qui déconstruit l'identité du signe et atteint aussi l'énoncé performatif du *speech act :*

> Étant donné cette structure d'itération, l'intention qui anime l'énonciation ne sera jamais de part en part présente à elle-même et à son contenu. L'itération qui la structure a priori y introduit une déhiscence et une brisure essentielle.[104]

....

98 DERRIDA, J., *Marges de la philosophie*, Paris : Éditions de Minuit, 1972, pp. 365-390.
99 DERRIDA, J., *Limited inc.*, Paris : Éditions Galilée, 1990.
100 ZINA, Pierre V., *La Déconstruction. Une Critique*, Paris : Éditions L'Harmattan, 2007, p. 51.
101 DERRIDA, *De La Grammatologie, op.cit.,* p. 227.
102 *Ibid.*, p. 228. (Nos italiques)
103 THORSTEINSSON, B., *La Question de la justice chez Jacques Derrida, op.cit.,* p. 142.
104 DERRIDA, J., « Signature, événement, contexte », in *Marges de la philosophie, op.cit.,* p. 389.

Searle reproche à Derrida de ne rien comprendre à Austin[105]. En ne distinguant pas les termes d'itérabilité, de citationnalité et de parasitisme, Derrida croit qu'Austin exclut le parasitisme et donc l'itérabilité des actes de langage. Or, d'après Searle, cet argument est totalement invalide. Chez Austin, « l'itérabilité des formes linguistiques facilite et constitue une condition nécessaire des formes particulières d'intentionnalité qui sont caractéristiques des actes de langage »[106]. Derrida répond à cela que Searle n'a pas su poser la question de savoir si l'itérabilité était un processus à la fois de construction et de déconstruction : « L'itérabilité altère, elle parasite et contamine ce qu'elle identifie et permet de répéter ; elle fait qu'on veut dire (déjà, toujours, aussi) autre chose que ce qu'on veut dire, on dit autre chose que ce qu'on dit, et voudrait dire, comprend autre chose que..., etc. »[107] L'itérabilité limite donc l'idéalisation, elle ne permet pas la re-fermeture sur le même.

Pourquoi cette fonction d'itérabilité comme limite de l'idéalisation est-elle si importante pour Derrida ? En effet, même si, selon Searle et Austin, les performatifs doivent être itérables au sens où tout acte conventionnel implique l'idée de répétition du même, Austin distingue les actes constatifs, qui réalisent une description, et les actes performatifs, qui créent ce qui n'existait pas avant. De cette manière, il exclut, selon Derrida, l'itérabilité de tous les énoncés performatifs. Il ne nous importe pas ici de décider qui a raison à ce sujet, ce qui compte pour nous est de souligner comment Derrida veut montrer que l'itérabilité est présupposée par tous les énoncés, même les performatifs. Les actes performatifs ne peuvent réussir que si les énoncés sont itérables, s'ils répètent des formes conventionnelles ou « codées », comme il les qualifie. Si nous acceptons que l'itérabilité soit quasi-synonyme de la trace, nous pouvons dire alors que cette itérabilité montre aussi que les actes performatifs ont *un fondement sans fondement.* Nous aurons à nous en souvenir lorsque nous reviendrons à la fragilité de la structure du contrat qui constitue le souverain.

2 – L'itérabilité comme duplication et la loi de l'indécidable

Après cette fonction de l'itérabilité comme limite de l'idéalisation, nous pouvons passer à une autre fonction de l'itérabilité comme duplication cette fois, qui va nous donner la possibilité de discuter la déconstruction dans sa relation au *double bind*, au double geste, à la double science, ou bien à la double écriture :

....

105 Pour lire cette critique de Searle, voir son livre intitulé *Pour Réitérer Les Différences : Réponse à Derrida,* traduit par Joëlle PROUST, Combas : Éditions de l'Éclat, 1991, et la réponse de Derrida, *Limited inc.*, Paris : Éditions Galilée, 1990.

106 SEARLE, J.R, *Pour Réitérer Les Différences : Réponse à Derrida,* p. 23.

107 DERRIDA, J., *Limited inc., op.cit.,* p. 120.

> L'itérabilité est une duplication ou une reduplication qui redouble la première fois, ou l'identité idéale, par sa répétition comme moment ou élément identique *et* en même temps différent. C'est une reduplication où le répété est déjà séparé de lui-même, double en lui-même.[108]

Par « double science », on entend deux phases : « d'une part, traverser une phase *de renversement,* d'autre part, s'en tenir à cette phase. »[109] Qu'est-ce que cela signifie ? Commençons par la phase de *renversement.* Dans la tradition philosophique, toute opposition contient toujours une hiérarchie entre les termes. C'est cette hiérarchie que Derrida veut renverser sans que ce renversement en revienne à une neutralisation. Il s'agit de traverser la simple forme du *ni/ni,* comme nous l'avons déjà vu dans la critique de l'*Aufhebung* de Hegel : « Déconstruire l'opposition, c'est d'abord, à un moment donné, renverser la hiérarchie. Négliger cette phase de renversement, c'est oublier la structure conflictuelle et subordonnante de l'opposition. »[110] À s'en tenir à cette phase, il s'agit d'« opérer sur le terrain et à l'intérieur du système déconstruit »[111].

Plus tard, dans *Parages,* Derrida attachera ce terme de « double » à celui de « l'autre » : « Il y va de l'autre. Il ne peut s'approcher *comme autre,* dans son phénomène d'autre, qu'en s'éloignant, et *apparaître* en son lointain d'altérité infinie qu'à se rapprocher. »[112] C'est ainsi que la déconstruction ouvre la philosophie à ses Autres[113].

En renvoyant aux doubles des originaux inaccessibles, autrement dit à leurs traces, Derrida élimine la possibilité d'établir une source ultime et première, une origine et un original. Il n'est pas du tout question de l'existence de la présence mais de son simulacre :

> La duplication originaire qui double l'opposition de la copie et de l'original n'est en effet ni précédée ni suivie d'aucun référent, d'aucune présence, d'aucune identité inentamée. [...] Le double n'est donc plus un dérivé des étants présents ou de leur totalité ; ce n'est plus un phénomène intramondain, mais ce dans quoi s'enlèvent les étants et leurs images, phantasmes ou simulacres. [114]

....

108 GASCHÉ, Rodolphe, *Le Tain du miroir : Derrida et la philosophie de la réflexion, op.cit.,* p. 207.
109 DERRIDA, J., *Positions,* pp. 56-57.
110 *Ibid.,* p. 57.
111 *Ibidem.*
112 DERRIDA, J., *Parages,* Paris : Éditions Galilée, 1986, p.37. (Les italiques sont dans le texte)
113 GASCHÉ, Rodolphe, *Le Tain du miroir : Derrida et la philosophie de la réflexion, op.cit.,* p. 172.
114 *Ibid.,* p. 217.

Chez Derrida, il n'y a que des traces, des duplications de la présence ; l'original porte toujours en lui-même son simulacre, son double, sa trace. Selon Thorsteinsson, une espèce de loi prescrit la double science : « C'est la loi de ce se-dérober-toujours que nous avons déjà entr'aperçue, à plusieurs reprises, en lisant les textes derridiens. »[115] Cette loi n'est rien d'autre que la loi de contamination indécidable. En effet, selon Derrida, l'indécidable en tant que synonyme de la contamination confirme la logique du *ni/ni,* et à la fois, répète la double stratégie, la double science, la double écriture. S'il y a contamination, c'est que la pureté est impossible. Du reste, toutes les figures que Derrida choisit, le supplément, l'*hymen* ou le *pharmakon,* possèdent cette caractéristique indécidable, d'être à la fois contaminées et doublées.

> Le régime des notions et des énoncés derridiens, commente G. Biyogo, devient alors aporétique, indécidable, c'est-à-dire qu'il ne résout pas sur le mode de la distinction binaire du vrai ou du faux, ou selon la dialectique – dépassement des contraires – mais sous la forme d'une tension irrésolue du même, d'une tension démultipliée de l'un comme de l'autre, d'une exploration indéfinie au sein d'une logique de la bifurcation.[116]

L'indécidable est inanalysable. C'est ce qui ressort de l'exemple du *pharmakon,* « à la fin de *la Pharmacie de Platon,* sous les traits d'un analyste qui voudrait encore séparer, comme des éléments chimiques, justement, le bon remède et le mauvais poison, les isoler comme une bonne répétition d'une mauvaise répétition »[117]. Le *double bind,* l'*itérabilité* perturbent toute entreprise d'analyse :

> D'une part, l'itérabilité, condition de la constitution des identités, de l'idéalité et disons, pour faire vite, de tout concept en général, est de ce fait le devenir-objectif de l'objet ou le devenir-subjectif du sujet, donc le devenir-analysable en général. Mais *(double bind),* elle est aussi ce qui perturbe toute analyse puisqu'elle perturbe, en leur résistant, les oppositions binaires et hiérarchies qui autorisent tout principe de distinction dans le discours philosophique ou théorique. [118]

....

115 THORSTEINSSON, B., *La Question de la justice chez Jacques Derrida, op.cit.,* p. 186.
116 BIYOGO, Grégoire, *Adieu à Jacques Derrida : Enjeux et perspectives de la déconstruction,* Paris : Éditions L'Harmattan, 2006, p. 71.
117 *Ibid.,* p. 45.
118 *Ibid.,* p. 46.

3 – La chaîne des non-concepts

Tous les concepts (non-concepts) fondamentaux de la pensée de Derrida - la différance, la trace, l'archi-écriture, l'itérabilité - se rassemblent souvent et toujours à nouveau dans ce qu'il nomme une « chaîne »[119]. Cette chaîne propose un certain type de relation qui ne correspondrait à aucune des façons dont la tradition philosophique pense la mise en relation : causalité, dialectique ou totalité. Tous ces concepts, ou plutôt non-concepts, ne sont cependant pas synonymes. Ils se constituent selon un jeu de substitutions, dont la règle est la loi de l'espacement, « dont la formulation la plus simple dirait qu'aucun concept ne recouvre aucun autre »[120]. Le contexte et l'opération de ces concepts sont différents mais pas indépendants les uns des autres comme le seraient des atomes. Ils ne sont pas séparés par une clôture « taxinomique » mais constituent plutôt un « lexique » : gramme, réserve, entame, trace, espacement, supplément, *pharmakon*, trace, etc. Chaque concept renvoie à l'autre :

> D'abord parce que ce ne sont pas des atomes mais plutôt des foyers de condensation économique, des lieux de passage obligés pour un très grand nombre de marques, des creusets un peu plus effervescents. Puis leurs effets ne se retournent pas seulement sur eux-mêmes par une sorte d'auto-affection sans ouverture, ils se propagent en chaîne sur l'ensemble pratique et théorique d'un texte, de façon chaque fois différente.[121]

Ainsi, *la logique du ni/ni* se retrouve à la fois dans l'examen de la différance, et dans celui de l'itérabilité. Entre X et Y, il y a un mouvement de différance et d'itérabilité. L'adjectif le plus convenable pour tous ces termes derridiens est peut-être *indécidable.* Nous pouvons donc dire que tous les termes qui caractérisent l'itérabilité (indécidable, inanalysable, etc.) caractérisent, contaminent aussi la chaîne des non-concepts qui forment une chaîne : itérabilité, différance, dissémination etc.

Cependant Derrida, n'a pas limité la déconstruction et sa chaîne à la critique de la métaphysique traditionnelle. Il nous invite aussi à observer ce mouvement de la différance, d'archi-écriture, d'itérabilité, c'est-à-dire la loi d'indécidable, dans toute la fondation politique et juridique de la modernité, centrée sur le concept de souveraineté, ce qui nous va nous conduire à voir sa

....

119 THORSTEINSSON, B., *La Question de la justice chez Jacques Derrida*, *op.cit.*, p. 185.

120 DERRIDA, *Positions*, cité par THORSTEINSSON, *La Question de la justice chez Jacques Derrida, op.cit.*, p. 191.

121 DERRIDA, *Positions, op.cit.*, p. 55.

fragilité, son fondement comme *sans fondement,* ou bien *sans fond.* La souveraineté moderne n'engage pas seulement l'opposition entre nature et culture, mais aussi les oppositions entre homme et animal, bête et souverain, souverain et Dieu. Construisant la modernité politique et la souveraineté, elles sont, selon Derrida, si fragiles et poreuses qu'elles en deviennent « déconstructibles ».

II –

La déconstruction de la souveraineté

Nous avons vu que chez Hobbes, la souveraineté moderne était construite sur la nature humaine, ou encore que l'état de nature était le premier moment pour établir le pouvoir souverain. Dans l'état de nature, l'homme est gouverné naturellement par ses passions, qui le conduisent à se comporter comme un loup. Pour en sortir, il faut que le souverain apparaisse. Alors, l'homme passe à l'état civil qui est l'état de paix, le contraire de l'état de nature en tant qu'état de guerre. Si l'on accepte de dire que l'opposition entre l'état de nature et l'état civil sur laquelle est construite la souveraineté rejoint l'opposition entre nature et culture, on peut revenir à la déconstruction de cette opposition que Derrida avait conduite à partir de Rousseau dans *De La Grammatologie.* Il y avait montré qu'elle était basée sur une *logique du supplément,* laquelle supposait qu'une chose venait combler un manque tout en venant à sa place : « C'est bien la culture qui doit suppléer une nature déficiente, d'une déficience qui ne peut être, par définition, qu'un accident et un écart de la nature. »[1] Chez Hobbes, l'état civil supplée de la même manière à ce qui manque dans l'état de nature ; de sorte que c'est une logique de supplément qui constitue la souveraineté moderne.

Comme nous l'avons déjà vu, pour Derrida, la différance vient avant les oppositions : sensibilité/intelligibilité, intuition/signification, etc. À ces oppositions, Derrida ajoute maintenant l'opposition entre nature et culture, homme et animal. Pour mieux dire, en mettant en œuvre cette logique de *différance,* Derrida s'attelle à la tâche de déconstruire tous les couples d'oppositions sur lesquels est construite

1 DERRIDA, J., *De La Grammatologie, op.cit.*, p. 203.

la souveraineté moderne. Déconstruire une opposition ce n'est pas l'effacer mais mettre en évidence le mouvement de différance qui se produit entre les termes opposés : « le concept comme intuition différée-différante ; la culture comme nature différée-différante ; tous les autres de la *physis-tekhné, nomos, thesis,* société, liberté, histoire, esprit, etc.– comme *physis* différée ou comme *physis* différante. *Physis en différance.* »[2]

Dans le mouvement de la différance, la trace était le simulacre d'une présence. Avec la trace, le différent apparaissait dans le même[3]. Un tel mouvement apparaît en particulier dans les analogies qui sont à l'œuvre dans la pensée politique occidentale. L'une d'elle est particulièrement frappante, « une analogie irrésistible et surchargée entre une bête et un souverain qui sont supposés partager le lieu d'une certaine extériorité au regard de la "loi" et du "droit" (hors-la-loi : au-dessus de la loi : au-dessus des lois : origine et fondement de la loi) »[4]. L'analogie chez Derrida est la métaphore par excellence, dont la caractéristique générale est le trope de la ressemblance ; ressemblance non pas, simplement entre un signifiant et un signifié, mais aussi entre deux signes, dont l'un désigne l'autre[5]. La métaphore ne constitue ni une méthode, ni un ornement pour rendre plus visibles les ressemblances entre les choses. D'une part, elle les sépare, d'autre part, elle indique leurs rapprochements, leurs imbrications. La *différance* apparaît dans cette indétermination de la métaphore qui nous renvoie un *abîme* entre le *sens* et le *non-sens*[6].

En travaillant à partir de l'analogie – mais aussi à partir de la métaphore, de la métonymie, de la figure, des tropes et de l'allégorie[7] – le but de Derrida est de montrer comment l'animal et l'homme, la bête et le souverain, s'opposent tout en manifestant des points communs. Avec l'analogie entre l'animal et le souverain, c'est la structure paradoxale de la souveraineté moderne qui se révèle : elle se construit sur un fondement humain tout en restant animale. En même temps elle ne peut se définir ni par l'humanité, ni par l'animalité. Derrida cherche donc à mettre en lumière cette contradiction, ou plutôt ce paradoxe, de la structure de la

....

2 DERRIDA, J., « Différance », in *Marges de la philosophie, op.cit.,* p. 18.

3 « On ne peut penser la trace – et donc la différance – à partir du présent, ou de la présence du présent. La trace n'étant pas une présence mais le simulacre d'une présence qui se disloque, se déplace, se renvoie, n'a proprement pas lieu, l'effacement appartient à sa structure. » *ibid.*, p. 25.

4 DERRIDA, J., *Séminaire. La Bête et le souverain,* Vol I (2001-2002), Paris : Éditions Galilée, 2008, p. 13.

5 DERRIDA, J., « La Mythologie blanche », *in Marges de la philosophie, op.cit.,* p.289.

6 Ces concepts fondamentaux de Derrida (différance, abîme, sens, non-sens) sont élaborés dans le premier chapitre de cette partie. Pour l'instant, il est important de comprendre que Derrida a consciemment choisi d'avancer par analogies.

7 DERRIDA, J., *Séminaire. La Bête et le souverain,* Vol II (2002-2003), Paris : Éditions Galilée, 2010, pp. 13-14.

souveraineté moderne qui, dissimulée dans la structure de l'analogie, se manifeste dans sa déconstruction : « à partir de la figuration inaugurale de l'homme comme "animal politique" ou "vivant politique" (..), il y aurait (..), écrit-il, la double et contradictoire figuration de l'homme politique, comme *d'une part*, supérieur dans sa souveraineté même, à la bête qu'il (..) domine, mais, d'autre part (contradictoirement), figuration de l'homme politique, et notamment de l'État souverain *comme animalité*, voire bestialité. »[8]

Comme l'indique Patrick Llored, Derrida soutient que pour comprendre les problèmes politiques actuels, il faut toucher à la figure de l'animal chez les penseurs de la souveraineté, tant la politique se réfère toujours à un animal, réel ou fabuleux[9], mais son but n'est pas de poursuivre cette tradition. Après avoir élaboré les relations entre le concept de souveraineté et l'animalité, Derrida va proposer une nouvelle pensée de l'animalité :

> Il s'agit pour la déconstruction, écrit P. Llored, de faire de cette question de l'animalité la condition sous laquelle il est possible de repenser la relation entre le politique et le vivant en procédant à un double mouvement qui chercherait à miner le concept de souveraineté en mettant au jour les liens complexes qu'il soutient avec celui d'animalité, puis à élaborer une nouvelle pensée de l'animalité.[10]

Avec cette nouvelle pensée de l'animalité, Derrida évoque la possibilité de construire une relation avec l'altérité absolue, la meilleure pour la penser étant le regard d'un chat[11]. Toutefois, notre but étant d'examiner le concept de souveraineté, c'est sa relation avec l'animalité dans la perspective de sa déconstruction qui va nous intéresser plutôt que l'élaboration de la nouvelle pensée de l'animalité comme telle. Remarquons tout de suite cependant, avec P. Llored, qu'il ne s'agit pas du tout pour « la déconstruction derridienne » de :

> réduire le politique, le social et tout particulièrement ce qu'elle nomme la « valeur de souveraineté » à une manifestation de force animale dont la zoologie nous donnerait la vérité interprétative. C'est au contraire [...] que l'on peut se donner les moyens de penser cette analogie profonde entre l'animalité zoologique et la souveraineté politique dans la mesure

....

8 DERRIDA, J., *Séminaire. La Bête et le souverain*, Volume I (2001-2002), *op.cit.*, p. 50.

9 LLORED, Patrick, *Jacques Derrida : Politique et éthique de l'animalité*, Belgique : Éditions Sils Maria, 2012, p. 55.

10 *Ibid.*, p. 66.

11 Cf. *L'Animal que donc je suis*, Paris : Éditions Galilée, 2006., p. 28.

> où aucune interprétation naturaliste ou biologique n'est capable d'expliquer le concept ou la valeur de souveraineté.[12]

Pour déconstruire l'idée de souveraineté et parvenir à celle de la justice au-delà de la loi, nous organiserons ce chapitre en trois sous-chapitres. Tout d'abord, nous ré-élaborerons la figure du Léviathan chez Hobbes, « l'exemple le plus saisissant (...) de cette figuration du politique » comme animalité, selon Derrida[13]. Dans cette partie, nous interrogerons l'invention de la souveraineté comme propre à l'homme. Ensuite, nous déconstruirons l'idée hobbesienne du « souverain comme personne juridique » en montrant le point commun entre la bête et le souverain en tant que hors-la-loi. Enfin, nous arriverons à la crise de la souveraineté moderne en tant qu'absolue et indivisible et à la possibilité de la penser autrement.

Par cette organisation, nous allons, en restant fidèles à la démarche de Derrida, essayer de déconstruire les thèses de Hobbes analysées dans notre première partie. La déconstruction derridienne, qui part d'une posture critique à l'égard de Hobbes, nous donne un nouveau de point de vue pour penser autrement la souveraineté et la justice. L'idée du souverain comme bête est tout-à-fait originale pour critiquer la souveraineté moderne alors que l'idée d'auto-immunité du souverain montre l'origine de la crise de la souveraineté moderne elle-même.

Au bout du compte, toutes les caractéristiques de la souveraineté moderne que nous avons rencontrées apparaîtront, une fois déconstruites, comme des fantasmes. En premier lieu la figure du Léviathan hobbesien, fantasme politique de la « modernité zoopolitique », mais aussi et surtout l'indivisibilité de la souveraineté comme l'un des « fantasmes »[14] de la souveraineté moderne qui masque une auto-immunité ne consistant qu'en un processus sans fin d'auto-déconstruction.

A – Le fondement analogique de la souveraineté : le souverain comme bête

Derrida note qu'avant de comparer le souverain à la figure animale du Léviathan, Hobbes souligne que ce souverain est un produit humain et non divin.

....

12 LLORED, Patrick, *Jacques Derrida : Politique et éthique de l'animalité*, *op.cit.*, p. 54.

13 *Ibid.*, p. 50.

14 Je me suis inspirée ici du commentaire Michael Naas : "Eh bien, si la souveraineté est auto-immune, si elle ne peut être que divisée, partagée, parlée, présentée et représentée, alors– en tant que *phantasmatique* - elle n'"est» précisément pas du tout." Naas M., *Derrida from Now On*, New York: Fordham University Press, 2008, p. 144. Ce commentaire a attiré mon attention pour la première fois grâce à un article de DİREK, Zeynep, "Derrida'nın Siyaset Felsefesi" (La philosophie politique de Derrida), in *Siyaset Felsefesi Tarihi*, Cilt II, éd.par TUNCEL, A., GÜLENÇ, K., Ankara : Doğu Batı, 2013.

En tant qu'humain, le souverain est situé par rapport à deux autres domaines : le divin et l'animal. Prenons d'abord le divin. Dans un sens, le fondement humain de la souveraineté moderne remplace le fondement divin, ce que Derrida met en évidence en citant l'« Introduction » au *Léviathan*. Jusqu'à Hobbes, la souveraineté était fondée soit à partir de la Nature, soit à partir de Dieu. En rejetant ces deux sources, comme nous l'avons exposé dans notre première partie[15], Hobbes place la raison humaine au fondement de la souveraineté. Désormais la souveraineté et l'État n'ont de fondement qu'humain.

En même temps, lorsque Hobbes veut faire comprendre l'absoluité de la souveraineté, il choisit toujours la figure de Dieu, même s'il sépare, comme nous l'avons vu, sa puissance illimitée du pouvoir absolu du souverain. En soulignant une telle analogie, Derrida continue à fragiliser le système des oppositions en s'en prenant cette fois-ci à l'opposition entre Dieu et le souverain, en décelant un mouvement de *différance* entre ces deux termes. La construction moderne de la souveraineté comme anthropologie non divine est donc déconstructible. Le geste de Derrida va consister à montrer d'abord que le souverain et Dieu, ensuite que le souverain et la bête, se chevauchent, comme s'ils étaient imbriqués les uns dans les autres : « Ces trois figures se remplacent, elles se substituent l'une à l'autre, tenant lieu l'une de l'autre, l'une veillant comme lieutenant ou suppléant de l'autre le long de cette chaîne métonymique. »[16] Cette chaîne métonymique n'est pas seulement une possibilité de la langue, il s'agit aussi d'un trope, d'une contamination ontologique. Il n'y a pas de souverain déterminé avec des limites rigides, autrement dit il n'y a pas de pur souverain. Le souverain se trouve entre la bête et Dieu, il leur est contigu dans le discours, et c'est parce qu'il est entre eux qu'il est attiré à la fois par l'un et par l'autre.

Dans ce qui suit, nous allons nous intéresser plus particulièrement à l'analogie entre le souverain et la bête, dans la mesure où, depuis Aristote, la pensée politique fait référence à l'animalité pour la séparer de l'humanité, Or – telle est la thèse de Derrida –, la figure analogique du souverain comme bête rapproche ces deux termes conceptuellement séparés. Le souverain comme bête et non comme animal, alors même qu'en tant que figure il est à la fois animal et homme. Mais comment penser la bêtise, alors que notre tradition de pensée est précisément fondée sur l'opposition entre l'homme et l'animal, l'homme étant d'abord défini comme être de *logos* (Aristote) ? Pour Derrida, il s'agit, encore une fois, de déceler le mouvement de *différance* à l'œuvre au cœur-même de cette séparation.

....

15 Cf. la partie de *Le Sens de la loi de nature chez Hobbes ou la loi de nature en général,* p. 35.
16 DERRIDA, J., *Séminaire. La Bête et le souverain,* vol I, *op.cit.,* p. 87.

1 – La force du *logos* (Heidegger) et le carnophallogocentrisme

Depuis Aristote, ce qui sépare l'homme de l'animal est le fait que ce dernier possède le *logos*. La configuration de l'homme comme « *zoon logon echon* » vient avant celle de l'homme comme « *politikon zoon.* » : « (...) seul d'entre les animaux l'homme a la parole (*logos*). »[17] Que signifie cette phrase ?

Remarquons d'abord avec Derrida, que « le mot "logos" lui-même a été le lieu d'enjeux de traduction considérables », selon qu'on l'ait traduit par « langage », comme très souvent, par « discours », ou par « raison » ou aussi bien « calcul », « compte » (que le mot « *ratio* » va traduire : la raison comme compte, comme calcul) »[18]. Quoi qu'il en soit des réserves de Derrida à l'égard de l'Être-pour-la-mort comme propre de l'homme, il reconnaît que c'est Heidegger qui a mis en lumière les problèmes liés à la traduction de *logos* par raison et ce, à deux niveaux. La traduction de *logos* par raison est d'abord un coup de force, ce que Derrida interprète ainsi :

> Cela signifiera aussi non pas un conflit ou une opposition simple, comme on le croit souvent, entre force et raison, comme entre force et droit, mais un conflit dans lequel la force est du côté de la raison, et l'emporte, un peu comme « la raison du plus fort », en un autre sens et à un autre niveau, mais concurremment au discours de la fable de La Fontaine qui trouve peut-être ici sa source fondamentale.[19]

Mais la traduction de *logos* par raison occulte aussi, selon Heidegger, le sens proprement grec du *logos* qui comporte une dimension de force, bien qu'en un autre sens que celui qui concerne « la force supérieure de la raison »[20]. En effet :

> le logos grec, le legein, qui est à la fois dire, rassembler, assembler, lire [...] avait été détourné de son sens (supposé par Heidegger) de ce qui rassemble en maintenant par force des opposés, des contraires, [...] Autre problème de traduction : phusis, ce n'est pas pour Heidegger natura ; phusis, c'est tout ce qui pousse, phuein, ce qui croit et dans ce qui croit, dans le monde ou l'être comme phusis, le logos joue, représente justement une force et Heidegger insiste sur la force [...][21]

....

17 ARISTOTE, *Politique, op.cit.*, 1252b.

18 DERRIDA, *Séminaire. La Bête et le souverain*, Volume I (2001-2002), *op.cit.*, p. 448.

19 *Ibid.*, p. 424. (Le discours se réfère à La Fontaine : La raison du plus fort est toujours la meilleure. Nous l'allons montrer tout à l'heure)

20 «Cela ne signifie pas que cette souveraineté cette hégémonie, cette force supérieure de la raison l'ait emporté contre une pensée du logos qui serait, elle, innocente et étrangère à toute force. C'est bien d'un conflit entre plus d'une force qu'il s'agit" (*Ibid.* p. 424).

21 *Ibid.*, p. 449.

Comme nous le voyons dans cette citation, Derrida souligne le rapprochement intime opéré par Heidegger entre le *logos* et la *phusis,* laquelle n'est pas séparée de la force. En continuant de commenter Heidegger, Derrida établit un lien entre *phusis*, *logos* et souveraineté à partir de la présence, dans le texte de Heidegger, du verbe allemand *Walten*, traduit en français par « régner, gouverner ». Cette traduction procède à une neutralisation ou une banalisation du sens de *Walten* qui mérite une plus forte accentuation. Heidegger, montre d'abord Derrida, emploie ce mot quand il examine le mot « physique », « *phusika* », et « *phusis* », « en tant que (*als [das] sich bildenden* ***Walten*** *des Seienden im Ganzen)* (...) en tant que "règne se formant de lui-même de l'étant en entier" »[22]. Si *Walten* désigne une puissance dominante auto-formée, elle-même assimilée à *phusis,* ce mode de domination rejoint la notion de pouvoir souverain, ce qui lui confère une position originaire :

> Le *Walten* comme *phusis*, la *phusis* comme *Walten* est tout, *phusis* et *Walten* sont synonymes du tout, de tout ce qui est, et qui est donc en tant que pouvoir originairement souverain.[23]

Ainsi, la définition du *logos* chez Heidegger n'est indépendante ni de *phusis*, ni de *Walten,* autrement dit ni de la force, ni de la souveraineté. Cela montre la fragilité de l'opposition entre nature et culture, entre *phusis* et *nomos* ou encore entre l'homme et l'animal[24]. En rapportant cette définition du *logos* à la souveraineté, on dira alors que la force du souverain vient du fait que l'homme possède le *logos* et non qu'il soit un animal.

La mise au jour de la force liée au *logos* est en lien direct avec le concept de logocentrisme, central à la pensée de Derrida. Le *logos* étant aussi une invention du pouvoir masculin, il est – d'après Derrida lecteur ici de Lacan – phallocentrisme, qu'il déconstruit par exemple dans *L'animal donc que je suis.* Le logocentrisme étant basé sur l'hégémonie de la parole et de la présence, le concept de *trace* avait permis à Derrida de mettre en lumière le sens caché dans le simulacre de la présence. Derrida avait substitué le concept de trace à celui de parole, c'est à-dire avait substitué l'écriture même à la parole[25]. Dans la dernière partie de son œuvre,

....

22 Heidegger, *Les Concepts fondamentaux de la métaphysique*, cité par Derrida, *Séminaire. La Bête et le souverain II, op.cit.*, p.72. Nous soulignons.

23 DERRIDA, J., *Séminaire. La Bête et le souverain II, ibidem.*

24 « Aucun de ces deux modèles anthropocentriques ne peut être défendu, aux yeux de DERRIDA, qui souligne toujours la porosité qui existe entre « nature » et culture, la fragilité de cette limite visant à instituer une différence superficielle entre « nature » et Animalité d'une part, et entre « culture » et souveraineté » d'autre part. », LLORED, Patrick, *Jacques Derrida : Politique et éthique de l'animalité, op.cit.*, p. 55.

25 Cf. la sous-partie « La structure de supplémentarité », p. 88.

il opère une jonction entre le logocentrisme, le phallocentrisme et sa préoccupation pour la question de l'animalité, en parlant maintenant de *carnophallogocentrisme* qui est vraiment le propre de l'homme, et désigne l'état carnivore et le sacrifice animal pour les hommes. Revenant brièvement sur un élément d'« autobiographie intellectuelle », Derrida considère avoir franchi « la frontière d'un anthropocentrisme, la limite d'un langage confiné dans le discours et les mots humains » de façon encore plus radicale qu'auparavant : « La marque, le gramme, la trace, la différance, concerne différentiellement tous les vivants, tous les rapports du vivant au non-vivant. »[26] L'homme ou la femme, en tant qu'« animal autobiographique », a le pouvoir de se marquer lui-même, de se tracer et de s'affecter de traces de soi : leur ipséité est un rapport à soi en tant qu'auto-affection.[27].

2 – La cruauté de l'homme (Lacan) ou la distinction entre l'homme et l'animal

La déconstruction de la tradition du *logos* conduit Derrida à examiner l'article de Lacan *Fonctions de la psychanalyse en criminologie*, dans lequel la séparation entre l'homme et l'animal se fonde sur le fait que déterminer la loi comme étant une dimension caractéristique de l'humain, le caractérise aussi comme criminel. Le sujet humain appartient au monde de la loi et du droit.[28]. Mais la dimension même de la loi suppose la possibilité de sa transgression, c'est-à-dire du crime et de là une forme de violence proprement humaine : la cruauté : la possibilité en tous cas « que le surmoi, qui est le gardien de la loi, du côté de la loi, puisse être aussi un délinquant, qu'il puisse y avoir délit et crime du surmoi lui-même(...)[29] ». On est passé ici de l'animal à l'homme, autrement dit de la force à la violence. C'est elle qui, selon Lacan, sépare nettement l'animal de l'homme, car l'animal n'est pas cruel. La cruauté de l'homme ne vient pas de son animalité mais au contraire de son humanité.

> Non que, pour Lacan, il n'y ait pas d'instinct fixe et animal dans l'homme ; il y a certes une animalité dans l'homme, mais le crime,

....

26 DERRIDA, J., *L'animal que donc je suis*, cité par LLORED, *Jacques Derrida : Politique et éthique de l'animalité, op.cit.*, p. 22.

27 *Ibid.*, p. 75.

28 Cette double appartenance a aussi à voir avec le *carnophallogocentrisme* du sujet humain : "À terme, deux mondes s'opposeront nettement : d'une part, le monde animal supposé dépourvu de toute loi morale susceptible de générer un quelconque droit, et d'autre part, le monde humain façonné par la loi qui vient s'incarner in un droit comme caractéristique d'un propre de l'homme, au sens ici littéral de *propriété :* puisque le sujet humain *carnophallogocentrique* s'approprie le monde de la loi et de la morale en instituant par la violence une frontière ontologique rigide entre lui et l'animal. » LLORED, Patrick, *Jacques Derrida : Politique et éthique de l'Animalité, op.cit.*, pp. 32-33.

29 DERRIDA, J., *Séminaire. La Bête et le souverain I, op.cit.*, p. 148.

la cruauté et la férocité ne relèvent pas de l'instinct, ils transcendent l'animalité, [...] mais ils supposent aussi, ces énoncés, la clarté faite sur un mot que Lacan non seulement met en avant par deux fois, mais qui désigne ici, littéralement, le critère majeur, à savoir le mot de « semblable ».[30]

Cette remarque sur le mot « semblable » est importante pour distinguer l'homme de l'animal. Dans *Voyous,* Derrida traite de la question du semblable avec le concept d'*ipséité,* le soi-même, l'être proprement soi-même, le même du soi-même. Le concept de semblable a aussi une relation avec le concept d'« animal autobiographique ». Ce qui compte pour nous ici est que la cruauté de l'homme implique son semblable : « Ce qui distinguerait l'humanité cruelle de l'animalité non-cruelle (donc innocente), c'est que l'homme cruel s'en prend à son semblable, ce que ne ferait pas l'animal. »[31] Derrida trouve aussi chez Lacan de quoi corriger l'adage célèbre, *homo homini lupus*, ce qui sera d'une grande importance pour notre compréhension de Hobbes. L'homme ne peut pas être un loup, un animal, pour l'homme, car le loup n'est pas aussi cruel pour son semblable que l'homme.

Cependant, aussi intéressante soit-elle, la réflexion de Lacan sur l'animalité et l'humanité doit être poursuivie, car elle maintient une distinction que Derrida veut fragiliser : « N'a-t-on de devoir, interroge-t-il, qu'à l'endroit de l'homme et de l'autre comme autre homme ? Et surtout que répondre à ceux qui ne reconnaissent pas dans certains hommes leurs semblables ? »[32]

3 – De la bêtise selon Deleuze à la figure ambivalente du Léviathan comme bête

Dans sa recherche d'une formulation de la bêtise qui ne répèterait pas la distinction tranchée entre animalité et humanité, Derrida se tourne vers l'analyse de la bêtise par Deleuze, l'un des rares philosophes à penser une notion de devenir-animal de l'humain. Il y a de nombreuses occurrences du mot bêtise lorsque Deleuze et Guattari raillent les « bêtises » des psychanalystes. Mais Derrida rappelle une analyse plus ancienne de Deleuze dans *Différence et répétition*, qui établissait la bêtise comme une caractéristique propre à l'homme et le différenciant de l'animal. Il cite Deleuze : « l'animal est garanti par des formes spécifiques qui l'empêchent d'être "bête" »[33], ou encore : « les animaux sont en quelque sort

....

30 *Ibid.*, p. 150.

31 DERRIDA, J., *Séminaire. La Bête et le souverain I, op.cit.,* p. 150.

32 *Ibid.* p. 154.

33 DELEUZE, *Différence et répétition*, cité par Derrida, *Séminaire. La Bête et le souverain, op.cit.,* p. 202.

prémunis contre ce fond, par leurs formes explicites »[34]. On pourrait ajouter cette autre citation : « La bêtise n'est pas le fond ni l'individu, mais bien ce rapport où l'individuation fait montrer le fond sans pouvoir lui donner forme »[35]. Rappelant « la vigilance ironique et sarcastique de Deleuze ou de Deleuze et Guattari à l'endroit de la psychanalyse », Derrida précise qu'il lui est difficile de « rire longtemps avec eux », à cause justement de cette distinction tranchée qu'ils opèrent entre l'homme et l'animal au sujet de la bêtise comme propre de l'homme qui exclurait l'animal :

> Car inversement pourquoi ne pas reconnaître que l'homme, en tant qu'il a aussi des formes d'individuation explicites, se prémunit aussi, en quelque sorte, contre le fond sans fond, et dans cette mesure du moins, ignorerait comme l'animal, la bêtise pure.[36]

Pour Derrida, la « bête » est une figure ambivalente. Elle n'est ni animal, ni homme, c'est-à-dire qu'elle contient à la fois l'animalité et l'humanité, et c'est cela qui va permettre de fonctionner comme analogue de la souveraineté.

Cela est manifeste chez Hobbes. Rappelons que le Léviathan comme figure du souverain, était, d'une part, un produit humain, et, d'autre part, un animal artificiel, une monstruosité prothétique, porteuse de toutes les caractéristiques de la bête. Et s'il y a une analogie entre la bête et le souverain, alors, comme dans toutes les analogies, il n'y a ni séparation, ni identité rigide entre les deux.

> D'une part, la souveraineté est l'âme artificielle, l'âme, c'est-à-dire le principe de vie, la vie, la vitalité, la vivance de ce Léviathan, [...]. L'État est donc une sorte de robot, de monstre animal qui dans la figure de l'homme, ou d'homme dans la figure du monstre animal, est plus fort, etc., que l'homme naturel. C'est comme une prothèse gigantesque [...], comme une machine morte, voire une machine de mort, une machine qui n'est que le masque du vivant, comme une machine de mort peut servir le vivant.[37]

Si les trois figures de la souveraineté, de Dieu et de la bête se croisent, c'est qu'elles sont toutes hors-la-loi. Nous allons élaborer ce que signifie rester hors-la-loi ou encore être au-dessus des lois dans le sous-chapitre suivant, en déconstruisant également l'idée du souverain comme personne juridique chez Hobbes. À cette occasion, Derrida va montrer aussi que la violence ou la force du souverain ne vient ni de l'animalité, ni de Dieu.

....

34 *Ibid.*, cité par Derrida, *op.cit.,* p. 211.

35 DELEUZE, *Différence et répétition,* Paris : Minuit, 1969, p. 197.

36 DERRIDA, *Séminaire. La Bête et le souverain I, op.cit.,* p. 245.

37 *Ibid.,* p. 53.

B – La bête et le souverain comme hors-la-loi

Nous avons conclu la partie intitulée *Le Léviathan comme personne chez Hobbes* en expliquant que le souverain était une personne juridique, créée par le contrat, la convention, alors même qu'il demeurait « hors-la-loi ». Nous avons également précisé que cette personne juridique était seule à être responsable de la loi, mais qu'elle n'était pas responsable devant les lois civiles. Les lois civiles dépendent de lui mais il ne dépend pas d'elles, il a le droit de ne pas répondre de ses actes, ce qui signifie qu'il est exclu des conventions et reste « hors-la-loi » tout en faisant la loi. « Hors-la-loi » veut dire ne pas être partie prenante du contrat. Le souverain n'en est que l'objet et l'effet. Ou encore : être « hors-la-loi », c'est être hors contrat, hors–la-loi que définit le contrat pour les parties contractantes.

De là, il nous faut examiner plusieurs questions importantes. Qu'est-ce qu'un *covenant*, un contrat, né de la peur et dont découle l'État ? Quel sens donner au fait que Dieu, les bêtes et le souverain soient exclus du contrat ? Comment est-il possible, d'une part, que le souverain se manifeste par le contrat, et que, d'autre part, il en soit exclu ? Quelle est la relation entre être exclu des conventions et l'idée d'être hors-la-loi ? Pour répondre à ces questions, nous examinerons d'abord l'idée du contrat, puis celle de l'exclusion du souverain, de Dieu, et des bêtes de ce contrat pour comprendre ce que signifie être hors-la-loi pour chacune de ces trois figures. Dans ce parcours, c'est le caractère absolu de la souveraineté qui se déconstruit.

1 – Le contrat comme prothèse et la fragilité du fondement

Nous avons vu que pour prouver la nécessité du souverain, Hobbes avait inventé la fiction de l'état de nature, cet état de guerre où il n'y a de sécurité ni pour la vie ni pour la propriété[38]. En montrant que les hommes y vivent dans la peur de la mort, Hobbes mettait en évidence la nécessité du souverain, car c'est elle qui les poussait à établir un contrat pour sortir de cet état. Derrida attache une grande importance à ce sentiment de peur, passion politique fondamentale pour Hobbes. Et si l'on accepte le fait que la politique moderne commence avec le contrat, il faut alors accepter que ce soit la peur qui l'initie[39].

Dans un texte écrit pour le bicentenaire de la Déclaration d'indépendance américaine, Derrida met en évidence la structure du contrat qui est au

....

38 Cf. la partie sur l'état de nature chez Hobbes, p. 35.

39 « Il s'agit bien de cette peur, de cette terreur ou de cette panique, dont Hobbes, in le *Léviathan*, déclarait qu'elle était la passion politique par excellence, le ressort de la politique », Derrida, *Séminaire. La Bête et le souverain II*, *op.cit.*, p. 67.

fondement du droit et de l'institution politique. En reprenant la distinction faite par J.L. Austin entre les actes constatifs et les actes performatifs, Derrida avance que le droit et l'institution politique sont l'un et l'autre fondés sur un acte performatif : « Un tel acte, écrit-il, ne revient pas à quelque discours de description ou de constat. Il performe, il accomplit, il fait ce qu'il dit faire, telle serait au moins sa structure intentionnelle. »[40] Cependant ces actes performatifs cachent une série de paradoxes dans leur structure, *un fond sans fond*. Ainsi chez Hobbes, l'acte qui compose le contrat consiste à transférer le droit de nature qu'il définit comme la transmission mutuelle du droit[41]. Mais quelle est la réalité de ce contrat ? Existe-t-il vraiment un contrat ? Qui le signe ? Dans la Déclaration d'indépendance, il s'agissait du « bon peuple » : « Voilà donc le "bon peuple" qui s'engage et n'engage que lui en signant, en faisant signer sa propre déclaration. Le "nous" de la déclaration parle au nom du peuple. »[42] Le paradoxe ici vient du fait que le peuple n'existe pas avant ce contrat ou cette déclaration. Le contrat n'est alors qu'un *fondement sans fondement,* ce qui veut dire que le fondement qui institue la politique et le droit est déjà sans fond. C'est « l'acte de cette signature » lui-même qui donne naissance au « signataire » : « La signature, écrit Derrida, invente le signataire. »[43] La même structure paradoxale s'applique au contrat hobbesien, car le souverain comme le « bon peuple » n'existent pas non plus avant ce contrat[44].

En montrant le caractère paradoxal du contrat, Derrida montre également la fragilité du fondement de l'État ou du souverain et de la loi civile. De plus, du fait que le contrat consiste en un acte performatif, il n'est pas quelque chose de naturel, pas plus que sa conséquence, l'apparition du souverain. C'est pourquoi, jouant sur le mot prothèse, Derrida surnomme la souveraineté *prothétatique,* indiquant par là que, comme toute prothèse, elle a une fonction essentielle de protection. Telle est

....

40 DERRIDA, Jacques, *Déclarations d'indépendance,* in *Autobiographies*, Paris : Éditions Galilée, 1984, p. 14.

41 Cf., la sous- partie « la deuxième nature : contrat social », p. 43.

42 DERRIDA, Jacques, *Déclarations d'indépendance, ibid.,* p. 21.

43 *Ibidem.*

44 Selon G. BENNIGNTON, on la retrouve aussi dans le contrat social de Rousseau : « Dans le contrat social, la doctrine de la volonté générale est avancée pour achever ceci : à la lumière de la lecture de Montesquieu, il parait possible de décrire la volonté générale comme l'envoi d'une lettre par le citoyen en tant que membre du souverain à ce citoyen-même en tant que sujet. Le citoyen ne préexiste pas à l'envoi de cette lettre, mais est créé par lui. Le souverain et le sujet sont les noms utilisés par Rousseau pour désigner l'envoyeur et le destinataire. Étant donné cette identité présupposée, Rousseau peut affirmer que «le souverain, par cela seul qu'il est, est toujours ce qu'il doit être «, et « la volonté générale est toujours droite «. Le citoyen s'envoie la loi et par là il se nomme citoyen : cette structure est celle de l'autonomie en général, et implique une auto-nomination concomitante », BENNINGTON, Geoffrey, "Postal Politics and the Institution of the Nations", in *Legislations: The Politics of Deconstruction*, London-NewYork : Verso, 1994, p. 249.

la première des trois assertions de la théorie conventionnaliste de la souveraineté (il y en aura trois) : contrairement à une théorie naturaliste, elle « fait, dit Derrida, de la souveraineté prothétatique le propre de l'homme. Et cette prothèse artificielle de l'État souverain est toujours une protection. La prothèse protège. Protéger est sa finalité essentielle, la fonction essentielle de l'État »[45]. Ainsi, à la caractérisation du souverain comme animal artificiel, autrement dit comme manifestation à la fois animale et humaine[46], il faut ajouter maintenant la conventionnalité dont le caractère paradoxal montre encore une fois la fragilité de l'opposition entre *physis* et *nomos*. S'il y a, dit Derrida, une structure prothétique du Léviathan comme animal ou monstre politique, cela tient à sa structure conventionnelle, thétique, contractuelle.

2 – De la peur au souverain hors-la-loi

À ce point, Derrida opère une jonction entre les thèmes de la structure prothétique, de la protection et de la peur :

> Et là nous trouverions, au plus près de la souveraineté qui en est comme le corrélat, la peur : la peur telle qu'elle est définie par le *Léviathan*, par exemple. Léviathan est le nom d'un animal-machine à faire peur ou un *organon* prothétique et étatique, un État comme prothèse, l'organe d'une prothèse étatique, ce que je surnomme une *prothétatique*, qui marche à la peur et règne par la peur.[47]

Si la raison de la constitution du souverain réside dans la peur, il est chargé de protéger ses sujets contre ce qui les effraie. La peur est condition de la protection et de la continuité du souverain, « elle ne dure, dit Derrida, qu'aussi longtemps que la loi, la souveraineté, l'État sont en mesure de protéger des sujets apeurés contre ce qui leur fait peur »[48]. En cela « la souveraineté, l'institution de l'État sont historiques et toujours provisoires, disons déconstructibles, par essence fragiles ou finies ou mortelles ». C'est en raison même de cette fragilité, de cette divisibilité, que Hobbes pose aussi la souveraineté comme « immortelle et indivisible »[49].

N'est-il cependant pas contradictoire que la souveraineté fasse peur et que la peur fasse le souverain ? Pour répondre à cette question, il faut comprendre que la

....

45 DERRIDA, Jacques, *Séminaire. La Bête et le souverain I, op.cit.,* p. 76.

46 Dans le volume II du Séminaire, Derrida rapproche la prothèse de la figure de la marionnette, "vivant sans l'être - ou qui n'est qu'un simulacre d'étant. Ou qui n'est qu'une prothèse. Ou qui n'est qu'un substitut de l'étant ou de la chose même, un fétiche" (p. 293).

47 DERRIDA, Jacques, *Séminaire. La Bête et le souverain I, op.cit.,* p.68. (Les italiques sont dans le texte).

48 *Ibidem.*

49 *Ibid.,* p. 72.

peur « excède toujours la présence corporelle »[50], au sens où nous ne l'éprouvons pas nécessairement en présence de quelqu'un. C'est la référence au *Robinson Crusoé* de Daniel Defoe, lecteur de Hobbes selon Derrida, qui permet de le comprendre :

> [Robinson] a peur (il dort dans un arbre, n'ayant pas de maison, par peur de créatures sauvages), il a peur, c'est son sentiment fondamental, comme l'homme de Hobbes dont la peur est la passion première, celle qui conduit originairement à la fondation de l'État et à cette alliance, à ce covenant dont nous rappelions [...] qu'il ne peut être signé qu'entre hommes selon Hobbes, et ni avec Dieu, ni avec les bêtes.[51]

La peur est, selon Hobbes, la passion humaine fondamentale, « c'est pourquoi elle est aussi la passion corrélative de la loi ; [elle] est donc à la fois l'origine de la loi et de la transgression de la loi, de la loi et du crime »[52]. D'un côté, c'est la peur qui fait obéir à la loi, mais, d'un autre côté, le crime est un défi opposé à l'État, à la peur ou à la terreur qu'inspire l'État, « manifestation essentielle de la souveraineté »[53].

En fin de compte, on peut dire que, lorsque a lieu chez Hobbes le passage de l'état de guerre de chacun contre chacun à l'état civil, on passe d'une peur à l'autre. L'état de guerre ne prend pas fin avec le contrat. Dans la partie sur la relation entre le souverain, la loi et la justice, nous avions défini cette peur dans l'état civil comme la crainte du pouvoir et F. Rangeon l'expliquait comme une méthode de gouvernement[54]. Rappelons aussi que l'obéissance au contrat était définie comme la troisième loi de nature, dans laquelle se cachait aussi la justice. Pouvons-nous dire à présent que la justice se réalise par, ou se fonde sur, la peur chez Hobbes ? Pour répondre à cette question, il faut revenir avec Derrida à la signification de la position du souverain comme « hors-la-loi ».

Désobéir aux lois civiles en revenait à se désobéir à soi-même, car, même si le souverain était le seul responsable de la loi, il n'était, en tant que leur représentant, constitué que de ses sujets. En même temps, il n'était pas assujetti aux lois civiles, il était hors-la-loi et cette caractéristique était fondamentale pour assurer la justice, la paix et la sécurité. Le souverain devait certes respecter les lois naturelles, mais elles ne l'obligeaient pas, pas plus que Dieu ou toute autre autorité. Cela venait de la structure

....

50 *Ibid.*, p. 70.

51 DERRIDA Jacques, *Séminaire. La Bête et le souverain II, op.cit.*, p.25. "C'est lui, précise Derrida, le véritable prototype du colonisateur britannique, de même que Vendredi (le fidèle sauvage qui se manifeste un jour porte-malheur) est le symbole des races asservies. On trouve chez Crusoé toute l'âme anglo-saxonne : l'indépendance virile, la cruauté inconsciente, la ténacité, l'intelligence lente et pourtant efficace, l'apathie sexuelle, la religiosité pratique et bien équilibrée, la taciturnité calculatrice".

52 *Ibid.*, p. 70.

53 *Ibidem.*

54 Cf., la partie sur la relation entre le souverain, la loi et la justice, p. 53.

même du contrat, puisqu'il n'existe de pacte ni entre les animaux, ni entre l'homme et l'animal, ni entre Dieu et l'homme[55]. L'originalité de la pensée de Derrida se manifeste à nouveau ici. Hobbes excluant Dieu et les animaux du contrat, ils se trouvent hors-la-loi comme le souverain. De sorte que si le souverain, du fait du contrat d'autorisation, est une personne juridique, il est paradoxalement hors-la-loi comme Dieu et la bête. Par conséquent, on ne peut juger de ses actes, il a le droit de tout faire. Être hors-la-loi veut donc dire ne pas être limité par les lois. Cette contradiction apparaît, selon Derrida, dans la troisième assertion de la théorie conventionnaliste de la souveraineté : « La convention, la *thesis,* la prothèse, le contrat qui est à l'origine de la souveraineté, exclut aussi bien Dieu que (...) la bête. »[56]

3 – La façon souveraine d'être hors-la-loi. Le souverain vociférant.

Précisons que le souverain, Dieu et la bête ne sont cependant pas hors-la-loi dans le même sens :

> L'être-hors-la-loi peut sans doute, d'une part, et c'est la figure de la souveraineté, prendre la forme de l'être-au-dessus-des-lois et donc la forme de la Loi elle-même, de l'origine des lois, du garant des lois, comme si la Loi avec un grand L, la condition de la loi, était avant, au-dessus et donc en dehors de la loi, extérieure, voire hétérogène à la loi ; mais l'être-hors-la-loi peut aussi d'autre part, et c'est la figure de ce que l'on entend le plus souvent par l'animalité ou la bestialité [...].[57]

Pour la souveraineté, il faudra donc distinguer un lieu qui, tout en étant extérieur à la loi, serait « au-dessus » d'elle sans que cela implique une transgression, et un autre lieu totalement étranger, « en dehors de la loi »[58], où la loi est pourtant transgressée, mais sans que cette transgression soit accompagnée d'un savoir (puisque la loi n'y apparaît pas). Ici on peut penser qu'il y a une relation entre être au-dessus des lois et être au-delà de la loi à l'instar de la justice. Mais nous allons voir qu'être au-dessus-des-lois (le souverain) et être au-delà de la loi (la justice) ne sont pas la même chose. Être au-delà de la loi n'est pas une supériorité, il s'agit de passer au-delà de la loi mais à travers elle, sans l'abolir. Être au-dessus, comme l'est le souverain, est une supériorité. Cependant sa supériorité n'est pas métaphysique comme celle de Dieu. Dieu est hors-la-loi au sens où il n'est pas partie prenante

....

55 Cf., la partie sur la deuxième loi de nature : le contrat, p. 43.

56 DERRIDA, Jacques, *Séminaire. La Bête et le souverain I, op.cit.,* p. 76.

57 *Ibid.,* p. 38.

58 On aurait trois façons d'être hors la loi : au-dessus (la souveraineté), en dehors (l'animal/Dieu), au-delà (la justice).

au contrat. Mais il n'est pas hors-la-loi au sens où l'est le souverain, car cela aurait comme conséquence que l'on puisse « placer une convention ou un engagement au-dessus de celui qui institue l'État. Par exemple un engagement envers Dieu. »[59]. En tant que hors-la-loi, le souverain est sans loi comme Dieu et la bête, mais il a le droit de faire violence, ce qui n'est le cas ni de Dieu, ni de l'animal.

Toutefois, même si Dieu et le souverain ne sont pas hors-la-loi dans le même sens, leur relation n'a pas de limite rigide. Certes, Hobbes parle de la délier, mais elle n'en perdure pas moins. Et même si l'on sépare le souverain en tant qu'être-au-dessus-des-lois de Dieu, on les rapproche encore en tant qu'êtres hors-la-loi. Pour comprendre véritablement ce qu'ils ont en commun, il faut en revenir au fait qu'aucun contrat ne peut être passé entre les hommes et le souverain, comme entre les hommes et la bête ou entre les hommes et Dieu. Hobbes nommait contrat « la transmission mutuelle de droit »[60], une convention n'étant établie qu'à la condition d'une acceptation mutuelle. Pour qu'un contrat soit valide, il doit être proposé à quelqu'un qui doit – élément essentiel - signifier par un acte de langage qu'il l'accepte. Or, c'est justement ce que le souverain ne fait pas : ce sont les sujets qui contractent entre eux et se le signifient mutuellement. Le souverain ne répond pas, il est exclu du contrat. En d'autres termes, il est absolu, à l'image de Dieu : « Passer une convention avec Dieu n'est pas possible (...)[61] ». Derrida retrouve dans le texte même de Hobbes – la non-réponse du souverain dans le dispositif du contrat - ce qui lui permet de le soustraire à toute responsabilité devant les lois. Quoi qu'il fasse, le souverain ne peut être jugé ni puni en vertu de ces lois. Il n'est responsable que devant les lois de nature. Comparé au pouvoir de Dieu, son pouvoir est précaire et limité (il est mortel), mais par rapport aux autres hommes, il est illimité et absolu (c'est un *dieu* mortel).

De là Derrida établit une autre relation inquiétante, cette fois entre le souverain, le criminel et la bête. Si le criminel est « sans loi » et, si le souverain, est un « être hors-la-loi », leur relation s'éclaire : « il y a entre le souverain, le criminel et la bête[62] une sorte d'obscure et fascinante complicité, voire une inquiétante attraction mutuelle, une inquiétante familiarité, une *unheimlich, uncanny* hantise réciproque. »[63] L'origine de la violence du souverain est là : dans l'« être hors-la-loi ». Plutôt que de définir la souveraineté à partir du loup, de *l'homo homini lupus*, comme dans la tradition de la politique moderne, Derrida finit par la désigner du

....

59 DERRIDA, Jacques, *Séminaire. La Bête et le souverain I, op.cit.,* p. 77.

60 HOBBES, *Léviathan, op.cit.,* p. 132.

61 *Ibid.,* p. 137.

62 Il semble qu'il y ait une ambiguïté chez Derrida, car d'un côté il les différencie, de l'autre il les assimile.

63 DERRIDA, J., *Séminaire. La Bête et le souverain I, op.cit.,* p. 38.

terme de *loup-garou*, traduit en anglais par *outlaw*, c'est-à-dire précisément hors-la-loi. Le loup-garou, appelé *lycanthrope,* c'est, *« l'homme-loup, l'homme fait loup ou le loup fait homme »*[64], ce qui correspond au souverain, hors-la-loi, ni animal ni homme, bête. Le titre du livre de Derrida, *Voyous*, vient de ce terme, « loup-garou » : « "Voyou" ne viendrait pas de *voie*, au sens d'un *dévoiement* par altération ou déviation, mais de loup-garou. »[65] Les États voyous sont des loups-garous, mais plus fondamentalement les États souverains le sont déjà.

Cette caractéristique du souverain comme loup-garou indique sa part dévoratrice, son pouvoir dévorateur. Dévorer, c'est manger à pleines dents comme font les bêtes sauvages, mais « le lieu de la dévoration, poursuit Derrida, c'est aussi le lieu de ce qui porte la voix, c'est le *topos* du porte-voix – en un mot, le lieu de la *vocifération* »[66]. La violence du souverain se manifeste ici plus nettement. Son caractère est proche de celui des bêtes les plus sauvages. Le souverain devient soudain la bête cruelle. Et sa cruauté s'applique à ses citoyens, ce qui rend suspecte la justice assurée par lui, et devra nous conduire à chercher la justice en nous affranchissant de ce rapport vicieux.

Cette contamination du souverain par la bête, « le passage de l'un à l'autre, l'analogie, la ressemblance, l'alliance, l'hymen tenant à ce qu'ils partagent tous deux cette très singulière position d'être hors-la-loi, au-dessus ou à l'écart du droit », rend compte, selon Derrida, du droit qu'a le souverain « de suspendre le droit, de se placer au-dessus de la loi qu'il est, qu'il fait, qu'il institue, dont il décide souverainement »[67]. Derrida se réfère ici directement à la définition du souverain comme « celui qui décide de la situation exceptionnelle »[68], donnée par Carl Schmitt :

> C'est, comme dit Schmitt, [...] ; c'est le droit au non-droit, si je puis dire, ce qui à la fois risque de porter le souverain humain au-dessus de l'humain, vers la toute-puissance divine et à la fois, à cause de cette arbitraire suspension ou rupture du droit, risque justement de faire ressembler le souverain à la bête la plus brutale qui ne respecte plus rien, méprise la loi, se situe d'entrée de jeu hors-la-loi, à l'écart de la loi, au-dessus des lois.[69]

....

64 *Ibid.*, p. 99.

65 DERRIDA, *Voyous*, *op.cit.*, p. 102.

66 DERRIDA, Jacques, "Le Souverain bien - ou L'Europe en mal de souveraineté", cité par ZARKA, "Le Souverain vorace et vociférant", in la revue de *Cités* : *Derrida politique*, *op.cit.*, p. 7.

67 DERRIDA, J., *Séminaire. La Bête et le souverain I*, *op.cit.*, p. 60.

68 SCHMITT, Carl, *Théologie politique,* trad. par Schlegel, Paris : Éditions Gallimard, p. 15.

69 DERRIDA, Jacques, "Le Souverain bien - ou L'Europe en mal de souveraineté", *op.cit.*, p. 124.

Cependant, comme l'indique Yves Charles Zarka, le fait même que Derrida évoque la figure du souverain comme *vorace* et *vociférant* montre qu'il ne suit Schmitt que jusqu'à un certain point. En déconstruisant la souveraineté, Derrida ne la défend pas mais procède au contraire à sa démystification, c'est-à-dire qu'au lieu de présenter le souverain comme celui qui décide ultimement de la politique, comme l'a fait Schmitt, il montre que « la souveraineté peut n'être qu'une prothèse artificielle, une machine de mort qui entend, qui prétend, servir le vivant »[70]. En définissant le pouvoir souverain comme un *pouvoir voyou,* il le pose comme intrinsèquement lié à la violence : « Le concept de la violence appartient à l'ordre symbolique du droit, de la politique et de la morale, de toute forme d'autorité ou d'autorisation, de prétention à l'autorité au moins. »[71]

C – La crise de la souveraineté ou les apories de l'inconditionnalité

Dans les deux paragraphes précédents, nous avons évoqué deux des trois assertions de la théorie conventionnaliste de la souveraineté : la première était la souveraineté *prothétatique* et la troisième l'exclusion de Dieu et des bêtes du contrat, c'est-à-dire l'absoluité. La deuxième est la suivante : « L'indivisibilité absolue de la souveraineté : une souveraineté divisible ou partageable n'est pas une souveraineté. »[72] Cependant, la déconstruction de l'indivisibilité conduira à déceler le caractère qui sous-tend toutes les caractéristiques de la souveraineté, absoluité y compris, à savoir l'inconditionnalité : selon Laura Odello, « la déconstruction de la souveraineté et de toutes ses figures onto-théologico-politiques commence par la nécessité d'un geste qui consiste à dissocier entre elles la souveraineté et l'inconditionnalité. »[73] Elle justifie son interprétation à partir de Derrida lui-même : « Il faudrait en effet tenter de dissocier la "souveraineté" (toujours un principe indivisible) et l'"inconditionnalité". L'une et l'autre se soustraient absolument, comme l'absolue même, à tout relativisme. C'est leur affinité. »[74]

Il y a en fait deux sortes d'inconditionnalités pour Derrida : l'une négative, celle du souverain, qui l'entache d'une violence insurmontable et celle, positive, de la justice qui est « sauve » et qui peut sauver le droit. Autrement dit, pour Derrida,

70 ZARKA, Y. C., "Le Souverain vorace et vociférant", *in* Cités, *Derrida Politique, op.cit.*, p. 8.

71 DERRIDA, Jacques, *Force de Loi, op.cit.*, p. 80. Cf. aussi Butler, Judith, *Kırılgan Hayat* (*La vie précaire*), İstanbul : Metis Yayınları, 2005, p. 96.

72 DERRIDA, Jacques, *Séminaire. La Bête et le souverain I, op.cit.*, p. 76.

73 ODELLO Laura, « Walten ou L'hyper-souveraineté », in *Appels de Jacques Derrida,* éd. par COHEN-LEVINAS, D. et MICHAUD, G., Paris : Éditions Hermann, 2014, p. 142.

74 DERRIDA, J., *Voyous, op.cit.*, p. 13.

il y a une inconditionnalité qui condamne à la violence et une inconditionnalité qui sauve de la violence. C'est de la première dont il va être question maintenant.

1 – L'ipséité et l'auto-immunité cachées dans l'indivisibilité et l'absoluité souveraines : une auto-infection déconstructrice

Nous avons déjà vu que l'absoluité du souverain signifiait le pouvoir absolu, *summa potestas*. Même si ce pouvoir n'était pas une *summa potentia* qui n'appartient qu'à Dieu, il n'était soumis à aucun autre et ne reconnaissait aucune supériorité[75]. La *summa potestas* était aussi *potestas sive autoritas,* droit d'accomplir quelque action en tant qu'*author* de ses propres actions. Or, il ne peut y avoir qu'un seul *author,* un et indivisible. L'*author* est un soi-même, un *ipse* dont la constitution suppose un processus *d'auto-immunité* porteuse d'une auto-infection déconstructrice.

En s'appuyant sur l'étymologie de Benveniste, Derrida rappelle que l'*ipseité* impliquait « l'exercice du pouvoir par quelqu'un qu'il suffit de désigner comme lui-même, *ipse* : au sens le plus large du terme, le souverain est celui qui a le droit et la force d'être reconnu comme lui-même, proprement le même que soi »[76]. Dans le séminaire de 2001-2002, Derrida reprend une idée qu'il avait déjà exposée dans *Voyous*, où il suivait les réseaux de signification attachés à l'ipséité :

> J'entendrai aussi bien le soi-même, le même du soi que le pouvoir, la puissance et la souveraineté, le possible impliqué dans tout "je peux", le pse de ipse renvoyant toujours, Benveniste le montre bien, à travers des relais compliqués, à la possession, à la propriété, au pouvoir, à l'autorité du seigneur, du souverain et le plus souvent de l'hôte, du maître de céans ou du mari.[77]

L'*ipse* est un « je peux », il désigne celui qui n'a pas besoin d'un autre que lui-même. De façon originale, Derrida établit une relation entre l'ipséité et la solitude. Quand il dit que la souveraineté ne se partage pas, qu'elle est indivisible, il veut dire que le souverain est le seul à faire preuve d'*ipseité* : « Partout où il y a de la souveraineté, il y a de l'ipseité comme auto-position souveraine du soi. »[78] L'indivisibilité rejoint ainsi l'absoluité, car le souverain n'étant responsable devant personne, il ne doit obéir à personne, mais tous les sujets doivent lui obéir : être ab-sous de l'obéissance aux lois, c'est du même coup être doté d'un pouvoir absolu.

....

75 Cf.la sous-partie « La Relation de la souveraineté au pouvoir, à la force et à la violence », p. 58.
76 DERRIDA, Jacques, *Séminaire. La Bête et le souverain I, op.cit.*, p. 101.
77 DERRIDA, Jacques, *Voyous, op.cit.*, p. 31.
78 *Ibid.*, p. 196.

C'est pourquoi, à la suite de Benveniste, Derrida établit une relation entre le mari, comme *pater familias*, et le souverain. Ce dernier est le seul à exercer la souveraineté. Il n'a besoin ni de Dieu, ni de la nature, ni d'un autre souverain. Sinon, il ne pourrait pas être le souverain.

> Le souverain est seul en tant qu'il est unique, indivisible et exceptionnel, il est l'être d'exception qui, comme le dit Schmitt, c'est sa définition du souverain, décide de l'exception et a le droit exceptionnel de suspendre le droit, se tenant ainsi, [...] comme les bêtes ou le loup-garou, à sa manière hors-la-loi, au-dessus des lois. Le souverain est le seul à exercer la souveraineté. La souveraineté ne se partage pas, elle est indivisible. Le souverain est le seul (souverain) ou il n'est pas.[79]

Dans *Voyous*, Derrida avait établi un rapport entre la souveraineté et l'*auto-immunité*, *autos* signifiant l'*ipséité* en grec. L'auto-immunité est basée sur un se-protéger-contre-l'autre, elle consiste à « immuniser (le soi) contre l'intrusion agressive de l'autre »[80]. On pourrait penser que Derrida ajoute deux nouveaux caractères à la souveraineté qui, en plus d'être absolue et indivisible, serait ipsocentrique et auto-immunitaire. Ces caractères sont en fait cachés sous l'indivisibilité et l'absoluité du souverain. Pour en rendre compte, Derrida recourt à la notion d'*itérabilité*, la répétition du Même. Cette répétition advient lorsqu'il s'agit de se protéger contre l'autre qui apparaît ainsi comme l'ennemi. Pour se protéger lui-même contre l'ennemi, le souverain se ferme sur lui-même : « Ce que j'appelle l'*itérabilité*, qui à la fois répète le même en le déplaçant ou en l'altérant, c'est à la fois une ressource, un pouvoir décisif et une catastrophe de la répétition ou de la reproduction. »[81] Nous voyons ainsi comment le terme d'*itérabilité,* que nous avons rencontré comme l'un des concepts non-concepts de la déconstruction, finit par se retrouver dans le contexte politique. En déconstruisant la notion d'immunité qui constitue la souveraineté, Derrida fait apparaître les autres, en l'occurrence les ennemis, qui s'y cachent toujours. Dire que la souveraineté construit son immunité dans la différence avec l'autre, c'est dire que, dans le mouvement même de protection de soi, l'autre est toujours interne au même, le faisant différer d'avec soi : « La présentation de l'autre comme tel, c'est-à-dire la dissimulation de son "comme tel", a toujours déjà commencé et aucune structure de l'étant n'y échappe. »[82]

....

79 DERRIDA, Jacques, *Séminaire. La Bête et le souverain II, op.cit.*, p. 30.
80 DERRIDA, Jacques, *Voyous, op.cit.*, p. 173.
81 DERRIDA, Jacques, *Séminaire. La Bête et le souverain II, op.cit.*, p. 120.
82 DERRIDA, J., *De La Grammatologie, op.cit.*, p. 66.

Mais si l'auto-immunité est structurelle à la souveraineté, elle est alors paradoxalement porteuse en elle-même d'une auto-infection auto-déconstructrice. Car l'Autre, qui est le plus grand ennemi de la souveraineté, se cache toujours dans sa structure. Derrida ne justifie pas vraiment cette assertion. Mais on peut arriver à trouver une justification à cette idée d'auto-immunité en revenant à l'histoire de la philosophie.

D'après la tradition initiée par Bodin et Hobbes, nous avons vu jusqu'ici que la souveraineté était indivisible et absolue. Nous avons également observé que, si elle était divisible, elle ne serait plus une souveraineté. Son pouvoir, sa force, sa violence légitime, viennent de cette caractéristique. Une souveraineté peut pourtant céder sous l'impact d'une autre souveraineté qui la conquiert par la guerre, mais sa fin peut aussi être provoquée par un mécanisme d'auto-immunité qui le rend divisible.

Pour comprendre ce mécanisme d'auto-immunité, on peut reprendre le passage de *Voyous* dans lequel Derrida l'utilise pour traiter de la folie d'un monde qui semble perdre la raison[83]. Sous la menace, le vivant met en place raisonnablement, logiquement, des dispositifs de protection de soi, d'auto-immunité. Mais ce faisant, il « peut spontanément détruire, de façon autonome, cela même qui, en lui, se destine à le protéger contre l'autre, à l'immuniser contre l'intrusion agressive de l'autre ». Il s'agit de l'« étrange logique illogique » d'un pouvoir qui détruit ce qui lui permet de se protéger, mettant ainsi en échec le principe de contradiction selon lequel il est impossible pour une chose, d'être et de n'être pas en même temps[84]. Aussi, si la souveraineté et le pouvoir ont un certain rapport au *logos,* ce rapport n'est pas formulable dans la logique du *logos*, mais seulement dans les termes oxymoriques d'une « logique illogique » par laquelle le pouvoir se menace lui-même.

Ainsi la structure logique de la souveraineté, fondée sur l'inconditionnalité qui prescrit l'absoluité et l'indivisibilité, n'est qu'une structure illogique. L'indivisibilité est en elle-même susceptible d'être brisée par l'Autre, l'inconditionnalité s'auto-infecte. C'est ce que l'on désigne souvent par crise de la souveraineté.

2 – De la logique étrange de la souveraineté à la crise de la souveraineté

La crise de la souveraineté peut alors être comprise comme relevant d'une instabilité structurelle. La souveraineté ne peut qu'être en crise. Il n'y a ni souveraineté

83 Dans le sous-chapitre précédent, nous avons montré que le *logos* n'était indépendant ni de *phusis* ni de *Walten,* autrement dit ni de la force ni du souverain.

84 DERRIDA, Jacques, *Voyous, op.cit.*, p. 173.

pure ni liberté pure, elles ne font l'objet que d'une croyance. Le soi-disant fondement universel de la souveraineté n'est qu'un *fondement sans fondement.*

Il faut cependant aller plus loin et se demander de quelle souveraineté il s'agit quand on parle de crise de la souveraineté. Peut-on dire qu'en dévoilant toutes les caractéristiques ambiguës de la souveraineté, à partir de la tradition hobbesienne, Derrida cherche à montrer la fragilité de la souveraineté moderne état-nationale ? Même si Etienne Balibar nous avertit de l'inconvénient qu'il y a d'associer l'idée de la crise de la souveraineté état-nationale aux nouvelles phases de la mondialisation, ou globalisation[85], c'est bien, pour Derrida, la structure menaçante et déconstructible de la souveraineté état-nationale qui rend compte de la crise de la souveraineté globale. L'exemple en est donné par les discours sur les droits de l'homme ou par les notions de crime contre l'humanité et de génocide dont se sert le droit international. En tant que concepts dits universels, ils dépassent la souveraineté de l'État-nation et la remettent en question, ils la limitent ou se situent au-dessus d'elle :

> Je dis bien la souveraineté de l'État et de l'État-nation, car [...], toutes ces instances pourraient bien être en train d'en appeler à une autre souveraineté, la souveraineté de l'homme lui-même, de l'être même de l'homme même (*ipse, ipsissimus*) au-dessus et au-delà « de » et avant la souveraineté étatique ou état-nationale. [86]

Peut-on dire que la souveraineté des droits de l'homme peut résoudre la crise de la souveraineté état-nationale ? Peut-on dire que la souveraineté des droits de l'homme empêche la violence propre au souverain ? D'après Derrida, on ne peut pas dénoncer la souveraineté état-nationale en lui opposant « la souveraineté des droits de l'homme » : conceptuellement, d'un point de vue philosophique, c'est comme dire « un cercle carré ». Les droits de l'homme ne peuvent pas être souverains puisque la seule interprétation politique qui vaille à leur égard est de voir en eux une récusation absolue de la souveraineté, non pas au motif que les individus seraient eux-mêmes souverains et que leur souveraineté s'opposerait à celle de l'État, mais au motif qu'ils n'ont aucune autre autorité que celle qu'on leur accorde par les combats que l'on mène en leur nom.

Sur ce point, Derrida évoque Schmitt, pour qui le discours sur les droits de l'homme n'est qu'une hypocrisie, un instrument idéologique. En résumant la pensée de Schmitt, Derrida montre que les droits de l'homme ne s'éloignent pas

....

85 Cf., l'article de Balibar, *Prolégomènes à la souveraineté : la frontière, l'État, le peuple*, http://www.millepiani.net/archivesfilosofici/2005/10/16/etienne_balibar_prolegomenes_a_la_souverainete_la_frontiere_letat_le_peuple.html (réf du 15.07.2015)

86 DERRIDA, Jacques, *Séminaire. La bête et le souverain I, op.cit.*, p. 107.

de la contradiction de la souveraineté moderne, dite état-nationale. Derrida restitue la pensée de Schmitt en trois moments. Premièrement, le concept d'humanité est un concept non-politique, mais deuxièmement, ce concept non-politique est utilisé comme un outil politique pour défendre des intérêts politiques de type impérialiste et surtout économique. Enfin, cette politique des droits de l'homme qui est non-politique n'est qu'hypocrisie, c'est ce « qu'il y a de terrifiant, voire de terrorisant dans cette prétention. »[87]. Au nom des droits de l'homme, le souverain se manifeste encore comme un loup-garou, un hors-la loi. C'est ce que montre Schmitt :

> [...] Rien ne serait moins humain que cet impérialisme qui, agissant au nom des droits de l'homme et de l'humanité de l'homme, exclut des hommes de l'hu- manité et impose à des hommes des traitements inhumains. Les traite comme des bêtes.[88]

3 – Une déconstruction lente et différenciée

Derrida renvoie à Schmitt pour souligner l'hypocrisie des discours sur les droits de l'homme[89], sur la démocratie et l'universalité. Mais il ne partage pas avec lui l'idée selon laquelle la politique doit être déterminée par l'État-nation. Plutôt que de se référer à la souveraineté état-nationale, il nous propose de procéder à une déconstruction prudente de cette logique et du concept dominant et classique de la souveraineté, qui n'est ni dépolitisation ni neutralisation. Avec la « déconstruction lente et différenciée », il cherche un autre concept du politique. Que signifie la « déconstruction lente et différenciée » de la souveraineté état-nationale ?

Selon Derrida, l'idée des droits de l'homme peut dépasser la souveraineté état-nationale, mais telle n'est pas la conséquence de la déconstruction à laquelle il voudrait aboutir. Le but de la déconstruction est de montrer qu'il n'existe pas qu'une seule forme de souveraineté, mais plusieurs. La déconstruction « lente et différenciée » va révéler non seulement les différences, les distinctions et les ressemblances entre ces formes de souveraineté, mais aussi leur contamination : « Je dis lente mais surtout différenciée, il ne saurait être question, sous prétexte de déconstruction, de s'opposer purement et simplement, frontalement à la souveraineté. Il n'y a pas LA souveraineté, ni LE souverain. Il n'y a pas LA bête et LE souverain. Il y a des formes différentes et parfois antagonistes de souveraineté. »[90] Nous pouvons le voir dans la pensée de Hobbes. Chez lui, la souverai-

....

87 *Ibid.*, p. 110.

88 *Ibid.*, pp. 110-111.

89 Nous allons montrer plus tard que selon Derrida, contrairement à Schmitt, il faut les droits de l'homme.

90 *Ibid.*, p. 114.

neté est la force indivisible et inséparable du droit, mais apparaissant dans tous les moments et dans toutes les parties de la politique et du droit, elle ne peut pour autant se manifester comme telle. Il y a une dissémination de la souveraineté : selon J. Lèbre, « Les lois sont souveraines, comme l'État dont elles émanent, le juge qui les applique aux cas singuliers, et finalement comme le chef d'État, qui représente tous les sujets aptes à se décider souverainement au-delà de toutes les raisons d'agir. »[91] Derrida montre donc que toutes ces souverainetés se contaminent réciproquement. C'est pourquoi il n'y a pas de souveraineté à l'état pur. Mais aussi, « il n'y a pas de souveraineté sans abus de pouvoir, la transgression de la loi est la loi »[92].

Quant à la souveraineté du droit international, même si elle puise elle-même sa force dans le droit des États les plus forts (les États-Unis, la Chine), on peut la penser comme une souveraineté sans souveraineté : « celle d'une souveraineté du droit sans excès de force, d'une souveraineté sans souveraineté en somme. »[93] Chaque citoyen a la responsabilité de garder cette souveraineté sans souveraineté : « Sa responsabilité est de résister à tous abus de pouvoir, de juger de son accord conditionnel au pouvoir en fonction de cette loi des lois qu'est l'inconditionnalité d'un droit juste, d'une souveraineté sans souveraineté. »[94] Derrida prend l'exemple de l'Europe. Malgré toute l'ambiguïté de la politique migratoire de l'Union Européenne, comme de sa politique économique et sociale, il trouve dans l'idée d'Europe une chose précieuse : la souveraineté sans souveraineté, la possibilité d'appel à la paix cosmopolitique :

> À travers tous ces bouleversements, ce qui me donnerait le plus à espérer, c'est une différence potentielle entre une *nouvelle* figure de l'Europe et les États-Unis. Je lis dis sans eurocentrisme. C'est pourquoi je parle d'une nouvelle figure de l'Europe. Sans renier sa mémoire, en y puisant au contraire une ressource essentielle, l'Europe apporterait une contribution décisive à l'avenir du droit international dont je parlais tout à l'heure.[95]

À la fin de ce passage, Derrida pense que là est la tâche des philosophes : « J'espère qu'il y aura "en Europe" des "philosophes" capables de se mesurer à cette tâche. »[96] En effet, par « des philosophes », il n'entend pas seulement les philosophes professionnels, « mais aussi bien des juristes, des politiques, des citoyens,

91 LÈBRE, Jérôme, *La Justice sans condition,* Paris : Michalon Éditeur, 2013, p. 98.

92 DERRIDA, J., *Spectres de Marx,* cité par LÈBRE, *ibid.,* p. 105.

93 *Ibid.,* p. 106.

94 *Ibidem.*

95 DERRIDA, J., HABERMAS, J., *Le « Concept » du 11 septembre,* Paris : Éditions Galilée, 2004, p. 173.

96 *Ibidem.*

voire des non-citoyens européens ; et parce qu'ils pourront être "européens", "en Europe" sans vivre sur le territoire d'un État-nation de l'Europe, mais s'en trouver aussi bien éloignés, la distance et le territoire ne comptant plus comme ils le faisaient auparavant »[97]. Cette idée rappelle le Parlement International des écrivains, dont Derrida fut le président et qui demandait un autre droit national, une autre politique des frontières en instituant des villes-refuges pour les immigrés, les sans-papiers, les réfugiés. En effet, l'idée de cette constitution de « villes-refuges » à l'initiative du Parlement international des écrivains était fondée sur l'accueil des étrangers, sur l'hospitalité accordée au niveau local comme privé, familial, municipal d'une ville sans en référer à l'État. Selon Derrida, la charte des villes-refuges était considérée alors comme au-delà du droit international et comme « un appel audacieux à une véritable innovation dans l'histoire du droit d'asile ou devoir d'hospitalité »[98]. Cet exemple des villes-refuges ouvre selon Derrida la voie à l'hospitalité sans condition ou inconditionnelle. Nous y reviendrons, après avoir traité de la « justice sans condition » qui est au-delà du droit, au-delà de toute raison.

Pour y arriver, il faut d'abord poser une distinction entre le rationnel et le raisonnable. Selon Derrida, toute la souveraineté moderne et son idée de la justice ont été fondées sur la raison, c'est ce que nous avons montré chez Hobbes. C'est pourquoi nous avons parlé d'un rapport : dans la pensée moderne, la justice était prise dans un rapport entre le pouvoir, la violence et la force. Avec Derrida, il est désormais possible de sortir de ce rapport en déconstruisant la souveraineté, en distinguant le rationnel et le raisonnable :

> Finalement, c'est de son autofondation souveraine que la raison doit se dégager : celle-ci s'autodétruit en effet en fondant une souveraineté politique qui d'elle-même fait exception à toute raison. Il faut alors distinguer le rationnel, qui prétend dire le juste, et le raisonnable qui diffère de lui et exige la justice sans condition donc aussi au-delà de toute raison.[99]

La déconstruction de la souveraineté du droit en revient alors à la déconstruction de la raison et elle ouvre la voie à la justice au-delà du droit. Selon Lèbre : « la déconstruction de la souveraineté du droit comme de la raison est sans fin, elle est la justice même, laquelle porte alors un autre nom : la démocratie. »[100] La justice, ce sera la justice au-delà du droit, la justice sans condition, ou encore la justice comme déconstruction.

....

97 *Ibidem.*
98 DERRIDA, J., *Cosmopolites de tous les pays encore un effort !*, Paris: Éditions Galilée, p. 13.
99 LÈBRE, Jérôme, *La Justice sans condition, op.cit.*, p. 108.
100 *Ibid.*, p. 109.

III –

« La déconstruction est la justice »

Dans l'introduction de cette partie, nous avons expliqué que l'idée de justice jouait un rôle central dans le moment politique et éthique de la déconstruction dans les années 1990. C'est à l'occasion d'un colloque à la Cardozo School of Law de New York[1] que Derrida avait déclaré : « La déconstruction est la justice. »[2]

Avant d'examiner cette formule célèbre, il faut préciser que, sans être abordée directement, la notion de justice est déjà présente dans un nombre important d'ouvrages publiés par Derrida avant 1989, notamment *L'Écriture et la différence* (1967), *Glas* (1974), *Déclarations d'indépendance* (1984), *Devant la loi* (1985), *Pour Nelson Mandela ou les lois de la réflexion (*1986). Elle n'y est cependant pensée qu'à partir de la violence. Comme l'écrit Frédéric Worms : « Ce que Derrida nous paraît avoir introduit en philosophie dans les années 1960, mais aussi ce à quoi il nous paraît avoir introduit ou préparé la philosophie d'aujourd'hui,

....

1 Organisé par Drucilla CORNELL en octobre 1989, sous le titre « Deconstruction and the Possibility of Justice », il a réuni des philosophes, des théoriciens de la littérature et des juristes (notamment des représentants du mouvement des *Critical Legal Studies*). Après avoir présenté son texte dans ce colloque, DERRIDA l'a publié sous le titre « Du droit à la justice » en première partie de *Force de Loi. « Le Fondement mystique de l'autorité »*. Il a présenté la deuxième partie de ce texte, et du livre, sous le titre « Prénom de BENJAMIN », au printemps de l'année suivante, le 26 avril 1990, dans un autre colloque organisé à l'université de Californie à Los Angeles par Saul Friedlander sous le titre « Nazism and Final Solution : Probing the Limits of Representation ». Du droit à la justice - s'adresse à des juristes. Alors que la seconde partie « Prénom de BENJAMIN », a été utilisée pour une conférence donnée in un tout autre contexte.

2 DERRIDA, J., *Force de Loi. « Le Fondement mystique de l'autorité », op.cit.*, p. 35.

ce n'est pas la vie et la justice, c'est d'abord le *deuil* et la *violence.* »[3] À propos de *Glas,* B. Thorsteinsson remarque que le terme de justice « ne figure qu'à peu près huit fois dans le livre, et ce jamais dans un contexte où il y va de ce qui s'appellera, par exemple dans *Force de Loi,* la justice »[4]. Lorsque Derrida l'aborde, c'est en lien avec l'économie de la vengeance :

> La surabondance du plérôme déséquilibre le principe d'équivalence, le commerce, l'économie d'échange qui règle la *justice :* je te donne ce que tu me donnes, te prends ce que tu me prends, je te rends coup pour coup. La castration, selon la justice, c'est la justice.[5]

Nous reviendrons plus tard à cette définition, mais, pour le moment, en suivant ce que Derrida en dit lui-même au début de *Force de loi,* nous pouvons dire que cela ne signifie pas que la question de la justice ait été absente des textes où il mettait en œuvre la déconstruction, mais qu'elle y était présente « seulement de façon oblique » :

> C'est donc seulement en apparence que dans ses manifestations les plus connues sous ce nom, la déconstruction n'a pas « adressé » le problème de la justice. [...] C'est ce que je voudrais m'employer à faire ici : montrer pourquoi et comment ce qu'on appelle couramment la déconstruction, tout en semblant ne pas « adresser » le problème de la justice, n'a fait que cela sans pouvoir le faire directement, seulement de façon *oblique.*[6]

Cependant, lorsque Derrida repère l'oblicité du traitement de la justice avant *Force de loi,* cela ne signifie pas que désormais il en serait question de façon directe. Il ne s'agit pas de prétendre à un « *proprement parler* qui risque bien de n'avoir que peu de sens »[7]. D'une manière générale, la figure de l'« oblique » reste fondamentale. Du reste, ne pourrions-nous pas dire que cette caractéristique « oblique » est le centre de la déconstruction ? Car examiner un texte en vue de sa déconstruction, ce n'est pas arriver directement au sens du texte mais y repérer la trace, l'autre dans le même. Même si, dans *Passions,* Derrida propose d'oublier « l'oblique » en raison de « ce déplacement encore trop direct, linéaire, économique en somme, en connivence avec l'arc diagonal »[8], c'est encore *obliquement* qu'il élabore l'idée de la justice et sa relation avec la déconstruction : « Oblique comme en ce moment

....

3 WORMS, F., « Derrida ou la transition de la philosophie », *in Derrida, la tradition de la philosophie,* rass. par CREPON, M., WORMS, F., Paris: Éditions Galilée, 2008, p. 184.
4 THORSTEINSSON, B., *La Question de la justice chez Jacques Derrida, op.cit.,* p. 336.
5 DERRIDA, J., *Glas,* Paris : Éditions Galilée, 1974, p.70a.
6 DERRIDA, J., *Force de Loi : Le Fondement mystique de l'autorité, op.cit.,* p. 26.
7 DERRIDA, J., *Du droit à la philosophie,* Paris : Éditions Galilée, 1990, p. 71.
8 DERRIDA, J., *Passions,* Paris : Éditions Galilée, 1993, p. 35.

même, où je m'apprête à démontrer que l'on ne peut pas parler *directement* de la justice, dire "ceci est juste" et encore moins "je suis juste" sans trahir immédiatement la justice, sinon le droit. »[9]

Annoncer que la justice ne peut être abordée que de façon oblique, c'est avertir qu'il n'en n'existe pas de définition. Cependant, au début de cette partie, nous avons cité la formule célèbre : « La déconstruction est la justice. » Ne sommes-nous pas en présence d'une affirmation, d'une définition ? En réalité, on peut aussi lire cette formule à l'envers : « La justice est la déconstruction. » Aussi, comme le montre Jérome Lèbre, cette formule ne dit rien, ni de la déconstruction, ni de la justice. Les deux sont liées par un mouvement de renvoi mutuel : la justice renvoie à la déconstruction et la déconstruction à la justice, et dans ce mouvement la justice renvoie toujours « au-delà d'elle-même, ne tient à aucun mot, ne se laisse fixer dans une aucune définition, échappe à toute institution du même »[10]. Derrida écarte ainsi la tradition qui essaie de définir la justice soit comme une *vertu*, soit comme une égalité, soit comme un *mérite*, mais il écarte surtout certaines définitions de la justice comme « À chacun selon ce que la loi lui attribue »[11] ou bien « Être juste, c'est appliquer les lois du pays », qui pourraient trouver leurs racines chez Hobbes et continuent d'être importantes dans le domaine du droit. Derrida s'oppose à l'institution de la justice car « l'institution de la justice est toujours voisine de l'injustice et de la violence »[12].

Il faut ajouter ici qu'on ne peut pas rendre la justice sans répéter une autre formule : « La loi est la Loi ». Selon Lèbre, cette formule dit encore autre chose, en « limitant le sens de la loi en la différenciant d'une autre loi, qui exige absolument que la Loi soit moins violente, plus juste (ou plus loi) qu'elle ne l'est, qu'elle s'accorde avec la justice, sans condition »[13]. C'est la formule « La déconstruction est la justice » qui assure la formule « La loi est la Loi » :

> La déconstruction, répétant que chaque formule dit autre chose que ce qu'elle dit, dénonce alors au cas par cas toutes les violences qui entament la justice tout en se réclamant d'elle, et lui donnent un sens unique sans pour autant la définir. Mais elle-même ne détruit rien : elle répète seulement l'impossibilité et le devoir absolus de se conformer à une loi qui serait sans violence. Ainsi la loi est la Loi ; mais la déconstruction est la justice.[14]

....

9 DERRIDA, J., *Force de Loi. « Le Fondement mystique de l'autorité », op.cit.*, p. 26.
10 LÈBRE, Jérome, *La Justice sans condition, op.cit.*, 2013, p. 10.
11 PERELMAN, C., *Ethique et droit, op.cit.*, p. 41.
12 LÈBRE, Jérome, *La Justice sans condition, op.cit.*, p. 14.
13 *Ibid.*, p. 11.
14 *Ibidem.*

En cela, Lèbre nous permet de comprendre pourquoi l'exemple de Nelson Mandela est si important pour Derrida. En proclamant l'égalité devant les lois, Mandela a eu le courage de lutter contre le fait que l'égalité était réservée aux seuls Blancs en Afrique du sud : « C'est donc au nom de la Loi que Mandela résistait à la loi, en pleine conscience des risques qu'il prenait. » On écrit « Loi » avec une majuscule car, selon Mandela, elle est supérieure aux lois. C'est la Loi des lois. Elle n'est autre que la justice sans condition, que Derrida lie ici à la conscience :

> La Loi des lois réside dans la conscience la plus intime, on doit en dernière instance juger de l'intention et de la bonne volonté, etc. Avant tout discours juridique ou politique, avant les textes de la loi positive, la loi parle la voix de la conscience ou s'inscrit au fond du cœur.[15]

Ce n'est que dans le texte sur Mandela que Derrida évoque la justice sans condition comme conscience. Retenons seulement ici que son admiration pour Mandela était indissociable d'une réflexion sur la Loi avant la loi. « La loi est la Loi » signifie résister aux lois dans le droit, mais au nom de la Loi. Ainsi, Derrida ne parle pas d'abolition des lois, mais de résistance aux lois du souverain au nom de la Loi et de la réflexion sur les lois :

> À tous les sens de ce terme, Mandela reste donc un *homme de loi.* Il en a toujours appelé au droit même si, en apparence, il lui a fallu s'opposer à telle ou telle légalité déterminée, et même si certains juges ont fait de lui à un moment donné un hors-la-loi.[16]

Si la déconstruction est (elle aussi, rappelons-le) toujours une résistance, on peut la mettre en relation avec la formulation « la loi est la Loi », et de là avec la formulation « la déconstruction est la justice », et poser, avec Derrida, la question suivante : « Est-ce que la déconstruction assure, permet, autorise la possibilité de la justice ? »[17], une telle possibilité impliquant celle d'une Loi qui excède le droit :

> Je veux tout de suite insister pour réserver la possibilité d'une justice, voire d'une loi qui non seulement excède ou contredit le droit mais qui peut-être n'a pas de rapport avec le droit, ou entretient avec lui un rapport si étrange qu'elle peut aussi bien exiger le droit que l'exclure.[18]

Cette citation ne constitue pas une réponse claire. Toutefois, même sans chercher à apporter la réponse définitive, cette relation entre la justice et le droit mérite

....

15 DERRIDA, J., « Admiration de Nelson Mandela ou les lois de la réflexion », *in Pour Nelson Mandela*, Paris : Éditions Gallimard, 1986, p. 31.

16 *Ibid.*, p. 28.

17 DERRIDA, J., *Force de Loi. « Le Fondement mystique de l'autorité », op.cit.*, p. 14.

18 *Ibid.*, p. 17.

d'être examinée jusqu'au bout, bien qu'il s'agisse d'une souffrance : « La souffrance de la déconstruction, celle dont elle souffre ou celle dont souffrent ceux qu'elle fait souffrir, c'est peut-être l'absence de règle, de norme, de critère assuré pour distinguer de façon non équivoque entre le droit et la justice. »[19]. L'absence définitive d'un tel critère ne doit cependant pas nous engager à renoncer ni au droit ni à la justice. Là est la grande difficulté de la déconstruction du droit.

Examiner la relation entre le droit et la justice nous conduit à aborder la question du *quid juris,* le droit du droit à questionner les fondements du droit, de la morale et de la politique. Mais la question du droit du droit, du fondement ou de la fondation du droit, n'est pas une question juridique[20]. C'est une question qui relève du domaine de la philosophie, ou de la philosophie du droit, et non de la juridiction :

> Malgré l'apparence, la question *quid juris* n'est pas posée par un juge qui fait effectivement comparaître tous les savoirs, toutes les pratiques, pour les évaluer, les légitimer ou les disqualifier, bref, pour dire le droit à leur sujet. Non, le philosophe, en tant que tel, est celui qui s'accorde le privilège et se donne le droit unique de juger le juge, de poser-reconnaître-évaluer les principes mêmes du jugement dans sa constitution et ses conditions de possibilité.[21]

Derrida qualifie cette élaboration du droit dans et par la philosophie d'« hyperjuridisme », terme qui indique qu'il n'est pas question pour lui d'abolir le droit, puisque « la philosophie ne peut poser qu'en termes juridiques sa plus haute prétention, qui est d'instituer le savoir ou la vérité en tant que tels »[22]. Pour bien comprendre cette relation entre le droit et la philosophie, Derrida commente un texte de Kant, *Le Conflit des facultés,* dans lequel Kant distingue la faculté de droit et la faculté de philosophie. Tandis que la faculté de droit est liée à la loi juridique, qui impose par la contrainte de l'autorité politique la conformité extérieure des actions à la légalité, la faculté de philosophie est liée à la loi morale, conditionnée par la seule raison chez Kant[23]. Évidemment, Derrida ne défend pas cette idée de la morale basée sur la raison, mais pour différencier le droit et la philosophie, il donne de l'importance à Kant. Selon Lèbre, « il mène plutôt du

....

19 *Ibid.,* p. 14.

20 DERRIDA, J., *Du Droit à la philosophie,* Paris : Éditions Gallimard, 1990, p. 434.

21 *Ibid.,* p. 96.

22 LÈBRE, Jérome, *La Justice sans condition, op.cit.,* p. 19.

23 DERRIDA, J., *Du Droit à la Philosophie, op.cit.,* 1990, p. 97.

droit à la philosophie »[24], c'est-à-dire du droit vers la philosophie ou encore du droit à la justice. Il passe de l'un à l'autre.

C'est ainsi que, dans le premier sous-chapitre, nous allons commencer à examiner le lien entre la justice et la déconstruction à partir de la relation entre le droit et la justice. Nous allons nous intéresser ici plutôt à la relation entre le droit, la force, la violence et la justice. Après avoir vu que le droit est déconstructible tandis que la justice est indéconstructible, ce qui la rapproche de la déconstruction, nous aborderons ensuite « Les apories de la justice », qui nous ouvriront enfin la voie pour penser « La justice au-delà ou bien la justice à venir », en nous référant au lien de la justice avec les non-concepts suivants : *l'inconditionnalité, le don, l'incalculable.*

A – Droit, Force et Justice

C'est dans *Force de loi* que Derrida s'efforce de faire « pleinement et clairement » la distinction entre la justice et le droit. Il ne sera cependant pas facile de capturer directement cette distinction, car elle est essentiellement « difficile et instable »[25]. Derrida s'engage dans cette voie en réfléchissant sur l'expression « *to enforce the law* ». Relisant, dans un premier temps, *Critique de la violence* de Walter Benjamin, il va accentuer l'indistinction entre la justice et le droit, en remobilisant les arguments qui insistent sur l'indistinction entre le droit et la violence.

1 – Force, violence, droit (Benjamin)

Nous avons vu que chez Hobbes la justice était définie comme application de la loi : « être juste, écrivait-il, c'est appliquer les lois du pays »[26], et cette définition renvoyait directement à la relation entre la justice et la force, entendue au sens de force violente. De là, nous avons conclu la partie sur la justice chez Hobbes en disant que, sans la force ou le droit de contrainte, il était impossible de parler de souveraineté absolue et que, sans la souveraineté, il était difficile de garantir la justice, la paix et la sécurité : la force faisait la justice chez Hobbes, cette « force cruelle (qui) possède le monde, et (que) les hommes appellent la justice », selon Alexandre Manzoni[27].

....

24 LÈBRE, Jérome, *La Justice sans condition, op.cit.*, p. 23.

25 DERRIDA, J., *Force de Loi*, p. 48, cité par B. THORSTEINSSON, *La Question de la justice chez Jacques Derrida, op.cit.*, p. 340.

26 Cf., la partie « La Troisième loi de nature : Justice ».

27 MANZONI, cité par PASSERIN A.D'E., *La Notion de l'état, op.cit.*, p. 27.

D'après Derrida l'expression anglaise « *to enforce the law* » montre clairement cette relation, mais l'allusion directe en est perdue quand on la traduit par « appliquer la loi »[28]. Toutefois, cela ne signifie pas que l'applicabilité soit loin de la force. Au contraire, elle en est inséparable et est impliquée comme telle dans le concept de la *justice comme droit* :

> L'applicabilité, l'"*enforceability*" n'est pas une possibilité extérieure ou secondaire qui viendrait s'ajouter ou non, supplémentairement, au droit. Elle est la force essentiellement impliquée dans le concept même de *la justice comme droit*, de la justice en tant qu'elle devient droit, de la loi en tant que droit.[29]

De notre côté, nous avons commencé à examiner cette relation entre la justice et la force chez Hobbes. Derrida, quant à lui, en trouve la racine chez Pascal lorsqu'il cite sa célèbre formule : « La justice sans la force est impuissante ; la force sans la justice est tyrannique. »[30] Cela n'est pas surprenant si l'on considère que Pascal et Hobbes sont des penseurs contemporains de la modernité politique. Derrida se réfère aussi à l'*Introduction à la Doctrine du droit* de Kant, qui appartient également à cette tradition, dans la mesure où Kant défend l'idée selon laquelle « il n'y a pas de droit qui n'implique *en lui-même, a priori, dans la structure analytique de son concept, la possibilité d'être « enforced »*, appliqué par la force »[31]. Ici, peu importe le type de force, directe ou non, physique ou symbolique, coercitive ou régulatrice ; le fait important est non seulement que le droit n'est pas applicable sans la force, mais aussi que la force soit appliquée comme force juste.

Qualifier une force de juste (pour la distinguer d'une force injuste), supposerait alors que force et justice ne soient pas impliquées nécessairement l'une dans l'autre. Comment se présente alors la différence entre une force juste et une force injuste ? Selon la tradition, la force de la loi serait juste, c'est-à-dire non violente, dans la mesure où elle est légitime. Néanmoins, la force de la loi est inséparable de la force du pouvoir. Aussi, quand bien même serait-elle autorisée en tant que force de l'État, cela ne supprime pas la violence dans la pratique. Dans « Force »[32], Stanley Fish examine la différence entre la force du tireur (*gunman*) et la force appliquée par le droit, qui n'est pas arbitraire, dans la mesure où, comme la règle de droit, sa

28 DERRIDA, J., *Force de loi. « Le Fondement mystique de l'autorité »*, *op.cit.*, p. 17.

29 *Ibidem.*

30 Pascal, *Les Pensées*, *op.cit.*, 2005, p. 165.

31 DERRIDA, J., *Force de loi. « Le Fondement mystique de l'autorité »*, *op.cit.*, p. 18. (Les italiques sont dans le texte)

32 FISH, Stanley, "Force", in *Doing What Comes Naturally, Change, Rhetoric, and the Practice of Theory in Literary and Legal Studies*, London: Clarendon Press, 1989.

source vient d'une autorité légitime. Pour Fish, cependant, cette force de la loi est encore plus « sinistre » que l'autre, elle est plus invisible et n'est pas séparable de la violence ; elle ne porte que le masque de l'autorité légitime[33].

Derrida rejoint Fish, lorsque, discutant Benjamin dans la deuxième partie de *Force de loi*, il affirme que « le concept de la violence appartient à l'ordre symbolique du droit, de la politique et de la morale, de toute forme d'autorité ou d'autorisation, de prétention à l'autorité au moins »[34]. Il va réélaborer la distinction benjaminienne entre la violence fondatrice qui fonde le droit et la violence conservatrice qui le conserve. Pour Benjamin, le fait que la violence est intrinsèquement liée au droit et à la justice vient de sa compréhension de la violence en tant que moyen et non en tant que fin[35]. La violence s'applique ou se manifeste toujours « pour quelque chose », que ce soit dans les théories du droit naturel ou dans celles du droit positif. Si la violence est naturalisée dans le droit naturel, alors qu'elle est historique dans le droit positif, ces deux traditions la légitiment l'une comme l'autre. En tant que moyen, toute violence fonde le droit ou le conserve[36]. Poursuivant le mouvement même de la pensée de Benjamin, Derrida montre que la relation entre violence fondatrice et violence conservatrice est intrinsèque. On ne sait pas avec certitude où commence l'une et où finit l'autre, il n'existe pas de dialectique entre les deux, mais l'une est représentée par l'autre :

> Benjamin doit concéder à un moment donné que l'une ne peut être aussi radicalement hétérogène à l'autre puisque la violence dite fondatrice est parfois « représentée », et nécessairement répétée, au sens fort de ce mot, par la violence conservatrice.[37]

Pour analyser la violence fondatrice, il ne faut pas s'en tenir à ce seul moment. Il faut tenir compte d'une promesse à l'œuvre dans toute fondation, qui n'est autre que la promesse de la conservation du droit lui-même. Et si la violence fondatrice promet la violence conservatrice, cela veut dire qu'elle est sous l'emprise d'une loi d'*itérabilité* :

> Une fondation est une promesse. Toute position (*Setzung*) permet et pro-met, elle pose en mettant et en promettant. Et même si une promesse n'est pas tenue en fait, l'*itérabilité* inscrit la promesse de

....

33 « (...) here is a forceful capture even more sinister than that performed by the gunman because it wears the face of legitinate authority »., *ibid.*, p. 505.

34 DERRIDA, J., *Force de loi. « Le Fondement mystique de l'autorité »*, *op.cit.*, p.80.

35 BENJAMIN, Walter, *Critique de la violence,* traduit par CASANOVE, N., Paris : Éditions Payot, 2012, p. 55.

36 *Ibid.,* p.76.

37 DERRIDA, J., *Force de loi, op.cit.*, p. 70.

> garde dans l'instant le plus irruptif de la fondation. Elle inscrit ainsi la possibilité de la répétition au cœur de l'originaire. Mieux ou pire, elle est inscrite dans cette loi d'*itérabilité*, elle se tient sous sa loi ou devant sa loi.[38]

L'itérabilité était à la fois la répétition du même et son altération. La répétition introduit une faille qui rend possible ce que Derrida appelle une *contamination différantielle.* Ainsi la violence originaire se répète-t-elle toujours dans cette différance : « Il n'y a donc pas d'opposition rigoureuse entre la position et la conservation, seulement ce que j'appellerai (et que Benjamin ne nomme pas) une contamination différantielle. »[39] Cela signifie, d'après Robert Zacharias, que la violence fondatrice cherche toujours à dominer, autoriser et présider, et anticipe toujours sa préservation. La violence fondatrice est *itérabilisée* dans chaque moment de la violence conservatrice[40].

2 – Première piste : la violence performative de la tautologie

Derrida suit deux pistes pour étayer l'idée d'une indistinction entre droit et violence. La première est celle de l'analyse du mot allemand *Gewalt*, traduit en français par « violence », alors qu'en allemand il signifie aussi le « pouvoir légitime », l'« autorité », la « force publique »[41]. Par cette remarque, Derrida souhaite montrer la contamination qui se produit entre la violence injuste et la force juste dans le pouvoir légitime. Heidegger, nous l'avons vu, avait également noté que le mot *Walten*, traduit en français par « régner », « gouverner », n'était indépendant ni de la *phusis*, ni de la *force,* ni du *logos.* Ainsi, les deux mots *Gewalt* et *Walten* en allemand, qui signifient le pouvoir légitime, ne sont pas indépendants de la force, de la violence et du *logos.*

Cette piste rejoint une piste que Derrida avait empruntée dans « Violence et métaphysique », texte dans lequel il pointait un paradoxe dans la façon dont Levinas pense le statut du discours et de la métaphysique. D'une part, « seul le discours peut être juste (et non le contact intuitif) (et), d'autre part, tout discours retient essentiellement l'espace et le Même en lui, cela ne signifie-t-il pas, écrit Derrida, que le discours est originellement violent ? »[42]. La métaphysique ou la

38 *Ibid.* p. 94.
39 *Ibidem.*
40 ZACHARIAS, Robert, *And Yet: DERRIDA on BENJAMIN's Divine Violence,* http://www.academia.edu/665773/And_yet_DERRIDA_on_BENJAMINs_Divine_Violence
41 DERRIDA, J., *Force de loi, op.cit.*, p. 19.
42 DERRIDA, J, « Violence et métaphysique » in *L'Écriture et la différence, op.cit.*, p. 171.

philosophie s'étant toujours produite dans l'élément du discours et du Même, elle aurait aussi partie liée avec la violence. Tout l'effort de Levinas consiste à faire valoir une effraction du Même par l'Autre, par l'altérité absolue du visage d'autrui, effraction radicalement non violente. Mais, à suivre Levinas, si le discours et la métaphysique ont partie liée avec la violence, la non-violence du rapport à l'autre ne saurait se produire que dans un au-delà pacifique de la parole qui serait « un *certain* silence »[43]. Dans ce cas, affirme Derrida : « la non-violence absolue du rapport à l'autre n'est [...] pas distincte de la violence absolue, du silence pesant dans lequel il n'y a plus ni loi, ni interdit. Tout refus de la violence devrait mieux tenir compte de son irréductibilité. »[44] Prenant ici le parti de la métaphysique et du discours, Derrida propose d'adopter une posture de « *vigilance* (qui) est une violence choisie comme la moindre violence par une philosophie qui prend l'histoire, c'est-à-dire la finitude, au sérieux ; philosophie qui se sait *historique* de part en part et qui se sait, comme le dit en un autre sens Levinas, économie. »[45] L'économie dont parle Derrida ici n'est pas celle de Levinas mais est une « économie de violence »[46], c'est-à-dire un système d'équivalence qui limite en même temps la violence : « violence contre violence, lumière contre lumière : la philosophie (en général). »[47] Selon l'interprétation de Lèbre, l'autre limite ma violence : « L'autre n'est rien sans une relation articulée à moi et à ma langue qui est aussi de l'ordre du même ; et l'archi-violence que j'exerce sur lui en l'identifiant à moi est aussi bien ce qui me permettra de limiter ma violence pour entrer en paix avec lui. »[48]

Dans *Force de loi*, Derrida fait intervenir la conceptualité austinienne pour aborder la relation entre violence et langage. La relation d'indistinction entre violence fondatrice et violence conservatrice est de l'ordre de la tautologie, la forme logique de la répétition du même (A=A). Or il se trouve que, selon Derrida, la tautologie est également constitutive de la structure phénoménale du droit, sous la forme « les lois sont les lois ». Cet énoncé est performatif, il instaure la dimension de la loi elle-même et sous-tend tout acte juridique qui à chaque fois fonde un nouvel ordre du droit sans connaître celui qui le précède. En cela il n'est ni juste ni injuste.

....

43 *Ibid.*, p. 172
44 DERRIDA, J., « Violence et métaphysique », cité par LÈBRE, *La Justice sans condition, op.cit.*, p. 68.
45 DERRIDA, J., « Violence et métaphysique » in *L'Écriture et la différence, op.cit.*, p. 172.
46 *Ibid.*, p. 172.
47 *Ibid.*, p. 173.
48 LÈBRE, Jérome, *La Justice sans condition, op.cit.*, p. 68.

> Or l'opération qui revient à fonder, à inaugurer, à justifier le droit, à faire la loi consisterait en un coup de force, en une violence performative et donc interprétative qui en elle-même n'est ni juste ni injuste et qu'aucune justice, aucun droit préalable et antérieure- ment fondateur, aucune fondation préexistante, par définition, ne pour- rait ni garantir ni contredire ou invalider.[49]

L'acte performatif est donc à chaque fois un coup de force, que Derrida caractérise comme une violence répétant l'institution fondatrice de départ, elle-même sans fondement. L'acte performatif est précaire, non équilibré, condamné à l'inachèvement. En tant qu'il renvoie à un *fondement sans fondement, fondement mystique de l'autorité*[50], il est éminemment paradoxal. « Mystique » ici veut dire que ces moments de fondation ne peuvent être ni déchiffrés ni interprétés :

> À cause des souffrances, des crimes ; des tortures qui manquent rarement de les accompagner, sans doute, mais aussi bien parce qu'ils sont en eux-mêmes, et dans leur violence même, ininterprétables ou indéchiffrables. C'est ce que je surnomme le « mystique ».[51]

Il semble pourtant que dans le mouvement même de *Force de loi*, l'introduction de la notion de performativité éloigne Derrida d'une assimilation pure et simple de cette notion à la notion de violence. Car en tant que force performative, la force de loi a un rapport avec la force de la signification, ou la force de la rhétorique, ce qui le conduit à dire qu'« Au commencement de la justice, il y aura le *logos*, le langage ou la langue [...] »[52] et que cette force n'est autre que la force de la *différance :*

> Dans les textes que je viens d'évoquer, il s'agit toujours de la force différentielle, de la différence comme différence de force, de la force comme différance ou force de différance (la différence est une force différée-différante) ; il s'agit toujours du rapport entre la force et la signification ; [...] Et c'est toute l'histoire.[53]

Ainsi les actes performatifs constitutifs du droit sont travaillés par un *mouvement de différance*. C'est pourquoi, selon Thorsteinsson, l'inscription économique

49 DERRIDA, *Force de loi, op.cit.*, p. 32-33.

50 Ici, Derrida se réfère à Montaigne, qui affirme in les Essais livre III : "Or les loix se maintiennent en crédit, non parce qu'elles sont justes, mais parce qu'elles sont loix. C'est le fondement mystique de leur autorité, elles n'en ont poinct d'autre (...), cité par Derrida, J., *Force de loi, op.cit.*, p. 29.

51 *Ibid.*, p. 89.

52 *Ibid.*, p. 26.

53 *Ibid.*, p. 20.

sur laquelle Derrida insistait dans *Violence et métaphysique* n'est ici que le premier pas de la justice : « Car une fois qu'elle a franchi ce pas, qui peut toujours être appréhendé comme un pas en arrière, elle s'avance pour problématiser, incessamment, la distinction tout autant fondamentale que fragile de "la force qui peut être juste, en tous cas jugée légitime" d'une part et "la violence qu'on juge toujours injuste" d'autre part. »[54]

3 – Deuxième piste : la police comme spectre

Derrida emprunte une seconde piste pour appuyer l'indistinction entre la violence et le droit, en se référant cette fois à l'analyse de l'institution de la police moderne telle que Walter Benjamin l'établit dans *Critique de la violence*, texte à partir duquel Derrida fait apparaitre la conjugaison entre fondation et conservation du droit. Il relève un passage dans lequel Benjamin lui-même présente l'institution de la police comme un mélange fantomatique de violence fondatrice et conservatrice : « Dans une liaison bien plus contre nature que dans la peine de mort, dans un mélange quasi fantomatique, ces deux formes de violence habitent une autre institution de l'État moderne, la police. »[55] Derrida partage avec Benjamin cette idée du mélange fantomatique des violences fondatrice et conservatrice dans le corps de l'institution moderne de la police. La police agit comme un spectre. La spectralité tient au fait qu'un corps n'est jamais présent pour lui-même, pour ce qu'il est[56]. Il est là pour un autre. Ainsi, la police est-elle présente au nom du pouvoir, au nom de l'État. Comme Benjamin, il qualifie la police d'« ignominieuse »[57]. La disparition de la différence entre violence fondatrice et conservatrice est une ignoble contamination qui se répand dans l'institution de la police moderne, jusqu'à nos jours. Chez Benjamin comme chez Derrida, cette institution n'est pas seulement ignoble à cause de ses moyens d'utilisation, elle l'est aussi structurellement « du fait que la police est l'État, qu'elle est le spectre de l'État et qu'on ne peut en toute rigueur s'en prendre à elle sans déclarer la guerre à l'ordre de la *res publica* »[58].

Si, selon Derrida, la police est le spectre de l'État, c'est parce que non seulement elle applique et conserve la loi par la force, mais aussi qu'elle l'invente et publie des ordonnances ou des décrets. La raison invoquée est de garantir la sécurité. En effet, la police applique la violence au nom de la loi pour la préserver. Cependant,

....

54 THORSTEINSSON, B., *La Question de la justice chez Jacques Derrida, op.cit.*, p. 341.
55 BENJAMIN, Walter, *Critique de la violence, op.cit.*, p. 74.
56 DERRIDA, *Force de loi, op.cit.*, p. 102.
57 BENJAMIN, Walter, *Critique de la violence, op.cit.*, p. 74.
58 DERRIDA, *Force de loi, op.cit.*, p. 102.

en conservant le droit, elle en crée un nouveau. Sa violence est appliquée à des fins légales, mais elle peut en même temps définir ces fins. Même si elle n'a pas le droit de promulguer des lois, lorsqu'elle émet des décrets, elle devient fondatrice du droit tout en étant conservatrice des fins du droit. C'est ainsi que l'institution de la police détruit la séparation entre violence fondatrice et violence conservatrice. En son corps, ces deux violences se mélangent. La police fonde elle-même son droit lorsque l'ordre juridique ne peut plus garantir les fins légales par ses propres moyens.

> Le « droit » de la police désigne bien davantage, au fond, le point où l'État, soit par l'impuissance, soit à cause de la logique immanente à tout ordre juridique, ne peut plus garantir avec les moyens de cet ordre les fins empiriques qu'il veut atteindre à tout prix.[59]

Ainsi, il n'y a pas de situation juridique claire dans l'ordre de la police ; elle peut intervenir comme elle le décide au nom de la sécurité. Dans le chapitre précédent, nous avons vu que, selon Schmitt, le souverain était celui qui décidait sur l'état d'exception en dehors du droit. On peut certes s'interroger sur la validité absolue du concept schmittien de souveraineté. Mais si l'on s'en tient à cette définition, c'est la police qui devient souveraine car c'est au nom de la loi qu'elle décide que cette situation juridique n'est pas claire. Elle est alors à la fois dans et en dehors de l'ordre du droit. Même si Schmitt ne voit pas de menace dans cet état d'exception, la police, en tant que détentrice de la décision ultime, peut se transformer en une bête féroce, expression qui désigne aussi le souverain. C'est pourquoi la violence de la police est informe, son apparition insaisissable, omniprésente et fantomatique[60]. Certes, l'institution de la police est gouvernée par le système du droit, mais elle fonde aussi ce droit. Sa violence est donc double : force visible et force fantomatique. La police est inséparable de l'idée de souveraineté.

En suivant toujours la réflexion de Benjamin sur le caractère fantomatique de la police, et en combinant cette référence avec une référence à Heidegger, Derrida examine plus en détail le *Dasein* de la police, c'est-à-dire son invisibilité, et son efficacité. Le choix du terme *Dasein* indique que la violence de la police n'est pas naturelle mais spirituelle. Sa force sans frontière vient de sa spiritualité, non de sa naturalité. Il existe un esprit de la police :

> La police devient hallucinante et spectrale parce qu'elle hante tout. Elle est partout, même là où elle n'est pas, dans son Fort-Dasein auquel on peut toujours faire appel. Sa présence n'est pas présente, pas plus

....

59 BENJAMIN, Walter, *Critique de la violence, op.cit.*, p. 75.
60 *Ibidem.*

> qu'au- cune présence n'est présente, comme nous le rappelle Heidegger, et la présence de son double spectral ne connaît pas de frontière.[61]

Derrida relève que, selon Benjamin, l'esprit de la police n'est que celui du pouvoir souverain. Il renvoie ici à *L'origine du drame baroque allemand,* où Benjamin évoque le *Geist* : « L'esprit (*Geist*) – telle est la thèse de l'époque – se manifeste dans le pouvoir ; l'esprit, c'est la faculté d'exercer la dictature. Cette faculté exige une discipline intérieure rigoureuse tout autant qu'une action extérieure dépourvue de scrupules. »[62] C'est ainsi que, paradoxalement, du fait de la relation intime entre le pouvoir d'État et la police, lorsque nous subissons la violence de la police, c'est la violence de l'esprit que nous subissons. Inversement, le pouvoir de l'État, dont l'esprit se manifeste comme mélange des violences fondatrice et conservatrice, se renouvelle à chaque fois dans l'institution de la police. C'est la raison pour laquelle elle est définie comme un fantôme. On est vraiment ici dans une problématique schmittienne, puisqu'on peut dire qu'au bout du compte on a affaire à un « esprit », dans la mesure où la légitimité est accordée à la violence du pouvoir par une décision institutrice qui n'a « par définition à justifier sa souveraineté devant aucune loi préexistante »[63].

Cependant, en tentant de penser une Loi des lois, Derrida n'essaye-t-il pas aussi d'échapper à Schmitt ? Nous savons que cette Loi ne correspond pas aux lois civiles. Elle réside dans la conscience, elle vient avant les textes de la loi positive. Or, dans l'Esprit de la Police, cette Loi n'existe pas. Car si Derrida s'en tenait là, c'est-à-dire à l'indistinction de la justice et de la force, sa position en reviendrait alors à celle de Hobbes. Derrida ne justifie pas cette indistinction mais la dénonce et en appelle à une autre dimension. Benjamin indique cette dimension comme étant celle de « la violence divine », où la question de la justice est d'ailleurs centrale et qui s'oppose à la violence mythique du droit. La violence divine est une violence révolutionnaire qui n'accepte aucune fondation juridique. Elle est divine, car elle ne fonde pas le droit mais au contraire le détruit, et manifeste la justice. Benjamin la définit ainsi :

> Si la violence mythique est fondatrice de droit, la violence divine le détruit, si l'une pose des frontières, l'autre détruit sans limites, si la violence mythique impose à la fois la faute et l'expiation, la violence lave

61 DERRIDA, *Force de loi, op.cit.,* p. 109.
62 BENJAMIN, W., *Origine du drame baroque allemand,* cité par Derrida, *Force de loi, op.cit.,* p. 109.
63 DERRIDA, *Force de loi, op.cit.,* p. 109.

> de la faute, si l'une menace, l'autre frappe, si l'une est sanglante, l'autre est mortelle sans verser de sang.[64]

La violence divine chez Benjamin est une violence purificatrice qui respecte pourtant le commandement biblique « tu ne tueras point ». Derrida en retient l'idée de justice au-delà du droit. Avec la notion de violence divine, Benjamin veut « penser une finalité, une justice des fins qui ne soit plus liée à la possibilité du droit [...] ; pensée audacieuse, aussi nécessaire que périlleuse de ce qu'on appellerait ici une sorte de justice sans droit, une justice au-delà du droit »[65].

Cependant, si la violence divine est véritablement « la plus juste, la plus effective, la plus historique, la plus révolutionnaire, la plus décidable »[66], elle se rapproche alors de la violence mythique. Il y a alors contamination entre les deux violences. Derrida ici souligne le mot « bâtard » que Benjamin utilise dans les dernières lignes de son texte et commente ce mot pour mettre cette contamination en évidence : « Le droit mythique, on pourrait dire la fiction juridique, c'est une violence qui aura "abâtardi" les "formes éternelles de la violence divine pure". Le mythe a abâtardi la violence divine avec le droit. »[67] Derrida conclut ainsi son interprétation du texte de Benjamin :

> Dieu est le nom de cette violence pure – et juste par essence : il n'y en a pas d'autre, il n'y en a aucune avant elle, et devant laquelle elle ait à se justifier. Autorité, justice, pouvoir et violence ne font qu'un en lui.[68]

Dès lors, la question se pose de savoir si la justice comme déconstruction est la même que la justice divine de Benjamin. Y-a-t-il une référence à Dieu dans la pensée de la justice comme déconstruction ? En fin de compte, qu'est-ce que la justice comme déconstruction ?

B – La justice comme expérience de l'aporie

Jusqu'à présent, nous avons vu que le droit n'était pas indépendant de la force, ni de la violence, qu'elle soit juste ou injuste. Avec les idées de souveraineté et d'autorité, avec l'institution de la police et l'application des lois, la force et la violence l'accompagnent de sa fondation à sa conservation. La justice comme droit, la justice rendue, dépend donc elle aussi de cette force, de cette violence. En

64 BENJAMIN, Walter, *Critique de la violence, op.cit.*, p. 95.
65 DERRIDA, J., *Force de loi, op.cit.*, pp. 120-121, cité par LEIBOVICI, Martine, "Violence, force et Justice : raffiner l'analyse dans un champ déstructuré. Derrida sur Benjamin," (À paraitre).
66 DERRIDA, *Force de loi, op.cit.*, p. 130.
67 *Ibid.*, p. 132.
68 *Ibidem.*

termes benjaminiens, la justice comme droit c'est la justice mythique. Le geste de Derrida consiste à montrer que cette structure du droit est déconstructible et que c'est la déconstruction comme telle qui donne la possibilité de parler de la justice promise sans condition. La déconstruction problématise les trois caractéristiques de la justice comme droit – le droit est toujours universel, il assure l'application des lois qui sont inséparables du droit, il a une force mythique –[69], et elle montre comment ces caractères sont si fragiles qu'ils se contaminent. Or, c'est en allant aussi loin que possible dans la déconstruction que l'on fait apparaître la limite du droit, c'est-à-dire la justice sans condition qui, elle, est indéconstructible sans toutefois être extérieure au droit. Elle n'est pas en dehors de la loi. Comment comprendre un tel paradoxe ? Revenons une fois de plus à la citation du début de cette deuxième partie :

> C'est cette structure déconstructible du droit ou, si vous préférez, de la justice comme droit qui assure aussi la possibilité de la déconstruction. La justice en elle-même, si quelque chose de tel existe, hors ou au-delà du droit, n'est pas déconstructible. Pas plus que la déconstruction elle-même, si quelque chose de tel existe. *La déconstruction est la justice.*[70]

Nous observons ici qu'il existe une relation interne entre la déconstruction et la justice. D'une part, la déconstruction du droit assure la justice sans condition ; de l'autre, la justice sans condition est toujours indéconstructible. Avec cette formule, Derrida n'explique rien, car il s'agit d'une expérience impossible. Mais alors, comment la justice sans condition est-elle possible si elle n'est possible que comme une expérience de l'impossible ? Selon Derrida, là est précisément la tâche de la déconstruction. Lisons attentivement ces quelques lignes :

> La déconstruction a lieu dans l'intervalle qui sépare l'indéconstructibilité de la justice et la déconstructibilité du droit. Elle est possible comme une expérience de l'impossible, là où, même si elle n'existe pas, si elle n'est pas *présente*, pas encore ou jamais, *il y a la* justice. [...]: la déconstruction est possible, comme impossible, dans la mesure (là) où *il y a* X (indéconstructible), donc dans la mesure (là) où *il y a* (l'indéconstructible).[71]

Par cette citation, nous comprenons que la justice sans condition a besoin de la structure du droit ou de la loi (en ce sens elle ne lui est pas extérieure), c'est le

....

69 BUONAMANO, R., "The Economy of violence: Derrida on Law and Justice", Ratio Juris, Vol:11, No:2, 1998, p. 168.

70 DERRIDA, *Force de loi, op.cit.*, p. 35.

71 *Ibid.*, p. 36.

droit comme tel qui rend possible l'exercice de la déconstruction ; en même temps, c'est à son tour la possibilité de la déconstruction qui rend la justice sans condition, elle-même, indéconstructible.

D'après Thorsteinsson, la justice se présente, chez Derrida, sous trois aspects – la justice « elle-même », la justice comme droit, et la justice comme déconstruction –, qui s'entrelacent de façon très complexe.

La dimension d'objectivation indique que la justice « elle-même » n'est jamais présentée comme telle, « autrement dit qu'elle n'existe qu'en tant que droit, c'est-à-dire, dans une figure où elle ne peut pas exister à *proprement parler*[72] ». Ainsi Derrida ne parle pas d'abolition du système du droit, mais de sa déconstruction pour arriver à la justice elle-même, bien qu'elle représente une expérience de l'impossible. Le droit est le corps de la justice qui cache la justice elle-même. Si le droit est pensé comme objectivité, la justice est au-delà de cette objectivité :

> Ce qui veut dire aussi que la « pure » justice disparaît en paraissant : elle s'évapore en prenant corps, elle meurt en naissant ou pour le formuler autrement, sa façon de participer dans le monde résiste à toute compréhension proprement métaphysique de l'être. Le droit est, il subsiste, il demeure, voire il s'obstine ; la justice, elle, *en tant que telle*, si l'on peut dire, n'est pas, elle se retire, elle demeure au-delà de l'objectivité, et peut-être, au-delà de l'être.[73]

D'après Derrida, la possibilité de la justice appartient à l'activité de juger, au moment de décision et non aux lois, ni même à la seule conformité aux lois. Une décision juste, au sens où elle serait conforme au droit objectif, n'équivaut jamais à la justice elle-même. Dans la motivation d'agir conformément aux règles, au droit, il n'y a pas d'esprit de justice, mais un calcul. Ici, Derrida s'oppose tout à fait à la définition de la justice chez Hobbes comme produit du calcul de la raison[74]. Le droit est l'élément du calcul, alors que la justice est incalculable. En même temps, la distinction entre le droit et la justice se révèle elle-même difficile et instable. Il n'existe pas de règle pour les distinguer dans leur relation imbriquée. Cela ne doit pourtant pas nous empêcher d'entrevoir la possibilité de la justice elle-même, là est précisément l'enjeu de la déconstruction, elle qui ne peut jamais être totalement du côté du droit ni totalement du côté de la justice :

> Tout serait encore simple si cette distinction entre justice et droit était une vraie distinction, une opposition dont le fonctionnement

....

72 *Ibid.*, p. 351.
73 *Ibidem.*
74 Cf., la sous- partie sur la justice chez Hobbes, p. 46.

> reste logiquement réglé et maîtrisable. Mais il se trouve que le droit prétend s'exercer au nom de la justice et que la justice exige de s'installer dans un droit qui doit être mis en œuvre (constitué et appliqué) par la force – « *enforced* ». La déconstruction se trouve et se déplace toujours entre les deux.[75]

Toute la difficulté de la distinction entre justice et droit provient du fait que la justice comme déconstruction est une expérience de l'impossible, autrement dit de l'*aporie*, plus exactement des apories, logées au cœur même de la pratique du droit. Que signifie donc cette idée, selon laquelle la justice est une expérience de l'aporie ?

Pour répondre à cette question, nous pouvons, en revenant à *Apories*[76], commencer par définir ce que Derrida entend par les mots « expérience » et « aporie ». L'expérience est « passage, traversée, endurance, épreuve du franchissement »[77], tandis que l'aporie signifie le non-chemin, la non-traversée. L'expérience de l'aporie apparaît donc comme un paradoxe, une impossibilité. Mais la justice est précisément « l'expérience de ce dont nous ne pouvons faire l'expérience »[78], à tel point que, sans cette expérience de l'impossible, de l'aporie, il n'y a pas de justice. Nous comprenons par là que la justice n'est pas simplement une expérience de l'application des règles du droit ou de la possibilité d'en appliquer les règles. La justice comme droit n'est pas la justice sans condition, la justice elle-même. Il s'agit ici de la première aporie de la justice : l'épochè de la règle. Dans ce sous-chapitre, nous évoquerons ensuite deux autres apories de la justice : la hantise de l'indécidable, et enfin l'urgence de la justice.

Toutes ces apories sont issues de la structure générale des notions derridiennes, Rappelons encore une fois que toutes les figures choisies par Derrida, le supplément, l'*hymen* et le *pharmakon*, etc., relèvent d'une logique du ni/ni, qu'elles se caractérisent comme indécidables, qu'elles sont à la fois contaminées et doublées. Dans ses figures éthiques et politiques, dans la justice, nous retrouvons les mêmes caractéristiques, les mêmes apories.

1 – Première aporie : l'épochè de la règle

Avec *l'épochè* de la règle, Derrida examine la relation entre la loi et la justice. D'une part, il s'agit de suivre une règle, une loi générale ; de l'autre, l'exercice de la justice suppose une liberté, une responsabilité, c'est-à-dire la suspension de cette règle, de cette loi générale. Ou encore : il faut partir de l'ordre du « calculable »,

75 *Ibid.*, pp. 49-50.

76 DERRIDA, J., *Apories*, Paris : Éditions Galilée, 1996.

77 *Ibid.*, p. 35.

78 DERRIDA, *Force de loi*, *op.cit.*, p. 38.

c'est-à-dire de l'ordre du droit : « En ce sens, dans son autonomie même, dans sa liberté de suivre ou de se donner la loi, (la décision du juste) doit pouvoir être de l'ordre du calculable ou du programmable, par exemple comme l'acte d'équité. »[79] En revanche, même si le fait de partir de cet ordre suffit pour être légal, il ne suffit pas pour être juste. C'est ainsi que Derrida distingue la légalité et la justice. Tandis que la légalité est la conformité à l'ordre du droit, la justice nécessite une *décision* « libre et responsable », qui n'est possible qu'avec la suspension des règles :

> Mais si l'acte consiste simplement à appliquer une règle, à dérouler un programme ou à effectuer un calcul, on le dira peut-être légal, conforme au droit et peut-être, par métaphore, juste, mais on aurait tort de dire que la *décision* a été juste. Tout simplement parce qu'il n'y a pas eu, dans ce cas, de décision.[80]

Ici, Derrida s'inspire de la notion kantienne de devoir. Appliquer une loi, selon Kant, c'est agir *conformément* au devoir, mais non *par devoir* ou par *respect* de la loi[81]. Dans ce moment de *décision* « libre et responsable », Derrida rencontre, d'une part la suspension des règles, d'autre part leur respect. Il s'agit bien d'une aporie : la présence et l'absence de règles se conjuguent dans cette décision libre et responsable.

En réfléchissant sur le travail du juge, Derrida donne la possibilité de penser ces apories dans la pratique du droit : « Pour être juste, la décision d'un juge, par exemple, doit non seulement suivre une règle de droit ou une loi générale mais elle doit l'assumer, l'approuver, en confirmer la valeur, par un acte d'interprétation réinstaurateur, comme si à la limite la loi n'existait pas auparavant, comme si le juge l'inventait lui-même à chaque cas. »[82] Derrida utilise l'expression « jugement à nouveaux frais »[83] pour qualifier cette décision réinventée, réinstaurée, approuvée. La responsabilité du juge est immense. Il doit toujours, dans chaque décision, à la fois suivre l'ordre du droit et le suspendre ; il doit le réinventer, le reconstituer afin d'être vraiment libre et juste, et pas seulement légal. Son jugement est toujours « frais », nouveau. Le jugement juridique n'est pas la simple interprétation par un juge d'une règle déjà présente dans l'ordre du droit. C'est une interprétation « ré-instaurative », « ré-inventive » et « librement décidante du juge respon-

79 *Ibid.*, p. 50.
80 *Ibidem.*
81 *Ibid.*, p. 39.
82 *Ibid.*, p. 50-51.
83 C'est la traduction de l'expression anglaise "fresh judgement" que Derrida emprunte à l'article de Stanley Fish, "Force" in *Doing What Comes Naturally*. Derrida donne cette information in *Force de Loi, op.cit.*, p. 51.

sable » en dehors de la conformité, de l'activité conservatrice et reproductrice du jugement[84]. La déconstruction du droit fait apparaître une aporie, une absence de passage du droit à la décision juste, et c'est précisément à partir de cette aporie que la possibilité même de la justice se profile :

> Bref, pour qu'une décision soit juste et responsable, il faut que dans son moment propre, s'il y a en a un, elle soit à la fois réglée et sans règle, conservatrice de la loi et assez destructrice ou suspensive de la loi pour devoir à chaque cas la réinventer au moins dans la réaffirmation et la confirmation nouvelle et libre de son principe.[85]

Tout cela montre bien la singularité de chaque décision. Il n'existe pas de règle générale pour tous les cas juridiques, et même si c'était le cas, il faudrait la suspendre pour parvenir à la singularité. Tel est le problème majeur du droit : « Chaque cas est autre, chaque décision est différente et requiert une interprétation absolument unique, qu'aucune règle existante et codée ne peut ni ne doit absolument garantir. »[86]

Dans le droit en tant que légalité, il y a des règles calculables, mais le juge ne doit pas être une machine à calculer. Après Montaigne, qui écrivait : « Les lois se maintiennent en crédit non parce qu'elles sont justes, mais parce qu'elles sont les lois »[87], Pascal parle de trois degrés pour l'essence de la justice : « L'un dit que l'essence de la justice est l'autorité du législateur, l'autre la commodité du souverain, l'autre la coutume présente ; c'est le plus sûr : rien, suivant la seule raison, n'est juste de soi ; tout branle avec le temps. »[88] En effet Pascal, qui suit Saint-Augustin, pense que la justice humaine est distincte de la justice de Dieu et qu'elle ne peut être, sur terre, qu'une institution, qu'un établissement. Nous avons vu que Hobbes venait aussi de cette tradition lorsqu'il affirmait dans *Léviathan :* « Les lois sont les règles du juste et de l'injuste ; rien n'est réputé injuste qui ne soit contraire à la loi. »[89] Chez Hobbes, il n'y a pas de justice sans contrainte juridique et la figure légalisée de la justice avait trouvé son lieu d'excellence dans la plupart des théories positivistes du droit[90]. Dans ces théories, le droit est un calcul. Pour rendre la justice, le juge doit bien calculer. Il doit bien connaître les lois. Il doit bien comparer entre les lois. De son côté, Derrida insiste sur la nécessité pour le juge

....

84 DERRIDA, *Force de loi, op.cit.*, p. 51.

85 *Ibidem.*

86 *Ibidem.*

87 MONTAIGNE, *Essais*, Bibliothèque de la Pléiade, 1937, p. 1042.

88 PASCAL, *Les Pensées*, cité par GOYARD-FABRE, *La Justice, op.cit.*, p. 14.

89 HOBBES, *Léviathan, op.cit.*, p. 282.

90 Cf. S. GOYARD-FABRE, *La Justice, op.cit.*, p. 15.

de suspendre le droit. Ce n'est qu'à cette condition qu'il est libre. Cela ne signifie pas pour autant qu'il va décider sans se référer à aucun droit ni aucune règle : si on peut parler d'une légalité qui ne serait pas juste, on ne peut pas parler de justice en annulant la légalité.

L'épochè de la règle est l'épreuve pour le juge de sa responsabilité, en tant que réponse à l'appel de l'Autre. Au moment où le juge décide de répondre à cet appel, il suspend le droit, cette suspension étant une espèce d'état d'exception, où la loi est réinventée. Mais cela n'a rien à voir avec l'exception ou la réinvention de la loi que fait la Police pour montrer sa force. L'intervention du juge n'est pas extérieure au droit, le juge l'effectue en restant dans le droit. Dans *De La Grammatologie,* Derrida avait bien expliqué que la déconstruction n'était possible que de l'intérieur de la structure : « Les mouvements de déconstruction ne sollicitent pas les structures du dehors. Ils ne sont possibles et efficaces, ils n'ajustent leurs coups qu'en habitant ces structures. »[91] La déconstruction est une opération de l'intérieur, elle prend ses sources à partir des structures anciennes. Ou encore, en termes derridiens, on peut dire qu'il y a une contamination, ou bien un mouvement de *différance* entre la règle et l'exception, l'épochè et la loi, la justice au-delà de la loi et la justice en tant que loi. D'une part, le juge suspend le droit, il invente un état d'exception, d'autre part, il reste fidèle au droit, telle est l'aporie de la justice. L'appel de l'Autre réside toujours dans les lois et, pour entendre cet appel, il faut le déconstruire, c'est la tâche du juge. Le juge affirme toujours la loi en la réinventant. Il doit calculer toujours l'incalculable. Chez Derrida, la justice comme déconstruction n'est possible que dans cette aporie entre la règle et sa suspension. Et elle n'est possible qu'à la condition d'une impossibilité qui découle de cette aporie : « Il suit qu'à aucun moment on ne peut dire *présentement* qu'une décision est juste, purement juste (c'est-à-dire libre et responsable), ni de quelqu'un qu'il *est* un juste, ni encore moins, "*je* suis juste". »[92]

2 – Deuxième aporie : la hantise de l'indécidable et la justice infinie

Nous avons évoqué plus haut la nécessité de suspendre le droit pour la *décision* libre et responsable. L'intention de la décision est la justice infinie. On ne peut cependant pas l'aborder sans examiner le caractère *indécidable* de la *décision.*

Derrida remarque tout d'abord que c'est l'ordre du calculable qui se trouve être le point de départ de la justice : « Elle commence, elle devrait commencer en droit ou en principe, dans l'initiative qui revient à prendre connaissance, à

91 DERRIDA, *De La Grammatologie, op.cit.,* p. 37.
92 DERRIDA, *Force de loi, op.cit.,* p. 52.

lire, à comprendre, à interpréter la règle, et même à calculer. »[93] Cependant, il nous avertit immédiatement que la décision de justice doit excéder cet ordre du calculable. Lorsque nous disons qu'une situation est indécidable, nous entendons souvent par là que nous oscillons à part égale entre deux contradictions. Or, l'indécidable de la décision n'est pas l'oscillation entre deux règles. Il ne s'agit pas de choisir le plus avantageux ou de calculer le plus légal. Il s'agit de l'oscillation entre le « respect du droit universel et de l'équité, mais aussi de la singularité toujours hétérogène et unique de l'exemple non subsumable »[94].

Derrida élabore ce point dans *Devant la loi*[95], qui porte sur le récit éponyme de Kafka, auquel il attache une grande importance : « Au texte que je viens de lire nous reconnaissons une identité à soi, une singularité et une unité. »[96] En interrogeant la relation entre la littérature et la loi, il découvre l'impossibilité de définir vraiment ces deux concepts. Ce qui compte pour nous dans ce récit de Kafka, c'est la nécessité de la narrativité du point de vue de la loi elle-même, qui se présente comme une tension paradoxale entre la loi de la singularité et celle de l'universalité. Ce paradoxe de « l'être-devant-la-loi » se révèle dans la partie suivante :

> L'homme de la campagne ne s'attendait pas à des telles difficultés ; la loi ne doit-elle pas être accessible à tous et toujours ... Et la réponse, si l'on peut encore dire, vient à la fin de l'homme : « Le gardien de la porte, sentant venir la fin de l'homme, lui rugit à l'oreille pour mieux atteindre son tympan presque inerte : "Ici nul autre que toi ne pouvait pénétrer, car cette entrée n'était faite que pour toi. Maintenant, je m'en vais et je ferme la porte." »[97]

Essayons d'éclairer ce paradoxe en examinant les éléments de ce récit. Que signifie être devant-la-loi ? Même si l'on ne sait pas précisément de quelle loi parle Kafka, celle de la morale, de la politique ou même de la nature, nous pencherons pour celle du droit. Il s'agit de « comparaître devant la loi » : « venir ou être amené devant les juges, les représentants ou les gardiens de la loi, au cours d'un procès, pour y témoigner ou y être jugé. Le procès, le jugement, voilà le lieu, le site, la situation, voilà ce qu'il faut pour qu'ait lieu un tel événement. »[98] L'homme de la campagne représente ici la singularité, dont le langage ne peut être que narratif : il faut raconter une histoire. Son but est d'arriver à la loi. Il y a consacré toute sa vie,

....

93 *Ibid.*
94 *Ibid.*, p. 53.
95 DERRIDA, J., « Préjugés. Devant la loi », in *La Faculté de juger*, Paris : Éditions de Minuit, 1985.
96 *Ibid.*, p.101.
97 KAFKA, F., *Devant la loi,* cité par Derrida, « Préjugés. Devant la loi », *op.cit.*, p. 104.
98 DERRIDA, J., « Préjugés. Devant la loi », *op.cit.*, p. 105.

en vain : « Comme l'homme de la campagne dans le récit de Kafka, des relations narratives tenteraient d'approcher la loi, de la rendre présente, d'entrer en relation avec elle, voire d'entrer en elle, de lui devenir *intrinsèques,* rien n'y fait. »[99]. Quant à la Loi, il s'agit de la loi universelle, de la Loi de la loi, autrement dit de la justice indéfinissable, inaccessible, sans genèse, sans histoire, qui ne recouvre jamais la singularité : « Apparemment, la loi ne devrait jamais donner lieu, en tant que telle, à aucun récit. Pour être investie de son autorité catégorique, la loi doit être sans histoire, sans genèse, sans dérivation possible. Telle serait la Loi de la loi. »[100] Le gardien, lui, représente la hauteur et le sublime de cette Loi de la loi. Bien évidemment, dans le récit, il n'est pas le seul gardien, ni le plus puissant. Nous le comprenons par ses paroles adressées à l'homme de la campagne : « Si cela t'attire tellement, dit-il, essaie donc d'entrer malgré ma défense. Mais retiens ceci : je suis puissant. Et je ne suis que le dernier des gardiens. Devant chaque salle il y a des gardiens de plus en plus puissants, je ne puis même pas supporter l'aspect du troisième après moi. »[101]

Où se trouve alors le paradoxe, l'énigme ? D'une part, il doit y avoir un rapport entre la loi de singularité et l'essence générale ou universelle de la loi. D'autre part, cette relation est toujours impossible : « Il y a une singularité du rapport à la loi, une loi de singularité qui doit se mettre en rapport sans jamais pouvoir le faire avec l'essence générale ou universelle de la loi. »[102] Mais quelle est la nécessité d'une telle relation ? Derrida se réfère ici de nouveau à la deuxième formulation de la loi morale chez Kant : « Agis comme si la maxime de ton action devait devenir par ta volonté loi universelle de la nature. »[103] Cette formulation est *symbolique,* sans contenu, formelle. Cependant, en renvoyant à un de ses anciens textes, Derrida attire notre attention sur l'expression « comme si » *(als ob)* qui introduit « narrativité et fiction au cœur même de la pensée de la loi, à l'instant où celle-ci se met à parler et à interpeller le sujet moral. Alors même que l'instance de la loi semble exclure toute historicité et toute narrativité empirique. [...] »[104] Le « comme si » fait décrocher l'universalité vers une dimension irréductible de singularité, qui nous oriente vers un nouveau paradoxe. En tant qu'universelle, la Loi est ouverte à tous ; en même temps, une loi n'est loi que pour autant qu'elle accueille des cas, des histoires singulières qu'il faut raconter. C'est pourquoi dans le récit de Kafka, en dehors de l'homme de la campagne, personne ne demande à y entrer. La loi est loi

....

99 *ibid.,* p. 109.
100 *Ibidem.*
101 KAFKA, F., *Devant la loi,* cité par Derrida, *ibid.,* p. 100.
102 DERRIDA, J., « Préjugés. Devant La Loi », *op.cit.,* p. 104.
103 KANT, E., *Fondements de la métaphysique des mœurs, op.cit.,* p. 95.
104 DERRIDA, J., « Préjugés. Devant la loi », *op.cit.,* p. 108.

seulement pour lui, tout en étant ouverte à tous : voilà le paradoxe. Seul l'homme de la campagne est en lien avec elle, sans jamais vraiment pouvoir l'être.

En tant qu'universelle, la loi exclut la singularité narrative, mais elle n'est loi que si elle accueille la singularité. Il y a espacement entre les deux registres : l'homme de la campagne est toujours repoussé par le gardien. En même temps il se tient devant la loi et veut y entrer. Ainsi, si l'homme de la campagne est devant la loi, l'inverse est aussi vrai. Universelle, La Loi a toujours besoin de singularité. Ainsi, entre la loi de la singularité et celle de l'universalité, il n'y a pas opposition exclusive, mais mouvement de *différance*. La hantise de l'indécidable commence là.

Si la décision était prise sans considérer l'indécidable, sans penser que chaque cas est unique, elle ne serait que le produit d'un ordre calculable. « Elle serait peut-être légale, elle ne serait pas juste. »[105] Pour que la décision soit juste, l'indécidable doit y demeurer comme un « fantôme », autrement dit comme une « trace », un « autre ». Derrida joue avec ces notions générales dans sa pensée politique, éthique et juridique. Grâce à cette fantomaticité, la décision ne vient pas de l'ordre du droit : « sa fantomaticité déconstruit de l'intérieur toute assurance de présence, toute certitude ou toute prétendue critériologie nous assurant de la justice d'une décision, en vérité de l'événement même d'une décision. »[106]

Derrida critique le discours juridique actuel et dominant, qui fonde le système du droit sur le fait de prendre connaissance, lire, comprendre et interpréter la règle selon le cas considéré comme un exemple. Il montre que chaque cas est unique, et que dans chaque décision le fantôme de l'indécidable doit se retrouver pour qu'elle soit juste, et pas seulement légale. Dès lors, la déconstruction de la certitude de la décision permet d'évoquer l'autre aspect de la même aporie : « l'idée de la justice infinie », qui est toujours l'autre de la justice comme droit. C'est « la venue de l'autre comme singularité toujours autre »[107]. La déconstruction vise cette justice au-delà du don, de l'économie, de l'échange, du calcul, et bien évidemment de la rationalité :

> Et la déconstruction est folle de cette justice-là. Folle de ce désir de justice. Cette justice-là, qui n'est pas le droit, c'est le mouvement même de la déconstruction à l'œuvre dans le droit et dans l'histoire du droit, dans l'histoire politique et l'histoire tout court, avant même de se présenter comme le discours qu'on intitule ainsi, dans l'académie ou dans la culture de notre temps – le « déconstructionnisme ».[108]

....

105 DERRIDA, *Force de loi, op.cit.*, p. 53.
106 *Ibid.*, p.54.
107 *Ibid.*, p.55.
108 *Ibid.*, p. 56.

Derrida n'a pas inventé la justice sans condition. Elle était déjà là avant lui, car dans toute l'histoire du droit et de la politique la justice comme droit n'a jamais suffi. Ce dont il se targue, c'est d'avoir montré que pour y arriver, il fallait en passer par la déconstruction : « C'est peut-être, comme on dit aussi en français, cela même qui "fait courir", plus fort et plus vite, par exemple la déconstruction. »[109]

On pourrait être tenté de rapprocher cette idée de justice infinie de l'idée régulatrice au sens kantien, au contenu d'une promesse messianique ou à d'autres *horizons* du même type, car tous prétendent au privilège absolu et à l'irréductible singularité. Derrida hésite cependant à penser la justice dans ce genre d'horizon, à cause de la définition même de l'*horizon :* « Un horizon, comme son nom l'indique en grec, c'est à la fois l'ouverture et la limite de l'ouverture qui définit soit un progrès infini soit une attente. »[110] Or, selon Derrida, la justice ne doit pas attendre, ce qui nous amène à une nouvelle aporie de la justice : l'urgence qui barre l'horizon du savoir.

3 – Troisième aporie : l'urgence qui barre l'horizon du savoir

Cette aporie est fondée sur le fait que, d'une part, la justice n'est jamais rendue ici et maintenant, et que, de l'autre, elle ne peut pas attendre : « Pour être direct, simple et bref, disons ceci : une décision juste est toujours requise *immédiatement,* sur-le-champ, le plus vite possible. »[111]

Cette urgence est nécessaire pour lutter contre le décisionnisme mécanique. Par « décision urgente », Derrida entend une décision qui tranche sur tout le savoir théorique et historique. Il ne s'agit pas de penser les conditions des règles, mais d'un moment d'urgence de la *décision en tant que telle :* « Cela ne doit pas être la conséquence ou l'effet de ce savoir théorique ou historique, de cette réflexion ou de cette délibération, dès lors que la décision marque toujours l'interruption de la délibération juridico – ou éthico – ou politico-cognitive qui la précède, et qui *doit* la précéder. »[112] En se référant à Kierkegaard, Derrida qualifie cet instant de folie : « Une folie car une telle décision est à la fois sur-active *et* subie, elle garde quelque chose de passif, voire d'inconscient, comme si le décideur n'était libre qu'à se laisser affecter par sa propre décision et comme si celle-ci lui venait de l'autre. »[113] Dans la première aporie, il a déjà été question du juge qui, à l'instant

....

109 *Ibid.,* p. 57.
110 *Ibidem.*
111 *Ibidem.*
112 *Ibid.,* p. 58.
113 *Ibidem.*

de la décision, réinvente, ré-institue la règle au-delà de tout savoir théorique. Ici, cette décision dans l'urgence empêche que la justice soit conditionnée par le savoir, par le droit. Encore une fois, il ne s'agit pas d'absence de règle et de savoir, mais de la justice *inconditionnelle* qui apparaît dans cet instant.

À cause de cette urgence, et contrairement à l'idée régulatrice ou messianique, la justice ne peut pas attendre. Néanmoins, cette fois-ci, grâce à cette urgence, « elle a *peut-être* un avenir, justement, un à-venir qu'il faudra distinguer rigoureusement du futur »[114]. Pourquoi donc ? Car, selon Derrida, en reproduisant le présent, le futur perd la venue de l'autre, il ne l'invite pas. Le futur n'est pas indépendant du présent. Or, la justice n'est pas conditionnée par le présent, elle invite toujours le fantôme de l'autre : « La justice reste à venir, elle *a* à venir, elle *est* à-venir, elle déploie la dimension même d'événements irréductiblement à venir. »[115] Ce qui nous amène à élaborer la justice à venir dans le sous-chapitre suivant.

C – La Justice sans condition, la justice au-delà : la justice à venir

Nous avons vu que l'expérience de la justice était toujours l'expérience d'un certain nombre d'apories. Or ce sont ces expériences même qui donnent accès à certains sens de la justice tels que : l'inconditionnalité, la singularité, la responsabilité et l'intemporalité. Dans cette sous-partie, nous allons expliquer ces différents sens plus en détail.

1 – La justice sans condition ou la justice inconditionnelle : Derrida entre Kant et Levinas

Le contexte de la première aporie requerrait que la justice elle-même, pour autant qu'elle veuille dire quelque chose, soit sans condition, inconditionnelle. L'inconditionnalité signifie ici que la justice n'est conditionnée ni par l'ordre du droit, ni par l'ordre politique, ni par l'ordre économique, pas plus que par l'ordre social et historique.

Le mot « inconditionnalité » fait partie du vocabulaire kantien. Rappelons que pour Kant la loi morale, c'est l'impératif catégorique[116] qui, contrairement à l'impératif hypothétique, ne dépend d'aucune condition préalable pour être

....

114 *Ibid.*, p. 60.

115 *Ibidem.*

116 Par catégorique, Kant entend qu'il n'y a aucune condition ni objective ni subjective au jugement. Il s'agit de l'inconditionnalité de la raison, de l'indépendance du choix des sujets par rapport à la nature ou à Dieu.

compris. La loi morale est le produit de la raison pratique, autrement dit c'est la raison qui donne accès à l'inconditionnel. Cependant, la loi morale, « issue de la raison », reste prise dans les limites de la métaphysique du sujet. Même si Derrida emprunte le terme « inconditionnel » à Kant, il ne s'agit pas pour lui de l'inconditionnalité de la raison. Pour expliquer ce que signifie l'inconditionnalité de la justice, il faut faire un détour par l'idée d'hospitalité inconditionnelle que Derrida distingue de l'hospitalité conditionnelle de Kant et qui trouve ses racines chez Emmanuel Levinas. Dans *Adieu à Emmanuel Levinas,* Derrida compare l'éthique de l'hospitalité, autrement dit « l'hospitalité comme sainteté du Saint » de Levinas, avec le droit ou la politique de l'hospitalité de Kant et cherche à penser la justice sans condition dans le sillage de l'hospitalité sans condition, dans la mesure où justice et hospitalité engagent la relation à autrui. Dès les premières pages d'*Adieu à Emmanuel Levinas,* Derrida demande s'il est possible de déduire du discours éthique de Levinas sur l'hospitalité *un droit* et une politique d'aujourd'hui :

> On se demanderait par exemple si l'éthique de l'hospitalité, que nous allons tenter d'analyser dans la pensée de Levinas, peut ou non fonder un droit et une politique au-delà de la demeure familiale, dans un espace social, national, étatique ou état-national.[117]

Nous savons que chez Kant, toute la pensée morale, politique et juridique est liée à la loi morale, ce qu'on peut appeler aussi la « bonne volonté » qui est déterminée par la liberté de la raison : « Agis comme si la maxime de ton action devait être érigée par ta volonté en loi universelle de la nature. »[118] En tant que produit de la Raison, ce principe reste universellement valable. De son côté, Levinas ne s'oppose pas au principe moral universel de Kant ; simplement, il ne se contente pas de son fondement, qui est la raison en tant que chose intérieure. Pour lui aussi il y a une universalisation, une idée de l'humanité. Mais cette universalité vient d'autrui et non d'un principe abstrait. En ce sens la morale de Levinas est, selon Catherine Chalier, une « morale anarchique, une morale sensible aux noms et aux visages singuliers de personnes »[119]. Dans cette rencontre singulière d'autrui dont je suis responsable se produit une « universalité de chair et de sang, présente

....

117 DERRIDA, *Adieu à Emmanuel Levinas*, Paris : Galilée, 1997, p. 45.

118 KANT, E., *Fondements de la métaphysique des mœurs*, traduit par DELBOS, V., Paris : Éditions Vrin, 1992, p. 95.

119 CHALIER, Catherine, Pour *une morale au delà du savoir. Kant et Levinas,* Paris : Albin Michel, 1998, p. 41.

dans le lointain comme dans le prochain »[120], écrit de son côté Olivier Dekens. Ici, il n'y a pas de soumission à un principe abstrait. La morale s'éveille en effet à partir du visage d'autrui.

Chez Levinas, la rencontre du visage d'autrui provoque un choc. Alors que Kant parle d'un principe moral universel et abstrait, Levinas définit l'éthique comme l'accueil de l'autre. C'est une morale dont le principe est à l'extérieur de soi, et non pas à l'intérieur comme chez Kant. Chez Levinas, l'éthique commence avec la réponse à un commandement qui vient de la rencontre du visage. Nul ne devient moral par bonne volonté. Alors que le sujet kantien se trouve toujours à la première place, chez Levinas, ce sujet moral est défait de sa primauté dans l'être. De plus, le sujet kantien reste toujours autonome et fini, il n'implique pas de soumission à quelque altérité, humaine ou divine. Levinas ne partage pas l'éloge kantien de l'autonomie : « (...) contrairement à la loi morale kantienne, la loi qui en émane ne s'exprime pas de façon purement formelle. Elle commande un comportement précis dont le "Tu ne tueras pas" ou le "tu aimeras ton prochain comme toi-même" donne le sens. »[121] C'est dire que le sens ne part pas de moi, comme sujet rationnel et moral, mais partant d'autrui, c'est lui qui donne son sens à la morale. Dans l'universalité telle que la pense Levinas, l'autonomie du sujet se perd : « L'éthique, comme substitution à autrui, donation sans réserve, rompt l'unité de l'aperception transcendantale, condition de tout être et de toute expérience. »[122]

Comment Levinas élabore-t-il la notion d'autrui ? D'après Georges Hansel, il le fait de deux façons, négativement d'abord, positivement ensuite[123]. Négativement, autrui n'est pas moi et n'est pas une chose non plus. Je ne peux pas le posséder. Voire, je ne peux pas le définir. C'est pourquoi, il n'y a pas de concept d'autrui. « Autrui en tant qu'autrui, écrit Levinas, n'est pas seulement un alter ego ; il est ce que moi, je ne suis pas. Il l'est non pas en raison de son caractère, ou de sa physionomie, ou de sa psychologie, mais en raison de son altérité même. »[124] Positivement, autrui parle, il se manifeste à moi par le langage. Le visage me regarde et me parle. Ici le visage et autrui sont des synonymes. Selon Hansel, le visage signifie « présence vivante (et) expression ». Il ne s'agit pas d'une image

....

120 DEKENS, Olivier, *Politique de l'autre homme, Levinas et la fonction politique de la philosophie*, Paris : Ellipses, 2003, p. 82.

121 CHALIER, Catherine, *Pour une morale au delà du savoir. Kant et Levinas, op.cit.* p. 96.

122 LEVINAS, cité par DEKENS, O., *Politique de l'autre homme, Levinas et la fonction politique de la philosophie, op.cit.*, p. 70.

123 Cf. HANSEL, G., *Ethique et politique dans la pensée d'Emmanuel Levinas,* www.ghansel.free.fr

124 LEVINAS, *Le Temps et l'autre*, cité par HANSEL, *ibid.*, p. 7.

figée dans sa forme : « La vie de l'expression, écrit Levinas, consiste à défaire la forme où l'étant, s'exposant comme thème, se dissimule par là même. Le visage parle (...). »[125] Hansel signale que même si autrui parle, la relation entre lui et moi n'est pas une relation de communication d'idées, d'échange ou bien de réciprocité des amitiés. La relation avec autrui chez Levinas est « essentiellement dissymétrique et cela veut être crucial pour la suite »[126].

Si nous regardons de près la structure de cette relation à autrui, nous pouvons dire qu'il y a d'abord un mouvement de « sortir de soi-même vers un hors de soi ». Il s'agit d'un mouvement de transcendance. Dans cette relation avec autrui, mon identité est interrompue par lui. Il s'agit d'une substitution. Je deviens l'otage d'autrui. Autrement dit, le sujet kantien, libre, conscient, douée de bonne volonté et de raison, est altéré par sa responsabilité pour autrui, ce qui fait apparaître le sujet éthique. Dans cette situation de substitution, ma liberté n'est pas posée en premier, il s'agit d'abord de préserver la liberté d'autrui. Comme on l'a déjà dit, autrui n'est pas définissable. Il est absolument autre. C'est une relation d'enseignement. En dépassant ma propre capacité, j'apprends d'autrui. L'autre m'enseigne plus que je ne contiens. Ainsi contrairement à Kant, la raison n'est pas autonome chez Levinas, elle s'ouvre à autrui.

Même si nous ne pouvons pas nous y attarder dans le cadre de ce travail, il convient de rappeler que Levinas fait référence à la façon dont l'idée d'infini est présente dans l'esprit selon Descartes. Alors que chez Kant l'idée d'infini vient de notre fond *a priori*, chez Descartes elle n'est pas un « ideatum » adapté à l'esprit, l'esprit la pense sans la contenir. De la même manière, l'infini d'autrui nous dépasse, comme l'écrit Levinas : « L'infini ne se présente pas à une pensée transcendantale, ni même à l'activité sensée, mais en Autrui ; il me fait face et me met en question et m'oblige de par son essence d'infini. »[127]

De même que l'idée de Dieu nous dépasse, de même autrui n'est jamais compris par moi et me dépasse, m'est transcendant. Ou encore : dans la relation avec autrui, l'autre est toujours plus haut que moi : « Autrui en tant qu'autrui se situe dans une dimension de hauteur et de l'abaissement – glorieux abaissement ; il a la face du pauvre, de l'étranger, de la veuve et de l'orphelin et, à la fois, du maître appelé à investir et à justifier ma liberté. »[128] Pour Levinas, autrui est concrétisé dans la figure de l'étranger. L'étranger est absolument autre, il n'y a aucun point commun entre moi et lui. L'étranger n'est pas d'ici, je ne sais pas d'où il vient.

....

125 LEVINAS, *Totalité et infini*, cité par HANSEL, *ibid.*, p. 8.
126 Cf., Georges HANSEL, *ibid.*, p. 8.
127 *Ibidem.*
128 LEVINAS, *Totalité et Infini*, cité par HANSEL, *ibid.*, p. 10.

Cette distance entre autrui et moi ne peut pas être comblée, sans qu'elle empêche jamais la relation avec lui :

> La transcendance du visage est, à la fois, son absence de ce monde où il entre, le dépassement d'un être, sa condition d'étranger, de dépouillé ou de prolétaire. L'étrangeté, qui est liberté, est aussi l'étrangeté-misère. La liberté se présente comme l'Autre ; au Même qui, lui, est toujours l'autochtone de l'être, toujours privilégié en sa demeure. L'autre, le libre est aussi l'étranger. La nudité de son visage se prolonge dans la nudité du corps qui a froid et qui a honte de sa nudité.[129]

Dans cette relation avec l'étranger, le visage, en s'imposant à moi, me rappelle ma responsabilité vis-à-vis de sa misère. Ainsi la conscience perd sa première place. Comme l'indique Catherine Chalier, chez Levinas, « Cet éveil éthique est provoqué par le Désir d'autrui »[130]. En ce sens, la relation avec autrui est une relation critique : le moi se critique lui-même dans cette relation. Dans le choc que produit l'épiphanie de la misère du visage, ma liberté est mise en question [131]. Le visage contraint le sujet à s'interroger lui-même. En ce sens le mouvement de transcendance comprend aussi un retour à soi, sauf que le moi n'est pas le même que celui d'avant la relation à Autrui. C'est là que commence l'éthique. L'éthique, et non l'ontologie, est la « philosophie première ». La métaphysique, c'est-à-dire le hors soi, la structure de la transcendance précède l'ontologie. Avec la notion de visage l'accueil désigne l'ouverture du moi à autrui et l'antériorité philosophique de l'étant sur l'être. L'hospitalité chez Levinas ne se réduit pas simplement à l'accueil de l'étranger chez soi, dans sa maison ou bien dans sa nation : « Dès que je m'ouvre, commente Derrida, je fais "accueil" à l'altérité de l'autre, je suis déjà dans une disposition hospitalière. »[132] Mais, poursuit-il, la relation d'hospitalité « suppose la "*séparation radicale*" »[133], c'est-à-dire qu'avant l'intervention d'un commandement vient une dimension de respect, qui n'est pas comme chez Kant respect de la loi, mais respect de l'autre. La relation d'hospitalité implique cependant que le seuil de cette séparation soit franchi, que le seuil fini du moi s'ouvre à

....

129 *Ibidem.*

130 CHALIER, Catherine, *Pour une morale au delà du savoir. Kant et Levinas, op.cit.*, p. 48.

131 Selon Guy Petitdemange, qui rejoint ici Derrida in « Violence et métaphysique », le choc de la rencontre du visage d'autrui est assimilé à une violence. « L'extériorité qui vient in le visage de l'autre déborde le champ de l'être qui se suffirait à soi, qui par nature s'amplifie et gagne et par là est violence, violence en quelque sorte intéresenque, partout à l'œuvre inévitablement. » (Levinas, in *Cités, Levinas*, n°25, 2006, p.11)

132 DERRIDA, Jacques, *Sur Parole. Instantanés philosophiques*, Paris : Éditions de l'Aube, 1999, p. 65.

133 DERRIDA, Jacques, *Adieu à Emmanuel Levinas*, Paris : Galilée, 1997, p. 88.

l'infini de l'autre. En cela l'expérience de l'hospitalité est, dans les termes mêmes de Levinas, « méta-physique ». « L'hospitalité, écrit Derrida, est accordée à l'accueil de l'idée de l'infini, donc de l'inconditionnel. »[134]

S'inscrivant dans le sillage de la pensée de Levinas, Derrida insiste sur l'hospitalité comme attention intentionnelle vers l'autre et comme « dire oui à l'autre »[135], lui-même réponse à un oui préalable venant de l'autre. Il faut que l'autre ait dit le premier oui pour que l'accueil de l'autre, c'est-dire du visage, ait lieu. Dans cette relation, le sujet est « hôte » et « otage » à la fois. Il est hôte car il accueille, mais aussi otage (*ostage*), mot dont Derrida donne le sens comme celui d'« un hôte livré ou reçu en gage substitutif dans les lieux du pouvoir et à la disposition du souverain »[136]. Certes, d'après Levinas, l'hospitalité est précédée de la propriété : il faut un chez soi pour accueillir l'autre. Mais ici l'hôte n'est plus le maître. C'est le maître qui devient l'otage. Avec cette idée d'un « hôte (...) reçu en gage substitutif », le sujet se donne comme assujetti. La situation d'otage définit ma propre responsabilité. Je suis responsable devant l'autre, je suis déjà « en proie » à l'autre. L'idée d'un moi otage de l'autre en revient-elle alors pour Levinas à prôner la disparition du moi ? En réalité, Levinas n'affirme pas la disparition du moi, mais sa transformation du fait de sa relation avec l'autre. Le moi n'est plus le même qu'avant la relation.

C'est à partir de cette relation que Levinas pense la justice. En effet, la relation avec autrui n'est jamais entre deux personnes seulement, le tiers y est toujours impliqué. La relation avec le tiers n'est pas un moment qui viendrait après la relation avec autrui. Il est toujours déjà-la, dès la « première » épiphanie du visage dans le face à face, il me regarde par les yeux d'autrui[137]. Le tiers est un « Il », un « Il au fond du Tu », le tiers c'est « l'illéité du Il »[138]. Si, comme nous l'avons vu plus haut, la relation avec autrui était asymétrique, l'autre étant toujours plus haut que moi, ici le tiers interrompt cette relation et demande l'égalité. Il ne faut pas comprendre que la hauteur de l'autre soit réduite, la relation asymétrique n'est que suspendue :

> [...] illéité, à la troisième personne ; mais selon « une tertialité » différente de celle du troisième homme, du tiers interrompant la proximité

....

134 *Ibid.*, p. 91.
135 *Ibid.*, p. 51.
136 *Ibid.*, p. 105.
137 *Ibid.*, p. 62.
138 *Ibid.*, p. 112.

ou l'approche du prochain, du troisième homme par lequel commence la justice.[139]

Le tiers rend possible le passage à l'ordre juridique et politique. Juridique d'abord : le tiers introduit une limite dans la relation avec autrui : « Je ne vis pas dans un monde où il n'y a qu'un seul premier venu ; il y a toujours dans le monde un tiers. »[140] Présent dans le visage d'autrui, c'est le tiers qui porte l'humanité. Tout en faisant irruption dans l'unicité du moi, en tant que porteur du tiers, le visage est porteur d'une mesure universelle qui assure la justice, l'égalité. La légalité elle-même est donc issue du tiers, vers lequel autrui fait toujours-déjà signe dans la relation éthique [141]. Alors que le sujet éthique s'abstient de juger, la venue du tiers exige de moi un jugement : « C'est le tiers qui est la source de la justice, et par là de la répression justifiée ; c'est la violence subie par le tiers qui justifie que l'on arrête de violence la violence de l'autre. »[142] Le tiers, précise Derrida, protège contre « le vertige de la violence éthique même »[143]. Selon Chalier, la responsabilité du moi devant l'autre et le devoir de juger, c'est la justice. Avec cette obligation de juger, Levinas fait en un sens référence aux lois établies. Autrement dit, la justice dans le droit positif tire ses racines de la justice qui apparaît à partir du tiers apparaissant lui-même avec le visage d'autrui : « Il faut s'attacher la justice alternativement à l'ordre et au visage. La justice commande une égale attention à la loi universelle de l'État et à la singularité des visages. Le juridique selon Levinas n'est qu'un instrument de régulation sociale, alors que l'éthique inclut tous les autres hommes. Le rapport au visage et le rapport juridique ne sauraient être contemporains l'un de l'autre. »[144]

On peut se demander où commence la justice chez Levinas. Dans le moment de responsabilité infinie vers l'autre ou avec la participation du tiers à ce moment ? Est-ce que le visage de l'autre montre les visages du tiers ? D'une part, la relation asymétrique chez Levinas est la source de la justice, d'autre part, la justice demande de considérer les gens de façon symétrique et de les comparer. N'est-ce pas contradictoire ? Même si cette contradiction n'est pas entre l'Autre et le tiers, le tiers en tant que force régulatrice et égalitaire limite ma responsabilité infinie

....

139 LEVINAS, E., *Autrement qu'être ou au-delà de l'essence*, cité par Derrida, *Adieu à Emmanuel Levinas, op.cit.*, p. 61.

140 LEVINAS, Emmanuel, *Autrement qu'être ou au-delà de l'essence,* cité par CHALIER, *Pour une morale au delà du savoir. Kant et Levinas, op.cit.* p. 43.

141 Alors que chez Kant, la légalité n'est que la conformité au devoir.

142 LEVINAS, *De Dieu qui vient à l'idée*, cité par HAYAT Pierre, *Emmanuel Levinas, Ethique et société*, Éditions Kiné, 1995, p. 78.

143 DERRIDA Jacques, *Adieu à Emmanuel Levinas, op.cit.*, p. 66.

144 CHALIER, Catherine, *Pour une morale au delà du savoir. Kant et Levinas, op.cit.* p. 82.

vers l'Autre. La dimension du tiers nous oriente donc vers la nécessité de l'État. Mais ici il faut bien préciser que chez Levinas, il ne s'agit pas de la tyrannie de l'État. L'État tyrannique serait du côté de « l'État de César », alors que « l'État de David »[145] , en tant précisément qu'orienté vers l'hospitalité, aurait pour vocation de le dépasser. L'orientation de la politique messianique dépasse l'État, mais il s'agit d'aller au-delà de l'État dans l'État à partir de l'État, c'est-à-dire sans nécessairement l'abolir, il s'agit d'une politique au-delà du politique, qui correspondrait à une « invention politique »[146]. Relevant d'une telle invention politique, la paix par exemple n'est pas un concept purement politique. En disant l'accueil infini, Levinas parle en effet de la paix immédiate et maintenant. La paix n'est plus un phénomène naturel. Selon lui, l'État-nation ne peut que conditionner la paix et ainsi limiter l'hospitalité, le refuge ou l'asile.

Avec la pensée du tiers, un passage s'opère ainsi chez Levinas, qui sera fondamental pour l'idée de justice inconditionnelle chez Derrida. Ce dernier ne partage cependant pas l'idée messianique ou bien eschatologique que Levinas introduit à travers l'idée de paix. Alors que pour Kant, c'est par l'institution de la paix jointe à l'hospitalité universelle que nous pouvons accéder à une paix perpétuelle, pour Levinas, la paix n'est pas une chose instituée. Elle est « pré-originaire », elle est « an-archique »[147], c'est-à-dire éthique. C'est une nouvelle pensée de la paix : « De la paix, il ne peut y avoir qu'eschatologie. »[148] Par l'eschatologie, Levinas entend la paix eschatologique messianique qui interrompt l'histoire et la guerre. La paix qui vient de la guerre n'est pas une paix, car elle repose sur la guerre. Kant ne dit pas autre chose dans le premier article préliminaire de *Vers la Paix Perpétuelle* [149]. Mais pour Levinas, la paix est pré-originaire, c'est une paix messianique qui se fonde sur l'hospitalité. À partir de cette idée de la paix pré-originaire, nous voyons que chez Levinas, l'homme commence par le bien, le lien au bien est antérieur à l'empire du mal. Chez Kant, malgré sa disposition au bien, l'homme commence par le mal, et l'alliance avec le bien est le produit de la raison. Chez Levinas, comme l'indique Chalier, cette alliance avec le bien est préliminaire, préhistorique et jamais contractée, préalable à tout choix et toute volonté. Le bien

....

145 Levinas parle de ce sujet in ses œuvres « Au delà du Verset » et « Politique Après », cité par DERRIDA, *Adieu à Emmanuel Levinas, op.cit.,* p. 61.

146 Levinas, *L'Au –delà du verset*, cité par DERRIDA, *Adieu à Emmanuel Levinas, op.cit.*, p. 144.

147 *Ibid.,* p. 92.

148 Levinas, *Préface de Totalité et infini*, cité par DERRIDA, *Adieu à Emmanuel Levinas, op.cit.*, 1997, p. 93.

149 KANT, E., *Vers la paix perpétuelle,* trad. par POIRIER, J.F., PROUST, F., Paris : GF Flammarion, 1991, p. 78.

apparaît avec l'exigence de répondre d'autrui, et non avec les principes universels et impersonnels de la moralité[150].

2 – La justice à venir comme au-delà du don, au-delà de l'économie

Chez Levinas, la responsabilité éthique est toujours imbriquée avec l'égalité des lois. La justice n'est pas autre chose que l'égalité devant les lois, elle n'est pas la relation avec le visage, mais, introduisant la relation avec les lois, elle introduit du même coup la relation avec l'État. En ce sens on peut dire que Levinas continue la tradition selon laquelle la justice est élaborée en tant que loi. Du point de vue de Derrida, recevoir d'autrui au-delà de la capacité du moi, c'est la « Loi d'hospitalité »[151], autrement dit, c'est la loi d'inconditionnalité, c'est l'accueil en tant qu'accueil de l'idée de l'infini. Derrida élabore la justice à partir de cette idée de l'infini.

Comme nous l'avons montré dans la troisième aporie, chez Derrida, l'idée de la justice n'a pas d'aspect eschatologique ni messianique. « La justice à venir » n'est pas synonyme de justice messianique ou eschatologique. La justice messianique est liée à la justice divine, tandis que la justice à venir signifie qu'elle n'est pas toujours présente. En effet, elle ne l'est jamais. Mais il n'y a ici aucune référence à Dieu. Avec cette idée d'« à venir », Derrida aborde la disjointure du présent, ce qu'il fait dans *Spectres de Marx* :

> Aucune justice – ne disons pas aucune loi, et encore une fois nous ne parlons pas ici du droit – ne paraît possible ou pensable sans le principe de quelque responsabilité, au-delà de tout présent vivant, dans ce qui disjointe le présent vivant, devant les fantômes de ceux qui ne sont pas encore nés ou qui sont déjà morts. [...][152]

Dans ce contexte, la justice se délimite « comme incalculabilité du don et singularité de l'ex-position an-économique ». C'est-à-dire que la justice à venir se trouve au-delà de l'économie et au-delà du don. Elle n'est pas dans l'échange économique sous la forme d'une dépense utile et calculable, elle n'est pas dans le don qui appelle toujours un contre-don, c'est à dire un sacrifice. Elle est, comme tout don, un don impossible : « Ainsi, tout don est impossible, commente J. Lèbre, puisqu'il pose comme condition son annulation par un contre-don ; à la limite

....

150 CHALIER, Catherine, *Pour une morale au delà du savoir. Kant et Levinas, op.cit.*, p.70.

151 DERRIDA Jacques, *Adieu à Emmanuel Levinas, op.cit.*, p.56.

152 DERRIDA, J., *Spectres de Marx : L'État de la dette, le travail du deuil et la nouvelle internationale,* Paris : Éditions Galilée, 1993, pp.15-16.

sa condition est que l'on détruise ce que l'on donne, et que l'on reçoive en retour une autre destruction. L'excès sacrificiel du don touche ici à la folie mais sans pour autant cesser de confirmer la logique de l'échange, du "donnant-donnant". »[153] La justice comme au-delà du don, continue Lèbre, ne se présente donc pas, elle est toujours à venir : « Le don ne donne pas simplement du temps, mais le temps lui-même. Toute présentation, tout "donné" s'inscrit ainsi dans la différance ou la disjointure d'un don sans retour. »[154] Dans la justice elle-même, il n'y a pas d'attente de l'échange. Comme la loi d'hospitalité, elle est au-delà de l'économie et au-delà du don.

Pour conclure ce sous-chapitre, nous pouvons dire que, selon Derrida, la justice excède le droit, la politique et le calcul : « Elle ouvre à l'avenir la transformation, la refonte ou la refondation du droit et de la politique. »[155] En même temps, la justice sans condition ne peut pas être abandonnée à elle-même ; en d'autres termes, elle a toujours besoin du champ juridique, et doit être assurée par lui plutôt que par « le calcul le plus pervers ». Il y alors deux nécessités : celle de la justice incalculable, d'une part, et, de l'autre, celle de l'assurance calculable : « *il faut* calculer, négocier sans règle qui ne soit à ré-inventer là où nous sommes "jetés", là où nous nous trouvons et au-delà des zones déjà identifiables de la morale, de la politique ou du droit, au-delà de la distinction entre le national et l'international, le public et le privé, etc. »[156]

Conclusion : Derrida nihiliste ?

Nous avons vu que chez Derrida, la déconstruction, c'est-à-dire le mouvement de la *différance,* caractérisé par *l'archi-écriture, l'indécidable* et *l'itérabilité,* était en général la déconstruction de la métaphysique de la présence. Derrida a examiné tous ces concepts et non-concepts dans ses premières œuvres, avant de les faire jouer dans ses ouvrages publiés après les années 1990, dans les domaines politique, juridique et éthique. Nous nous sommes intéressée à la déconstruction de l'idée de la souveraineté moderne, qui institue le sujet humain (« de préférence et paradigmatiquement le mâle adulte, plutôt que la femme, l'enfant ou l'animal ») et nous avons constaté que les sources de la souveraineté moderne étaient très fragiles et poreuses, que les oppositions sur lesquelles elle se construisaient étaient toujours

....

153 LÈBRE, Jérôme, *La Justice sans condition, op.cit.*, p. 87.
154 *Ibidem.*
155 DERRIDA, *Force de loi, op.cit.*, p. 61.
156 *Ibid.*, p. 62.

déconstructibles. Nous avons observé ensuite que l'idée de « la déconstruction comme justice » se rapprochait de celle de la déconstruction de la métaphysique de la présence. La justice comme déconstruction est une critique « inlassable de toute dogmatique héréditaire au sujet de la justice, s'opposant incessamment à tout énoncé du type "je suis juste", "ceci est juste", "nous sommes justes", "notre société est juste" »[157].

La déconstruction de la justice de Derrida n'est pas un nihilisme : « Dans l'hypothèse que j'envisage superficiellement pour l'instant, ce qu'on appelle couramment la déconstruction ne correspondrait pas du tout, selon la confusion que certains ont intérêt à répandre, à une abdication quasiment nihiliste devant la question éthico-politico-juridique de la justice et devant l'opposition du juste et de l'injuste. »[158] Le but de la déconstruction est de rappeler le sens d'une responsabilité sans limite, sans calcul devant l'autre, devant la mémoire, « donc la tâche de rappeler l'histoire, l'origine et le sens, donc les limites des concepts de justice, de loi et de droit, des valeurs, normes, prescriptions qui s'y sont imposées et sédimentées, restant dès lors plus ou moins lisibles ou présupposées ». C'est à partir d'une telle responsabilité que la déconstruction est liée chez Derrida à la justice. Elle appelle toujours la justice infinie, la justice à venir : « Ce n'est pas seulement une *tâche* d'une philologico-étymologique ou une tâche d'historien, mais la responsabilité devant un héritage qui est en même temps l'héritage d'un impératif ou d'un faisceau d'injonctions. La déconstruction est déjà gagée, engagée par cette exigence de justice infinie. [...] »[159]

C'est précisément parce que la justice est toujours à venir qu'elle est essentiellement une relation éthique qui existe au-delà du droit. C'est pourquoi la justice ne fonctionne pas comme le droit. Elle est nécessaire « pour juger le droit face aux exigences de la justice »[160]. Derrida voudrait attirer notre attention sur les antinomies du droit comme l'abstrait et le concret, la forme et la matière, la règle et le cas, la création et la destruction, la décision et l'indécidabilité.

La déconstruction n'est pas non plus nihiliste du point de vue politique et juridique. Selon Douglas Litowitz, même si l'idée de la justice chez Derrida ne renvoie pas directement au concret, la justice comme déconstruction se trouve au fondement du système juridique[161]. Ainsi, même si Derrida n'est pas réputé pour

....

157 THORSTEINSSON, B., *La Question de la justice chez Jacques Derrida*, *op.cit.*, p. 365.
158 DERRIDA, *Force de loi*, *op.cit.*, pp. 43-44.
159 *Ibid.*, p. 44.
160 *Ibid.*, p. 376.
161 LITOWITZ, Douglas E., *Postmodern Philosophy and Law*, E.U: University Press of Kansas, 1997, p. 104.

faire de la philosophie du droit, pas plus qu'il n'est juge ou avocat, son idée de la justice comme déconstruction, au-delà du droit, a influencé le domaine pratique, peut-être pas en Europe mais aux États-Unis avec l'apparition du mouvement des « Critical Legal Studies » (CLS) qui a rassemblé un certain nombre de philosophes, de théoriciens de la littérature et de juristes dans les années 1970. Selon Derrida ces travaux des CLS sont « les plus féconds et les plus nécessaires » du point de vue d'une certaine déconstruction. Ils empêchent la déconstruction de rester enfermée dans les discours spéculatifs, théoriques et académiques. En ce sens on peut dire – provisoirement – que ces travaux sont une « mise en pratique » de la déconstruction.

Par « pratique », on peut entendre avec Derrida qu'ils ont le désir de « changer des choses et d'intervenir de façon efficiente et responsable non seulement dans la profession, mais dans ce qu'on appelle la cité, la *polis* et plus généralement le monde »[162]. Ils veulent produire un effet sur le monde, ils veulent changer par exemple une décision juridique sur un cas juridique pour arriver à la justice elle-même ou bien pour montrer les injustices, tout en précisant que ce désir de changer des choses n'est pas systématique, de même cette intervention n'est pas calculée.

Derrida reconnaît lui-même qu'une fois la déconstruction apparue, la conjonction est inévitable entre une déconstruction philosophique, littéraire et une réflexion juridico-littéraire. Par « pratique », on entend donc aussi une relation entre la déconstruction philosophique et la déconstruction juridique. Derrida affirme que « ces travaux des CLS ont leur histoire, leur contexte et leur idiomes propres »[163]. Mais cela n'est pas à prendre comme un défaut. Selon Derrida, ces travaux sont au contraire très en avance sur tel ou tel état de la déconstruction dans un champ plutôt littéraire ou philosophique. Le mouvement des CLS n'est cependant pas homogène, il est au contraire traversé de plusieurs courants d'idées. Notre troisième grande partie va porter sur la « pratique » des CLS et son lien avec l'idée derridienne de la justice comme au-delà du droit.

162 DERRIDA, J., *Force de loi. « Le Fondement mystique de l'autorité »*, *op.cit.*, p. 23.
163 *Ibid.*, p. 25.

TROISIÈME PARTIE

Les « critical legal studies » ou la déconstruction derridienne comme praxis de lecture : la justice dans le droit

Si l'on pouvait récapituler les propositions principales de Derrida sur la justice, on dirait ceci :

1. **Il faut distinguer la justice en tant que droit et la justice en elle-même.** Si la justice en tant que droit est celle du droit positif et en revient à la conformité aux lois, la justice en elle-même est au-delà du droit, elle est extra-juridique et impossible à transcrire dans un texte de loi.
2. **Le droit est toujours lié à la force, à la violence, et est toujours déconstructible.** Le droit positif est lié à la violence, il n'a pas de fondement solide. C'est une construction qui a recours à de la fiction ; en tant que construction, il est donc déconstructible.
3. **La justice en elle-même est indéconstructible.** La justice en elle-même n'est pas une construction, elle est toujours à venir ; en tant que non construction, elle est donc indéconstructible.
4. **L'indéconstructibilité de la justice et la déconstructibilité du droit assurent la possibilité de la déconstruction.** La déconstruction a lieu dans l'intervalle qui sépare l'indéconstructibilité de la justice et la déconstructibilité du droit.
5. **La déconstruction est la justice** : c'est la conséquence finale des quatre arguments précédents.

L'objet de cette partie est de se demander dans quelle mesure des juristes ou des théoriciens du droit peuvent adopter une démarche déconstructive issue de Derrida, tant dans leur pensée que dans leur pratique. C'est ce qu'a voulu faire en particulier le mouvement des « Critical Legal Studies »(CLS).

Ce mouvement apparaît dans les années 1970 aux États-Unis, en réponse au conservatisme politique et juridique américain. Sa naissance officielle date d'une conférence à l'université du Wisconsin à Madison en 1977[1]. Ses participants sont des professeurs de droit, des juges, des avocats, des philosophes et des étudiants en droit. La plupart sont des opposants à la guerre du Vietnam et des défenseurs

....

1 HUTCHINSON, Allan C., *Critical Legal Studies*, New Jersey: Rowman&Littlefield Publishers, 1989, p. 2.

des droits civiques. Leur but est, d'après Isaak Dore[2], de « débarrasser le droit de ses fictions, d'étudier son fonctionnement et ses effets réels, ainsi que la réalité des choses et les besoins de la société »[3]. Les CLS invitent à une forme de droit en rupture avec le droit classique, conservateur et masculin. Les penseurs des CLS sont « les enfants terribles »[4] des travaux juridiques contemporains.

Examinons tout d'abord la signification de l'expression « Critical Legal Studies ». Les penseurs de ce mouvement voudraient appliquer au droit le sens grec du terme « critique », *krinein*, qui signifie à la fois séparation et décision. D'après eux, le rôle du juge est de séparer les parties en présence, le plaignant et l'accusé. La pratique du droit est une activité de *krinein* et non l'application automatique des lois[5]. Le mot *legal* correspond au fait que ce mouvement est composé en partie de praticiens du droit – juges ou avocats – et en partie de théoriciens qui s'engagent dans une analyse critique du droit et des lois. Ils tentent de montrer que le droit américain favorise certains groupes de la société au détriment de certaines minorités comme les noirs, les femmes, les immigrés, les réfugiés. En se focalisant sur ce problème, ils s'intéressent plutôt aux « outsiders » de la société. Enfin, bien que portant le nom de *studies*, les CLS ne se situent pas seulement sur le plan théorique. Si elles visent à constituer une doctrine juridique réellement alternative, elles se voudraient aussi une pratique concrète qui, de plus, n'est pas nationale mais supranationale.

Selon Olivier De Schutter[6], les CLS sont un mouvement jurisprudentiel[7]. Ce terme vient du mot « jurisprudence », traduction en français de l'anglais « général jurisprudence »[8]. Il se réfère à « la théorie générale du droit », qu'il faut

2 Professeur de droit à l'université de Saint Louis, à la Faculté de droit.

3 DORE, Isaak I., « L'influence française sur la nouvelle épistémologie juridique postmoderne aux États-Unis », p. 379. (Source : http://www.philosophie-droit.asso.fr/APDpourweb/354.pdf) Dans sa présentation au Colloque International : "Le droit entre théorie et critique", 23-24 mars 2012, à l'université de Paris I-Sorbonne, Paris, France, Liora Israel, évoquant ce "mouvement des CLS" parle d'une révolution copernicienne du droit.

4 HUNT, Alan, "The Critique of Law: What is Critical "About Critical Legal Theory?", *Critical Legal Studies*, éd.par FITZPATRICK, P. and HUNT, A., London: Basil Blackwell, 1987, p. 5.

5 HOFFMANN, Florian, *Deadlines: Derrida and Critical Legal Scholarship*, in *Derrida and Legal Philosophy*, éd.par GOODRICH, P., HOFFMANN, F., ROSENFELD, M., VISMANN, C., GB: Palgrave Macmillan, 2008, p.185.

6 Olivier De Schutter, licencié en droit de l'Université catholique Louvain, LL.M., de l'université de Harvard, est actuellement aspirant au Fonds National belge de la Recherche Scientifique et conseiller juridique à la Ligue des droits de l'Homme, où il est attaché à la Délégation permanente de la Fédération international des Droits de l'Homme auprès des Communautés européennes.

7 SCHUTTER, O.D., « Les Critical Legal Studies au pays du droit international public », *op.cit.*, p. 586.

8 TROPER, Michel, *La Philosophie du droit*, *op.cit.*, p. 9.

distinguer de la philosophie du droit. Comme l'indique Michel Troper, ces deux termes renvoient à deux traditions opposées : le droit naturel et le droit positif :

> L'expression « théorie générale du droit » (jurisprudence) est apparue à la fin du XIXe siècle, sous l'influence du positivisme et de l'empirisme et en réaction contre la philosophie du droit qui se pratiquait jusqu'alors.[9]

Les tenants de la théorie générale du droit prétendent que le droit est une science et critiquent la philosophie du droit classique pour son caractère spéculatif et son souci de questions métaphysiques comme « Qu'est-ce que le droit ? » ou « Existe-t-il des critères du juste ? ». Si on pense que le positivisme juridique a pour but de rendre le droit scientifique, nous pouvons, comme le dit Troper, établir un lien entre la philosophie du droit et les doctrines jusnaturalistes, d'une part et la théorie générale du droit et le positivisme juridique, d'autre part.

En tenant compte de ce sens du mot jurisprudentiel, il nous faut alors corriger la définition des CLS par De Schutter. Si la « jurisprudence » renvoie en gros au positivisme juridique, le mouvement des CLS n'est pas jurisprudentiel, il critique au contraire le droit américain, lui-même très largement positiviste. Il faut alors dire que ce mouvement s'occupe de philosophie du droit sans dire pour autant qu'il défend le droit naturel. Nous pouvons reprendre ici la distinction faite par Troper entre la philosophie du droit des philosophes et la philosophie du droit des juristes :

> La philosophie du droit des philosophes serait avant tout une philosophie appliquée : elle consisterait principalement dans la transposition aux problèmes du droit et de la justice des grandes doctrines philosophiques [...]. La philosophie du droit des juristes se distingue de la première parce qu'elle donne la priorité à l'analyse sur la synthèse, qu'elle part de l'expérience juridique et qu'elle se présente comme une réaction contre la schématisation et la généralisation.[10]

Michel Troper n'utilise pas cette définition de la philosophie du droit des juristes pour rendre compte du mouvement des CLS, mais cite Norberto Bobbio comme son meilleur représentant. En ce qui concerne les CLS, nous pouvons dire, d'un côté, qu'étant sensibles à la pensée de Derrida lorsqu'il énonce que « la déconstruction est la justice », les juristes des CLS s'occupent de philosophie du droit des philosophes. D'un autre côté, alors que cette philosophie du droit porte sur le concept du droit, la théorie de la justice et la théorie de la science juridique, la philosophie du droit des juristes ne spécule pas sur des essences, mais s'efforce

9 *Ibid.*, p. 10.
10 *Ibid.*, p.12-13.

de partir des phénomènes juridiques. De ce point de vue, on peut dire que, même si les penseurs des CLS refusent une approche essentialiste du droit, comme nous allons le voir plus loin, ils spéculent quand même sur l'essence du droit. Pourtant, dans la mesure où ils partent des phénomènes juridiques, leur philosophie du droit correspond aussi à la philosophie du droit des juristes, sans que, pour autant, ils s'occupent de jurisprudence comme le fait Hans Kelsen.

Les CLS sont un mouvement à la fois homogène et divers[11]. Homogène, car dans l'ensemble ses adhérents se situent politiquement à l'extrême gauche, ils refusent l'esprit conservateur du doctrinalisme juridique américain et attachent de l'importance à l'interprétation des lois plutôt qu'à leur application directe. Cependant, malgré cette homogénéité, les CLS se subdivisent en de nombreuses branches, et toutes leurs critiques ne visent pas les mêmes cibles. Même si nous allons évoquer certains de ces points dans cette partie, ce qui va compter pour nous est prioritairement le rapport de toutes ces branches à Derrida. On peut, de ce point de vue, distinguer deux générations dans les CLS, la référence à Derrida étant explicite à la deuxième génération, ce qu'elle n'est pas toujours à la première.

Au début du mouvement, dans les années 1970 et 1980, la première génération des CLS – sous l'influence notamment de Duncan Kennedy[12], Peter Gabel[13], Mark Kelman[14], Roberto M. Unger[15] et Mark Tushnet[16] – élabore une théorie juridique nouvelle et alternative par rapport à la théorie juridique américaine. Basée sur le libéralisme politique, elle est modelée par des dichotomies, comme la relation entre « le moi et l'autre », « le juste et l'injuste », « le public et le

....

11 Cf. HUNT, Alan, cité par Dore, Isaak I., « L'influence française sur la nouvelle épistémologie juridique postmoderne aux États-Unis », *op.cit.,* p. 379.

12 Diplômé d'économie de l'université Harvard au milieu des années 1960, Duncan Kennedy, né en 1942, poursuit des études de droit à l'université Yale dont il est diplômé en 1970. Nommé *greffier* à la Cour suprême l'année suivante, il rejoint dès 1971 la faculté de droit de l'Université Harvard où il obtient en 1996 la prestigieuse chaire Carter de *general jurisprudence*. Dès le début des années 1970 et ses premiers écrits souvent polémiques, Duncan Kennedy a exercé une très profonde influence sur l'évolution de la pensée juridique américaine et son enseignement. Il fut d'abord reconnu comme l'un des fondateurs du mouvement des Critical Legal Studies.

13 Né en 1947, Président du New College of California, San Francisco. Il est également professeur de droit au New College's Public-İnterst Law School et est un des co-fondateurs du mouvement CLS aux États-Unis.

14 Né en 1951, juriste et vice doyen de l'Ecole du droit Stanford. Il est également co-fondateur du mouvement des CLS.

15 Né en 1947, professeur à la Faculté de droit de l'Université Harvard et adhérent au mouvement des CLS.

16 Né en 1945, professeur à la Faculté de droit de l'Université Harvard, il est nommé *Law Clerk* à la Cour Suprême entre 1972 et 1973. A partir de cette date, il s'exprime lui-même dans le mouvement des CLS.

privé », « la subjectivité et l'objectivité ». Selon Dore, cette première génération des CLS, « appelée "irrationaliste", a plus spécifiquement adopté la pensée de Derrida concernant l'indétermination du langage, du texte, de la différance, des traces et des apories »[17]. Ces auteurs utilisent aussi la déconstruction pour montrer la structure indéterminée du droit. Ils ne se réfèrent cependant pas seulement à Derrida, mais aussi à l'école de Francfort, au marxisme, ou à Foucault, notamment dans leur critique de l'éducation juridique, de la hiérarchie des structures et des systèmes de domination et de subordination.

Dans les années 1990, une deuxième génération et une nouvelle approche des CLS apparaissent en Angleterre, sous l'influence de Costas Douzinas[18] et Peter Singer[19]. Elle se poursuit de nos jours aux États-Unis avec Drucilla Cornell[20], Jack M. Balkin[21] et Pierre Schlag[22]. Comme ceux de la première génération, ces auteurs s'opposent à la pensée libérale moderne, mais ils considèrent l'engagement politique « comme l'une des principales faiblesses » de la première génération et veulent plutôt donner « un visage humain » [23] au mouvement, une image moins pessimiste et plus constructive. De notre point de vue, la deuxième génération est plus importante car elle utilise la critique derridienne de façon beaucoup plus nette que la première. Avec Drucilla Cornell et son intérêt pour le féminisme, l'idée derridienne de l'Autre apparaît explicitement dans le droit. La démarche de Costas Douzinas est particulièrement intéressante pour nous, car il cherche une voie pour la justice au-delà de la loi en ne niant pas l'importance de la loi. Fidèle au Derrida de *Force de Loi,* Douzinas recherche ce qui, de l'intérieur du droit, fait signe à une justice au-delà de la loi. Enfin Jack M. Balkin, lui aussi très fortement marqué par « l'idée derridienne d'une justice supérieure »[24], va refuser

17 DORE, Isaak I., « L'influence française sur la nouvelle épistémologie juridique postmoderne aux États-Unis », *op.cit.,* p. 386.

18 Né en 1951, professeur de droit à l'Institut des Humanités à Birkberk et à l'université de Londres et représentant de la deuxième génération des CLS. Il est connu aussi pour ses travaux sur les droits de l'homme, sur l'esthétique et la philosophie politique.

19 Philosophe utilitariste australien, né en 1946. Il est titulaire de la chaire d'éthique de l'université de Princeton et professeur à l'université Charles Sturt en Australie.

20 Née en 1950, professeure de sciences politiques, de littérature comparée et de Women's Studies. Après avoir enseigné à l'université de Pretoria, au Birkbeck College et à l'université de Londres, elle travaille à l'université Rutgers.

21 Né en 1956, professeur de droit constitutionnel et directeur de recherches à l'université de Yale. Il rédige des commentaires politiques et juridiques et étudie les implications d'Internet, des télécommunications et des nouvelles technologies d'information sur la loi et la société. Ses textes sont téléchargeables sur son weblog.

22 Né en 1954, professeur de droit à l'Ecole de droit de l'université de Colorado, et adhérent au mouvement des CLS.

23 DORE, Isaak I., *op.cit.,* p. 380.

24 *Ibid.,* p. 392.

« certaines composantes » de la déconstruction de Derrida. Il en souligne le caractère impraticable et reformule à sa manière une notion de justice au-delà du droit. Les arguments de Balkin nous semblent particulièrement importants, et nous les reprendrons dans la conclusion de notre travail.

Cherchant à repérer la façon dont les auteurs des CLS font jouer dans leur travail une référence à Derrida, nous nous heurtons à une question difficile : comment qualifier le rapport qu'ils entretiennent avec lui : s'agit-il d'une influence de Derrida sur la pratique du droit, d'une application de sa pensée à cette pratique ou d'une « mise en pratique » de l'idée derridienne dans le droit ? Vraisemblablement aucun de ces termes ne convient et chacun pourrait faire l'objet d'une déconstruction à la Derrida. Chemin faisant, nous verrons que même si, à la première génération le rapport à Derrida n'est pas toujours explicite, il ne s'agit pas pour autant d'une influence, au sens où une pratique ou une doctrine serait infléchie sans s'en rendre compte par un facteur extérieur. De même, si le rapport à Derrida est plus explicite à la deuxième génération, on ne peut dire ni que sa pensée est mise en pratique, ni qu'elle fournit au droit une méthode.

I –

La première génération des CLS : traces derridiennes dans la critique de la pensée juridique moderne-libérale

Entre les années 1850 et 1900, on peut dire que les idées politiques et juridiques de Hobbes et de Montesquieu s'incarnent aux États-Unis dans ce qu'on peut appeler la pensée juridique américaine classique, qui sera dans un premier temps critiquée, révisée par la pensée juridique moderne d'influence anglo-saxonne et européenne. Deux courants s'y consacrent : les auteurs que l'on peut appeler positivistes et ceux qui défendent le normativisme, John Austin, Hans Kelsen et H.L.Hart, d'une part, mais aussi, d'autre part, les auteurs d'inspiration libérale comme John Rawls, Robert Nozick et Ronald Dworkin, qui prolongent la pensée juridique moderne jusqu'à nos jours.

Parallèlement, entre 1940 et 1970, le raisonnement de la pensée juridique classique américaine subira une autre salve de critique de la part de ce qu'on appelle le réalisme juridique, qui commence à aborder le rôle de la politique et du social dans les décisions juridiques et à hésiter sur l'absoluité des règles juridiques. Roscue Pound, Karl Llewelyn, Franz Neumann, Felix Cohen en sont les principaux penseurs. Cependant, pas davantage que la pensée juridique moderne, le réalisme juridique ne remet en question les principes fondamentaux de la pensée juridique classique fondés sur l'idée d'une raison neutre et objective.

C'est de la critique faite par le réalisme juridique que les CLS vont repartir dans les années 1970, tout en considérant que cette critique n'est pas suffisante. Les CLS tenteront de dépasser ce courant, sous la double influence de la théorie linguistique et postmoderne et de la théorie juridique marxiste, elle-même caractérisée par l'idée d'un savoir social et surtout par l'idée que « l'économie détermine le droit »[1]. On assiste à une véritable révolution dans le droit, au cours de laquelle on se met à discuter de l'incertitude et du caractère sexué des termes juridiques plutôt que de leur sens. Dès la première génération, les CLS critiquent le monde juridique américain en raison de son attachement aux pensées juridiques classique et moderne qui admettent, chacune de leur côté, que le droit est objectif, déterminé et neutre. D'après ces auteurs au contraire, le droit ne peut pas être certain, neutre et pur. Il est avant tout politique et ne se comprend pas indépendamment de luttes idéologiques : il n'y a pas de neutralité politique ni de théorie innocente dans le droit[2]. Pour eux, l'ère du libéralisme est dépassée et ne suffit pas pour affronter les problèmes juridiques de la société américaine : le libéralisme devient « un dangereux anachronisme politique[3] ». Leur production est considérable – durant cette période environ 700 articles et livres ont été publiés – et leur réussite critique certaine. Certaines écoles de droit refusent pourtant toujours de lire leurs travaux.

Selon James Boyle, le mouvement des CLS a commencé avec la crise de la rationalité. Il soutient que « toutes les constructions rationnelles peuvent être déconstruites »[4]. Le mot « déconstruction » fait immédiatement penser à Derrida. Cette référence n'est cependant pas directement évidente dans les textes des penseurs de la première génération des CLS, les discussions sur la déconstruction n'ayant eu lieu que dans leurs réunions privées. On peut supposer que ces discussions ont eu suffisamment d'importance dans leur travail pour y laisser des traces, repérables à certains termes typiquement derridiens qu'on y trouve, comme celui de supplément par exemple, mais aussi à certaines façons dont leur critique s'y prend, trahissant ce qu'on appellerait ici non pas une influence, mais une inspiration derridienne. Derrida n'est pas toujours nommé, mais, pour reprendre une formulation de Peter Goodrich, il fait son entrée dans les milieux juridiques comme un spectre, ce qui continuera d'ailleurs à la seconde génération :

> De visage et de nom, Derrida est devenu un fantôme, un spectre, un signe qui a hanté la société juridique, un souvenir ou l'héritage du traumatisme et du venin d'un combat politique pour contrôler les facultés de droit. Ceux qui ont lu et joué avec les idées derridiennes n'ont eu tendance ni à afficher ni à citer leur source.[5]

....

1 BOYLE, J., "The Politics of Reason, Critical Legal Theory and Social Thought", in BOYLE, J., *Critical Legal Studies,* GB: Cambridge University Press, 1992, p.543.
2 HUTCHINSON, Allan C., *Critical Legal Studies, op.cit.,* p. 3.
3 *Ibid.,* p. 5
4 BOYLE, J., "The Politics of Reason, Critical Legal Theory and Social Thought", *op.cit.,* p. 560.
5 GOODRICH, P., HOFFMANN, F., ROSENFELD, M., VISSMAN, C., *Derrida and Legal Philosophy,* GB: Palgrave Macmillian, 2008, p. 8.

Traces et inspirations derridiennes traversent cependant les quatre questions sur lesquelles, selon Pierre-Yves Quiviger, la philosophie du droit travaille : 1/l'écriture juridique, 2/ l'exception et la règle, 3/ la juridictionnalité, 4/ les marges du droit[6]. Nous allons nous efforcer de les repérer dans les textes des auteurs de la première génération des CLS, dans la façon qu'ils ont de mener la critique du formalisme, de l'objectivisme et de l'universalisme tant de la théorie libérale du droit que de la théorie positiviste. Ce chapitre s'orientera vers la mise en évidence de la radicalité politique de ces auteurs et de leur opposition à l'idée d'une séparation du droit et de la politique propre à la pensée juridique moderne-libérale, chacun développant sa critique à partir d'une vision politique.

A – La critique du formalisme, de l'objectivisme et l'universalisme : faire jouer le mouvement de *differance* interne au système juridique lui-même

Avec Hobbes, le droit était compris comme l'ensemble des lois qui sont posées, fixées par le souverain et non par la nature ou par Dieu. Dans le sillage de Hobbes, le positivisme juridique affirme la primauté du droit, c'est-à-dire des règles objectives opposées aux idées subjectives. Les règles concrètes du droit, leur normativité, mais aussi la conceptualité, la logique et le système du droit n'ont pas de lien avec les préférences politiques de quiconque. Le droit n'est plus abstrait et utopique comme dans le jusnaturalisme libéral moderne, qui reconnaît l'égalité et la liberté pour principes. Création sociale, il est initialement posé par la souveraineté, le droit est le droit de l'État souverain[7].

Malgré leurs divergences bien connues sur la question de la source du droit, le point de vue positiviste et la théorie libérale se rejoignent sur deux plans. Sur le plan d'abord de la relation entre le fait et la valeur, qui renvoie à la séparation entre le public et le privé. D'après le principe de liberté du libéralisme, l'État doit assurer aux individus un espace individuel et libre pour qu'ils choisissent leurs préférences économiques et culturelles. Pour cela, le pouvoir politique de l'État doit être limité et libre par rapport aux valeurs qui ont cours dans la société. C'est ce que défend aussi le point de vue positiviste sur la science : elle doit être libérée des valeurs au nom des faits. Le modèle positiviste de la théorie politique ne s'intéresse pas à

6 Ici Quvigier parle de la théorie du droit « centrée sur l'examen des normes, de leur essence et de leur hiérarchie *versus* recherche du moment *décisionnel* comme manifestation de la souveraineté juridique, en insistant sur le régime d'exception. », QUVIGIER, P.Y., « Derrida : de la philosophie au droit », in *Cités, Derrida Politique*, Paris : Éditions PUF, numéro :30, 2007, p. 47. (sous-note)

7 KOSKENNIEMI, Martti, *La Politique du droit international,* Paris : Éditions A.Pedone, 2007, p. 71.

« ce qui doit être », mais à « ce qui est ». Ces théories convergent aussi – second plan – à propos du rationalisme : les deux courants reconnaissent le principe du caractère rationnel de l'action juridique, la rationalité étant de type instrumental tant du point de vue libéral que du point de vue positiviste. Cela fait émerger un certain formalisme qui est le caractère fondamental de la pensée juridique moderne. En partant des règles abstraites, le formalisme essaie de solutionner les problèmes juridiques concrets. Il permet d'assurer, de plus, l'ordre et la certitude dans le droit, y faisant ainsi émerger l'objectivité, c'est-à-dire la fidélité des juges aux règles juridiques indépendamment de leurs opinions politiques et subjectives. Le formalisme et l'objectivisme sont la conséquence de la rationalisation de la pensée juridique. Avec l'universalisme, ils caractérisent la pensée juridique libérale moderne. Le point de vue universaliste stipule que les règles juridiques sont générales, uniformes et coercitives. La généralité, c'est l'égalité de tous les citoyens devant la loi, alors que l'uniformité renvoie au fait que les décisions juridiques sont les mêmes pour des cas semblables et a pour corollaire de négliger le fait que chaque cas est unique. Les décisions juridiques sont aussi coercitives car l'obéissance qu'elles appellent est adossée à une contrainte.

Le formalisme, l'objectivisme et l'universalisme comme traits constitutifs d'un droit qui se veut pur et neutre sont la cible des critiques de la première génération des « Critical Legal Studies » – dont Duncan Kennedy, Roberto M. Unger et Robert W. Gordon. Mettre en question la neutralité et la pureté du droit, c'est orienter le regard vers son extériorité : la société et ses conflits. Leur démarche ne consiste cependant pas à traquer les déterminismes sociaux susceptibles de rendre compte des catégories juridiques. Inspirés par Derrida, ces critiques font jouer un mouvement de différance interne au système juridique lui-même, ils nous invitent à considérer le caché, l'absence, l'autre dans le présent, à résister en somme à la métaphysique de la présence [8].

1 – La critique du formalisme et l'impossibilité du droit pur et neutre : (Duncan Kennedy, Roberto M.Unger)

Le formalisme est une théorie de la justification[9], par où il faut entendre ici l'acte de faire valoir le bien-fondé d'une décision juridique. Il se base sur une opération d'argumentation qui part des règles juridiques. En tant que telle, la

....

8 Cf. la sous-partie « Le mouvement de différance », p. 79.

9 WEINRIB, Ernest J., "The jurisprudence of Legal Formalism", Harvard Journal of Law and Public Policy,1993, vol.16, no:3, p. 583.

justification est fondée en raison[10]. Les penseurs des CLS lui adressent trois critiques principales :

1. En tant que théorie de la justification, le formalisme ne fonctionne que dans le cadre des prémisses internes du droit. Il n'y a pas d'élément extérieur au droit dans cette théorie.
2. Par conséquent, le droit devient une chose qui n'est comprise qu'à partir de concepts et de principes.
3. Le formalisme accorde de l'importance à la cohérence qui exige une structure unique. Le droit est donc une structure unitaire, il est parfait, cohérent et et par conséquent fermé sur lui-même.

Cette double caractéristique de cohérence et d'unicité structurelle trouve sa forme achevée dans la pensée de Hans Kelsen (1881-1973), auteur de la *Théorie pure de droit* (*Reine Rechtslehre*)[11]. Sans approfondir l'examen de cette œuvre ici, nous pouvons dire qu'en rejetant toute théorie du droit naturel et en poursuivant la tradition positiviste, Kelsen tente d'établir une véritable science du droit, débarrassée de la métaphysique et de l'idéologie. La pureté provient donc de cette indépendance. Selon lui, le droit n'est pas un ensemble de faits empiriques, mais il est constitué de normes qui sont obligatoires. Cette obligation n'est pas absolue, elle n'est pas non plus morale. Les normes ne sont obligatoires que relativement à une norme supérieure. L'apport le plus original de Kelsen à la théorie de l'État est sa thèse de l'identité de l'État et du droit. L'État n'est pas une réalité sociale, il se confond avec l'État de droit qui est indépendant des valeurs. Lorsqu'il défend la pureté et la neutralité du droit, nous comprenons que pour lui le droit possède une réalité, une présence propre, indépendante de la société, de l'économie et de la politique.

Une première critique du formalisme du droit pur et neutre avait déjà été faite, avant les penseurs des CLS, par un penseur du réalisme juridique, Felix Cohen (1907-1953). En mettant en question l'idée d'un raisonnement juridique basé sur les concepts abstraits, il avait essayé de montrer l'importance des cas concrets dans le droit. Par exemple, supposons que quelqu'un a été blessé dans un accident de train et qu'il demande une indemnité au tribunal. Ce quelqu'un se transforme en plaignant. Sa personne réelle est subsumée sous un concept abstrait et des normes générales. Le droit formaliste néglige sa réalité et l'élabore avec les règles formelles, avec la rationalité traditionnelle.

10 NACHI, M., source : http://www.participation-et-democratie.fr/it/dico/justification-theorie-de-la, (réf du 25.09.2015).

11 La première traduction en français de la *Reine Rechtslehre* (Théorie pure du droit), par Henri Thévenaz a été publiée en 1953. Une seconde version de cet ouvrage, modifiée par Kelsen et publiée en 1960, a été traduite en français par Charles Eisenmann, en 1962, aux éditions Dalloz.

C'est à partir de ce point que le mouvement des CLS commence sa propre critique. Dans son article majeur « The Structure of Blackstone's Commentaries »[12], Duncan Kennedy analyse la structure des « Commentaires des Lois de l'Angleterre » de William Blackstone, publiés en 1765-1769 et montre que, dans sa légitimation des pratiques sociales de l'Angleterre, la théorie libérale du droit a recours à un certain nombre de catégories qui structurent son raisonnement juridique en fonctionnant de façon oppositive : public/privé, homme/femme, nature/société, moi/autre. Kennedy s'intéresse en particulier à la dichotomie entre souveraineté interne et externe sur laquelle est fondé l'édifice du droit des gens tout entier. Voici comment O. de Schutter la reconstitue :

> La souveraineté étatique [...], c'est d'abord cette qualité qui est reconnue à l'État d'être, à l'intérieur de son propre territoire, sans supérieur, d'être donc pouvoir suprême, mais c'est aussi, et simultanément, une qualité qui est reconnue à tous les États au même titre, c'est en tant que souverains que les États sont égaux.[13]

Ce concept biface de souveraineté est à l'œuvre « dans chaque niveau du discours du droit international public, dans chaque "couche" géologique de ses raisonnements juridiques »[14]. En décelant cette dichotomie, Kennedy veut montrer que l'argumentation juridique ne procure pas de solution « vraie » dans le cadre du droit des gens. De Schutter donne un exemple pour l'illustrer, celui :

> d'un juge de l'ordre juridique interne auquel il est demandé de faire application de la doctrine de l'acte de gouvernement là où un étranger réclame indemnisation de la mesure d'expropriation dont il a été victime, cette mesure d'expropriation étant le fait d'un État dont le demandeur se trouve avoir la nationalité.[15]

Pour résoudre cette dichotomie entre souveraineté interne et externe, il faut tenter de remonter au niveau plus abstrait du fondement normatif de la doctrine, c'est-à-dire au niveau de la théorie de la souveraineté. Mais cette tentative ne suffit pas à la résoudre, elle la répète au contraire : « C'est en effet parce que le système de la société interétatique lui en reconnaît le droit que l'État du for peut prétendre exercer sa souveraineté interne. »[16] La dichotomie entre souveraineté interne et externe se retrouve donc à chaque niveau du raisonnement juridique. Selon De Schutter :

....

12 KENNEDY, Duncan, "The Structure of Blackstone's Commentaries", in A. Hutchinson, *Critical Legal Studies*, E.U: Rowman&Littlefield Publishers, 1989.

13 SCHUTTER, O. D., « Les CLS au pays du droit international public », *op.cit.*, pp. 587-588.

14 *Ibid.*, p. 591.

15 *Ibid.*, p. 593.

16 *Ibid.*, p. 594.

> Il paraît donc difficile d'échapper au diagnostic des CLS : la forme déductiviste du raisonnement juridique perpétue la dichotomie de la notion de souveraineté jusque dans les doctrines les plus particularisées [...].[17]

L'approche de Kennedy n'est pas une approche de type marxiste qui poserait les catégories du droit comme reflets du social. Il suggère d'en rester au niveau du système juridique lui-même. Sans que Kennedy qualifie lui-même sa démarche ainsi, on peut dire avec De Schutter qu'elle consiste à transporter la déconstruction de type derridien dans le domaine du droit des gens :

> Cette déconstruction du droit des gens rend extrêmement problématique le phantasme de la doctrine à déceler l'essence du droit, c'est-à-dire à le « naturaliser », ou encore : à le « réifier » en le considérant comme une chose figée et objective, bref quelque chose dont on puisse parler.[18]

L'inspiration proprement derridienne de ces nouvelles méthodes est plus directement sensible dans un article écrit par Kennedy en collaboration avec Peter Gabel, intitulé « Roll over Beethoven ». Formellement, ce texte ne se présente pas comme un article mais comme un dialogue. Ce choix peut s'expliquer comme une réaction contre la rationalisation :

> « Roll over » était un dialogue circulé comme un article de revue du droit. C'était un discours avant d'être un écrit, et, faisant passer le fond avant la forme, un anti-texte délibérément irrévérencieux et auto-changeant.[19]

Dans ce texte, les auteurs refusent les concepts privilégiés par la théorie juridique libérale. Si, d'une manière générale, on peut repérer dans cet article les effets de la pensée postmoderne[20], on peut aussi – et c'est là-dessus que nous insisterons ici – penser à Derrida, lorsqu'on considère la façon dont Gabel et Kennedy procèdent. Dans la discussion, Gabel prétend qu'ils auraient développé une phénoménologie du droit, mais Kennedy n'est pas d'accord, parce que la phénoménologie est une philosophie de la conscience. Selon lui, le droit n'est pas une modalité de la conscience mais un « discours pratique au jour le jour » (*day-to-day practical discourse*)[21]. Les décisions juridiques doivent dépasser les normes abstraites, la

....

17 *Ibid.*, p. 596.

18 *Ibidem.*

19 GOODRICH, P., HOFFMANN, ROSENFELD, M., VISSMAN, C., *Derrida and Legal Philosophy*, *op.cit.*, p. 5.

20 HUNT, Alan, "The Big Fear: Law confronts Postmodernism", *op.cit.*, p.521. (Par postmodernisme, nous entendons en général, le rejet de la neutralité des principes neutres et de la raison objective dans tous les domaines, dans l'éthique, le droit, le politique et aussi dans l'art et dans la littérature)

21 *Ibid.*, p. 31.

raison et la conscience et donner de l'importance au contexte qui relève de l'expérience concrète. Le repérage du contexte – qui bat en brèche l'idée d'un droit pur et neutre - ne consiste pas à mettre en rapport des positivités (par exemple l'économique et le juridique), mais, en se situant au cœur même du fonctionnement du système juridique, à le retrouver comme absent, comme autre que le juridique lui-même. Nous en donnerons plus loin quelques exemples.

2 – La critique de l'universalisme et de l'objectivisme de la théorie moderne-libérale (Roberto M. Unger, Gerald Frug)

Roberto M. Unger critique lui aussi deux autres aspects centraux du formalisme : l'argumentation qui néglige les relations sociales, philosophiques et idéologiques dans les conflits juridiques, d'une part, son caractère de doctrine basée sur l'analyse juridique apolitique, d'autre part. À partir de là, le formalisme prétend résoudre tous les conflits juridiques, ce qui est impossible selon Unger. Une vision politique, sociologique ou même philosophique est au contraire nécessaire pour arriver à un raisonnement juridique qui ne soit pas un simple syllogisme. Un juriste constitutionnaliste, par exemple, a nécessairement une idée de la république démocratique qui définit la relation entre la société et l'État. Une telle vision guide le raisonnement juridique et assure de ne pas le fermer sur le droit interne. Unger rejette aussi l'idée d'une source fondamentale pour la doctrine juridique : « le droit émerge à partir de bénéfices opposés, obliques et de luttes infinies »[22]. Il n'y a aucun méta-schéma, il n'est fondé sur aucun commandement dernier. Cette remarque nous conduit à sa critique de l'universalisme de la théorie libérale. Pour Unger :

> La personne juridique et l'agent moral sont construits, en tant qu'universaux abstraits et formels, à partir des vies individuelles, puis traités comme des êtres réels indépendants. Les intérêts particuliers, les expériences ou les circonstances sont considérés comme un contingent de formes, ou un exemple concret de propositions abstraites.[23]

Aux personnes abstraites du droit supposées universelles, Unger oppose le fait de la spécificité des structures juridiques selon les sociétés. Il utilise une technique structuraliste et cherche à mettre à jour « la structure profonde » du libéralisme pour la critiquer. Les structures juridiques prennent sens dans des contextes particuliers et non en général. Tout en s'opposant au fonctionnalisme pour qui

....

22 UNGER Roberto M., *Critical Legal Studies,* cité par AKTAŞ, Sururi, Eleştirel Hukuk Çalışmaları (CLS), İstanbul : Kazancı Kitap, 2006, p. 90.

23 UNGER, Roberto M., "Liberal Political Theory", in A. Hutchinson, *Critical Legal Studies,* E.U: Rowman&Littlefield Publishers, 1989, p.20.

les structures juridiques ne font qu'objectiver des besoins sociaux, Unger essaie de montrer l'importance des intérêts particuliers, des expériences spécifiques à chaque société. Le droit n'est pas un concept neutre que l'on retrouverait identique à soi dans toute société.

Comme Unger refuse tout fondement à la doctrine juridique, il n'accepte pas non plus l'idée d'une essence universelle de l'argumentation juridique, pas même les règles logiques. Il ne pose pas la question « Qu'est-ce que l'analyse juridique ? », mais demande « Dans quel contexte acceptons-nous cette forme d'analyse juridique ? ». Le discours juridique doit être évalué selon chaque contexte. La rationalisation n'est pas autre chose qu'un « statu quo »[24] nourri par les institutions de la démocratie libérale et donc relatif à un certain type de société. Il critique aussi la théorie du contrat, qui n'a pas d'autre but que de protéger les bénéfices du marché.

Unger nous invite à imaginer des institutions alternatives. Il propose de renforcer les forces civiles pour éviter la rationalisation, on diminuerait le rôle du juge qui ne serait qu'un assistant technique pour le peuple.

En refusant tout questionnement en termes d'essence, Unger se révèle comme un penseur post-moderne. Cependant, dire cela ne fait pas saisir un rapport spécifique à Derrida. Les critiques qu'il adresse au droit libéral n'ont pas spécialement besoin de s'appuyer sur sa démarche. Le rapport à Derrida est peut-être plus net dans un texte de Gerald Frug[25], « The Ideology of Bureaucracy »[26]. Nous avons déjà observé que la théorie libérale depuis Hobbes était basée sur des règles objectives ou encore que la primauté du droit émergeait avec l'objectivité. Or, dans ce texte, Frug affirme que c'est la bureaucratie qui rend possible cette objectivité car c'est elle qui a besoin de l'objectivité des règles juridiques :

> L'objectivité est censée protéger les bureaucrates de la domination et assurer que les intérêts des administrés ne sont pas menacés par le pouvoir consolidé, exercé par la bureaucratie elle-même.[27]

Plus généralement, dans la pensée juridique libérale, l'objectivité des règles juridiques protège la subjectivité, c'est-à-dire l'individu. Or, au lieu que l'objectivité et la subjectivité soient considérées comme des termes opposés, ils sont, pour Frug, dépendants l'un de l'autre, dans la mesure où leur relation vient en tant que telle suppléer un manque, une non-présence à soi. Reprenant un terme derridien, Frug

....

24 UNGER, R.M., *What Should Legal Analysis Become*, cité par AKTAŞ, Eleştirel Hukuk Çalışmaları (CLS), *op.cit*, p. 132.

25 Né en 1939, Professeur de droit à l'université de Harvard, il est spécialiste de législation relative aux collectivités locales.

26 FRUG, Gerald, "The Ideology of Bureaucracy", in HUTCHINSON, A., *Critical Legal Studies*, *op.cit.*, 1989.

27 *Ibid.*, p. 185.

qualifie cette relation de « supplément dangereux »[28]. La relation entre le droit et la société dans la théorie libérale est, d'après Frug, un autre supplément dangereux. Les lois viennent suppléer à des manques dans l'organisation sociale, tout en mettant en place une nouvelle forme d'oppression, distincte de l'oppression proprement sociale, c'est en cela qu'elles sont un supplément dangereux :

> La loi semble avoir été ajoutée à la société ; l'on entend souvent parler d'une vie sociale avant un système juridique. L'ajout de la loi, loin d'être facultatif, paraît nécessaire pour soigner les défauts dans l'ordre social. [...] Cependant, la loi est aussi un supplément ; elle offre à certains individus – les législateurs – la capacité d'imposer à la société une nouvelle forme d'oppression. C'est alors un supplément dangereux.[29]

Penser la relation entre le droit et la société comme une relation de supplémentarité n'en revient pas à la penser comme le fait la théorie libérale. Cette relation de supplémentarité montre que ce n'est pas seulement la société qui a besoin des lois et du droit, les lois et le droit ont aussi besoin de la société : « La société est constituée, en partie, par la loi, et la loi est constituée, en partie, par la société. »[30] La notion de supplémentarité de Derrida fonctionne chez Frug pour lire la relation entre la loi et la société de façon inversée. Mentionnons cependant que, contrairement aux autres penseurs des CLS, Frug croit à la possibilité d'un système de règles. Il critique seulement la hiérarchie bureaucratique qui opprime l'individu.

3 – La critique du fonctionnalisme du réalisme juridique (Robert W. Gordon)

D'autres penseurs des CLS développent une critique de la relation entre la société et la loi. Ainsi, Robert W. Gordon[31] s'en prend à cette relation telle qu'elle se présente cette fois dans le réalisme juridique. Comme Gordon va se situer par rapport à ce courant, il convient d'en rappeler quelques aspects fondamentaux.

Le réalisme juridique critique l'universalisme juridique. Proche de la critique marxiste qui soutient que les droits n'ont de sens que dans tel ou tel contexte social et historique, il ne considère pas le droit du point de vue de ses règles abstraites, mais en rapport avec son rôle sociologique, pragmatique et fonctionnel. Ces aspects sont particulièrement développés par Karl Llewellyn, qui met en relation les forces économiques, les personnes juridiques et l'évolution du droit. À partir de là, les auteurs réalistes essaient de montrer les effets des éléments sociaux dans

28 *Ibid.*, p. 186.
29 FRUG, Gerald, *op.cit.*, p. 186.
30 *Ibid.*, p. 187.
31 Né en 1956, Professeur d'histoire du droit à l'École de droit de Stanford.

le moment-même des décisions juridiques, en ayant recours aux acquis des sciences sociales. Par exemple, dans ses études de l'histoire du droit, Llewellyn attache de l'importance à l'historiographie pour comprendre l'évolution du droit, en parallèle avec le développement des sociétés. Tant que la société évolue, les besoins évoluent et le droit doit être défini comme une réponse à ces besoins. Selon les réalistes, le droit a donc une fonction dans la société : la société a toujours besoin de lois, la loi est un auxiliaire de la société[32]. Cette idée de la fonctionnalité du système juridique naît avec Montesquieu et dure jusqu'au XXe siècle. Elle y est défendue par les principaux penseurs du réalisme juridique, en particulier par Wendell Holmes, Roscoe Pound, Karl Llewellyn et Franz Neumann.

Gordon montre que la méthode fonctionnaliste établit une typologie des étapes du développement social, et fait correspondre ces étapes aux formes juridiques dont la fonction est de répondre aux besoins de ce développement[33]. Par exemple, le principe de négligence apparaît dans le droit pour répondre aux besoins du développement industriel pré-moderne. À mesure que l'industrie se développe, les risques d'accidents augmentent aussi et ce principe remplace le principe de responsabilité qui exige des règles rigides. Dans ce cas, le droit s'adapte aux exigences sociales, économiques et politiques, ce qui en revient à lui conférer une objectivité et une universalité.

Gordon ne pense pas le droit comme un processus évolutif. Pour lui, il n'y a pas de réaction juridique universelle, des réponses juridiques différentes peuvent émerger dans des conditions sociales semblables. Ainsi au XIXe siècle le droit du contrat devient plus stable aux États-Unis alors que simultanément le système du droit déstabilise certains besoins. Par exemple, la force régulatrice de l'État et les impôts augmentent tandis que les droits de propriété pré-acquis disparaissent. Selon Gordon, l'utilisation des techniques des sciences sociales par le réalisme reconduit un universalisme dans la mesure où son fonctionnalisme suppose d'avoir préalablement défini des fonctions générales que l'on retrouverait dans toutes les sociétés. Par-là, il reste encore pris dans le système juridique classique.

Les penseurs des CLS rejettent aussi bien les idées évolutionnistes que fonctionnalistes dans le droit. Le droit n'est ni universel, ni objectif. Cependant, même si nous avons pu cerner une ou deux traces derridiennes dans leurs critiques, celles-ci n'ont pas spécialement besoin d'en passer par Derrida pour s'effectuer. C'est lorsqu'ils s'attaquent à la certitude du droit que les penseurs de la première

....

32 GORDON, Robert W., "Critical Legal Histories", in BOYLE, J., *Critical Legal Studies, op.cit.*, p. 96.

33 *Ibid.*, p. 63-64.

génération des CLS se rapprochent davantage de Derrida, comme nous allons le voir maintenant.

B – L'incertitude du droit : traces sensibles de Derrida à la première génération des CLS

Les réalistes juridiques s'étaient déjà souciés de critiquer la conception classique de la certitude juridique. Ils reconnaissaient le caractère incertain du droit lorsqu'ils mettaient en cause la neutralité du juge dans le processus de jugement. Mais demander, comme ils le faisaient, aux sciences sociales d'en rendre compte avait pour effet de réduire cette incertitude, de la combler, comme si l'on trouvait dans le social la vérité du juridique, lui faisant jouer en quelque sorte un rôle de fondement.

Cependant, qu'ils soient positivistes ou libéraux, les auteurs classiques reconnaissent eux aussi une dimension d'incertitude dans le droit, sauf que l'incertitude du droit ne pose pas vraiment problème. Pour Herbert Hart, par exemple, elle est « l'espace de pénombre » qui vient de l'incertitude de la langue à laquelle on ne peut pas échapper, de sorte qu'il arrive souvent qu'un cas ne trouve pas de lois correspondantes afin d'être traité. Dans cet espace de pénombre, au lieu de suivre la voie logique, comme la déduction des règles, il faut, selon Hart, que le juge prenne la responsabilité de réinventer la loi. Pour Hart, l'incertitude est une situation périphérique qui demeure en marge de la certitude du droit. De son côté, Ronald Dworkin, opposant notoire au formalisme du positivisme juridique, affronte lui aussi l'incertitude du droit. Quand les règles juridiques sont muettes, il propose d'avoir recours aux principes du droit, qu'il distingue des normes. Alors que la norme est posée, le principe est découvert par le juge. Ensuite, que l'on obéisse ou non à la norme en adoptant ou non la conduite prescrite, l'obéissance au principe est soumise à des degrés. En élaborant cette notion de principes du droit censés répondre aux cas d'incertitude des règles juridiques, Dworkin pense avoir construit la théorie du droit la plus solide (*the soundest theory of law*)[34].

En rejetant l'incertitude aux marges du droit, réalistes, positivistes et libéraux maintiennent que, dans l'ensemble, les règles juridiques parviennent à la limiter. Or, c'est cette idée précisément que les penseurs des « CLS » contestent. En règle générale, leurs critiques se focalisent sur la certitude du droit et font apparaître l'incertitude comme constitutive du raisonnement juridique, comme c'est le cas avec le « comment-je-veux-sortir » de Kennedy et le *patchwork* d'Unger.

34 DWORKIN, R., *Taking Right Seriously*, cité par AKTAŞ, *Les CLS*, *op.cit.*, p. 108.

1 – Le « comment-je-veux-sortir » de Duncan Kennedy et sa relation avec la première aporie de la justice, l'époché de la règle, chez Derrida

Prenons l'article de Kennedy, « Freedom and Constraint in Adjudication : A critical Phenomenology ». Il y est question d'un conflit entre « la loi » et un « comment-je-veux-sortir »[35]. Cette expression veut dire passer « au-delà de la loi » dans la loi. De même que la déconstruction de Derrida n'est ni une analyse, ni une critique, ni une méthode, le « comment-je-veux-sortir » n'est pas une méthode pour lire la loi, ni une critique ou une analyse de la loi. Kennedy propose de *défaire, décomposer, désédimenter* la structure de la loi. Lorsqu'il emploie le verbe « vouloir », il n'entend pas par là une préférence subjective, mais la nécessité d'une issue pour arriver à la justice. « Comment je-veux-sortir » indique la recherche d'une alternative pour parer aux vides des lois face aux situations exceptionnelles, c'est-à-dire face aux situations dans lesquelles la loi est muette. Ce sont ces situations qui confrontent le juriste à l'incertitude constitutive du droit.

Kennedy donne l'exemple de la grève du syndicat des chauffeurs de bus de Boston pour protester contre l'embauche de chauffeurs extérieurs au syndicat par la compagnie. Le premier jour de la grève, les adhérents s'allongent dans la rue à l'extérieur de la station de bus pour empêcher que les bus passent, sans troubler la circulation, sans violence. La police locale intervient immédiatement et les arrête au motif qu'ils troublent l'ordre public et ne respectent pas leur contrat de travail. Le jour d'après, les chauffeurs syndiqués agissent de la même manière et la police aussi, alors que ce sont des chauffeurs extérieurs qui font marcher les bus. La compagnie demande au tribunal d'interdire aux chauffeurs en grève de s'allonger dans la rue. Même s'il n'est pas spécialiste en droit du travail, Kennedy interprète cette situation comme une faiblesse de la règle de droit qui ne peut pas interdire à la compagnie de refaire marcher les bus avec des chauffeurs extérieurs. Il faut alors une règle exceptionnelle qui va gérer la situation jusqu'à la résolution du problème. Pour Kennedy, il faut vouloir sortir de la règle du droit qui régit le rapport entre les deux parties en conflit, pour gérer cette situation exceptionnelle.

Même si Kennedy lui-même ne le définit pas ainsi, il se rapproche du célèbre adage : « L'exception confirme la règle. » Selon Quiviger, cet adage signifie que l'exception « redécoupe » l'espace d'effectivité de la règle [36] et demande que l'on sorte de la loi. Mais pour sortir de la loi, il faut partir de cette loi, on reste donc

35 Il utilise en anglais: *how-I-want-to come out,* KENNEDY Duncan, "Freedom and Constraint in Adjudication: A critical Phenomenology", in Boyle, J., *Critical Legal Studies*, GB: Cambridge University Press, 1992, p. 46.

36 QUIVIGER, Pierre-Yves, « Derrida : de la philosophie au droit », *op.cit.,* p. 49.

dans l'espace du droit. La sortie va consister en un juger « cas par cas », en un « ne pas uniquement subir la règle générale ». Cela n'en revient pas à s'en remettre à l'arbitraire des juges. Nous pouvons bénéficier ici de l'explication de Quiviger (même s'il n'interprète pas ce texte de Kennedy, l'idée est similaire) :

> Ou, pour le dire autrement : il n'y a, asymptotiquement, que des exceptions, que des « cas », et la règle « générale » trouve sa signification « particulière » au fur et à mesure que la jurisprudence[37] se constitue, au « cas par cas » ; et sa signification « générale » ne vaut que pour les cas qui ne sont pas soumis à un examen jurisprudentiel, qui sont donc alors dans la *loi* (du législateur) mais hors du *droit* (du juge).[38]

Cette situation rappelle la première *aporie* de la justice, *l'épochè de la règle,* qui soulignait la responsabilité du juge[39]. Reprenant la notion de *fresh judgment* (jugement à nouveaux frais) de Stanley Fish, Derrida attirait notre attention sur la singularité de chaque décision, tout comme Kennedy propose de juger « cas par cas ». Tous les deux sont d'accord sur l'idée que « chaque cas est autre, chaque décision est différente et requiert une interprétation absolument unique, qu'aucune règle existante et codée ne peut ni ne doit absolument garantir »[40].

2 – Le texte juridique comme *patchwork* (Unger) et le jeu avec la règle (Kennedy)

Selon Unger, le texte juridique n'a pas la cohérence qu'on lui suppose, il présente toujours des incohérences. L'analogie qui lui convient n'est pas la mosaïque mais le « patchwork »[41], rempli qu'il est de principes contradictoires. Ces contradictions inévitables proviennent du fait que de nombreux groupes aux intérêts divers sont à la source de la confection des lois. La démarche des CLS ne consiste toutefois pas à identifier à chaque fois les groupes que représenterait dans l'espace du droit tel ou tel principe entrant en contradiction avec un autre. Pour comprendre comment cela est seulement possible, il faut se situer au plan de cet espace lui-même en tant qu'écriture, y faire jouer la déconstruction. Car, comme le dit Derrida, l'écriture cache elle-même toujours l'absence, excède toujours le logos, le sens et la présence. D'un auteur du courant des CLS de la première génération à l'autre, un certain

....

37 Le mot jurisprudence est pris en un autre sens que celui de science du droit que lui donne la théorie positiviste. Il s'entend ici comme l'ensemble des arrêts et des jugements qu'ont rendus les Cours et les Tribunaux pour la solution d'une situation juridique donnée

38 QUIVIGER, Pierre-Yves, « Derrida : De la philosophie au droit », *op.cit.,* p. 49.

39 Cf. la sous-partie « Première Aporie : l'épochè de la règle », p. 143.

40 DERRIDA, *Force de loi,* op.cit., p. 51

41 UNGER Roberto M., *Critical Legal Studies,* cité par AKTAŞ, S., *Les CLS, op.cit.,* p.163.

nombre de convergences apparaissent avec Derrida, une logique proche de celle qu'il met en œuvre lorsqu'il parle d'archi-écriture.

Ainsi Kennedy ne voit pas le raisonnement juridique comme déterminé par la raison, même s'il s'agit d'un « raisonnement ». Il le voit plutôt comme un « jeu » : « Le moment euphorique, pendant lequel je conçois le raisonnement juridique comme un jeu avec la règle. »[42] Un exemple donné par Olivier De Schutter l'illustre [43] :

> Dans un arrêt rendu le 23 avril 1986, la cour de Justice des Communautés européennes devait se prononcer sur un recours introduit par l'association à but non lucratif « Les Verts-Parti écologiste » contre une décision du bureau du Parlement européen qui, le 12 octobre 1982, tranchait quant à la répartition des crédits destinés au financement des campagnes électorales européennes. C'est-à-dire « pour le financement d'activités qui sont en rapport direct avec la préparation et l'exécution de la campagne d'information en vue des élections de 1984 ». (C.J.C.E Arret 294/83 duu 23 avril 1986, Rec, p.1360)

Dans cet arrêt, De Schutter s'intéresse à « la question de savoir si la Cour pouvait se déclarer compétente pour connaître d'un recours en annulation contre un acte du Parlement européen, alors que ce recours est fondé sur l'article 173 al.2 du Traité C.E.E qui, d'après le texte de cet article, n'est recevable que contre « les actes du Conseil et de la Commission, autres que les recommandations ou avis » [44]. En reconstituant les quatre étapes de la décision, De Schutter explique que la Cour, malgré la clarté apparente du texte, va estimer recevable le recours en annulation intenté contre la décision du Bureau du Parlement européen. Voici ces 4 étapes :

1. La communauté économique européenne est une communauté de droit en ce que ni ses États membres ni ses institutions n'échappent au contrôle de la conformité de leurs actes à la charte constitutionnelle de base qu'est le traité.
2. La Cour va procéder à une interprétation de type systématique, mais qui ne va pas faire droit au principe de l'effet utile[45] : si l'article 173 est bien

....

42 KENNEDY, Duncan, "Freedom and Constraint in Adjudication: A critical Phenomenology", *op.cit.*, p. 50.

43 SCHUTTER, Olivier D., *op.cit.*, p. 605.

44 *Ibidem.*

45 Le principe de l'effet utile est considéré comme le garant de l'intégrité de l'ordre juridique de l'Union Européenne. Il se projette dans les rapports avec les ordres juridiques nationaux au même titre que l'effet direct et la primauté et est indissociable du devoir de la coopération loyale qui s'impose aux États membres et à leurs autorités ainsi qu'aux institutions en vertu de l'article 4, paragraphe 3. (source : VILAÇA, José Luis de Cruz, « Le principe de

rédigé en des termes plus restrictifs que l'article 177, si le principe de l'effet utile impose donc de voir dans cette différence de rédaction la trace de la volonté de l'auteur de la norme d'instaurer deux régimes distinctes, renversant cette présomption, la Cour n'en affirme pas moins que « le système du Traité est toutefois d'ouvrir un recours direct contre toutes dispositions prises par les institutions et visant à produire un effet juridique. » (Cf. C.J.C.E, Commission c.conseil, 22/70, Rec, p.263)

3. La Cour va justifier son écart par rapport à une interprétation trop littérale de l'article 173 en s'appuyant sur un argument de type intentionnaliste, puisqu'il revient à présumer quelle était la pensée des rédacteurs du Traité.
4. L'interprétation systémique[46] renforce l'impression ainsi créée : « Une interprétation de l'article 173 du Traité qui exclurait les actes du Parlement européen de ceux qui peuvent être attaqués aboutirait à un résultat contraire tant à l'esprit du Traité qu'à son système. » Conclusion : « Il convient dès lors de considérer que le recours en annulation peut être dirigé contre les actes du Parlement européen destinés à produire des effets juridiques vis- à-vis des tiers. »[47]

Ces 4 étapes, selon De Schutter, sont un bon exemple pour montrer que le raisonnement juridique est un jeu et si possible un jeu textuel. À chaque étape des raisonnements que forment ses arrêts, le juge n'en décide pas moins de privilégier un pôle sur l'autre[48]. Le juge, en voyant les incertitudes des lois écrites, prend une responsabilité et interprète la loi en jouant avec les règles.

C'est à propos de l'application des règles que Kennedy se rapproche le plus de Derrida. L'application des règles est la conséquence de ce jeu qu'est le raisonnement juridique. « L'application de la règle est quelque chose qui arrive »[49], écrit Kennedy. Comme si, à l'instar du « ça se déconstruit » de Derrida, quelque chose se produisait sans intervention extérieure. Si Kennedy croyait que l'écriture juridique était sûre et certaine, il ne pourrait pas parler en ces termes de l'application de la règle. Toutes ces correspondances indiquent que la déconstruction inspire Kennedy, même s'il ne l'affirme dans aucun texte.

l'effet utile du droit de l'Union dans la jurisprudence de la Cour », http://link.springer.com/chapter/10.1007%2F978-90-6704-897-2_16#page-2 (réf du 25.11.2015).

46 C'est l'une des principes d'interprétation utilisée par la Cour de Justice des Communautés européennes dans son œuvre du Traité de Rome.

47 *Ibid.*, p. 606.

48 *Ibid.*, p. 605.

49 En anglais "Rule application is something that does happen ».

3 – *Gary Peller et Mark Kelman* : un clin d'œil à Derrida

Gary Peller [50], un des auteurs les plus radicaux des CLS, procède aussi à une critique de la certitude du droit en assumant pleinement le recours à la théorie linguistique et littéraire dont « les perspectives (...) peuvent s'appliquer à la pratique juridique en démontrant l'indétermination des textes de lois, le terme "textes" étant pris dans son sens commun »[51]. À la différence de Kennedy, Peller assume une référence directe à la critique de la métaphysique de l'essence par Derrida, qui suppose la possibilité d'un sens sûr et certain. Peller s'oppose à la démarche qui consiste à rechercher des essences dans un texte juridique : le sens d'un tel texte est toujours indéterminé, en d'autres termes, chercher un sens fondamental conduit à une régression infinie car le sens d'un mot renvoie toujours à un autre mot.

Prenons l'exemple des termes de « réfugié », « demandeur d'asile » et « immigré » dans le droit turc. Ces trois termes peuvent être utilisés pour les mêmes situations, par exemple pour les « réfugiés » syriens. Regardons d'abord leur définition dans le droit international :

Le réfugié est défini, selon l'article 1 de la Convention de Genève, « comme une personne qui se trouve hors du pays dont elle a la nationalité ou dans lequel elle a sa résidence habituelle, et qui du fait de sa race, de sa religion, de sa nationalité, de son appartenance à un groupe social déterminé ou de ses opinions politiques craint avec raison d'être persécutée et ne peut se réclamer de la protection de ce pays ou en raison de ladite crainte ne peut y retourner »[52].

Le demandeur d'asile est une personne qui n'a pas le statut officiel de réfugié, qui l'a demandé et qui attend de l'obtenir à l'agence de réfugiés des Nations Unies.

L'immigré, selon la définition des Nations unies, est une « personne née dans un autre pays que celui où elle réside. Elle peut avoir la nationalité de son pays de naissance ou avoir une autre nationalité, notamment celle du pays dans lequel elle réside. Dans le premier cas, elle est étrangère, et dans le dernier, elle ne l'est pas, ayant la nationalité du pays où elle habite »[53].

Dans le système juridique turc, ces termes sont confondus, même si la Turquie a signé la convention de Genève en 1961 et adopté dernièrement la loi de protection internationale des étrangers en 2014. Dans les journaux, on utilise parfois « les demandeurs d'asile syriens », parfois « les réfugiés syriens ». Or, dans le système

....

50 Né en 1955, professeur de droit à l'université de Georgetown, adhérent au mouvement des CLS et de la Critical Race Theory.

51 PELLER, Gary, "The Metaphysics of American Law", in BOYLE, J., *Critical Legal Studies*, GB: Cambridge University Press, 1992, p. 1181.

52 www.unhcr.ch, (réf du 08.09.2015).

53 https://fr.wikipedia.org/wiki/Inmigration, (réf du 08.09.2015).

juridique turc, le terme de demandeur d'asile n'existe pas et « réfugié » est utilisé seulement pour les gens qui viennent d'Europe. Par conséquent, les Syriens en Turquie ne sont ni des réfugiés, ni des demandeurs d'asiles, ni des immigrants.

Nous voyons donc que, même si les concepts juridiques sont définis dans le droit international, leur incertitude est manifeste dans le système juridique national. Nous ne voulons pas dire ici qu'il n'y a pas d'incertitude dans le droit international. Mais cette incertitude devient parfois plus visible dans les applications juridiques nationales, alors que les définitions sont plus claires dans le champ international. Une telle incertitude a de graves conséquences pour le peuple qui souffre déjà de l'exil. Ainsi, les Syriens n'ont aucun statut juridique en Turquie, ils n'ont donc aucun droit. Pour définir le réfugié, il faut définir le demandeur d'asile ainsi que l'immigré, cette chaîne peut continuer jusqu'à l'infini et leur souffrance continue également dans ce milieu d'incertitude juridique, dans les lacunes du droit[54].

La méthode du « trashing », que Mark Kelman qualifie de « destructive »[55], s'apparente peut-être le plus à la déconstruction derridienne :

> [...] une méthode que j'appelle « Trashing » : considérez très *sérieusement* des arguments précis en soi ; découvrez qu'ils sont en réalité *insensés* (tragi-comiques) ; puis cherchez un *ordre* (celui d'un observateur extérieur) (non le ferment de la vérité) dans le chaos incohérent et contradictoire que nous venons de révéler. [56]

Cette méthode s'oppose à la méthode constructive et concrète de la pensée juridique libérale. Même si Derrida ne parle jamais de la déconstruction comme d'une méthode, la déconstruction a incontestablement un sens destructif qui vient de Heidegger, même s'il ne signifie pas la même chose. Comme la *déconstruction,* le « trashing » est une stratégie antihiérarchique et anti-théorique, au sens où elle conduit à s'éloigner de la généralité et à procéder à des examens cas par cas. Marchant en suivant les traces derridiennes, cette méthode fait apparaître les incohérences et les contradictions du texte juridique.

Les penseurs des CLS sont accusés de ne s'en tenir qu'à de la critique. Kelman défend leur position et répond qu'en critiquant le discours juridique traditionnel, ils ne se sont pas couverts de boue comme les autres penseurs juridiques extérieurs

....

54 Cela rappelle les analyses de Hannah Arendt, dans *Les Origines du Totalitarisme,* qui annonce la priorité du politique par rapport au droit; comme le montre l'idée du « droit d'avoir des droits ». Car le droit d'avoir des droits dans la perspective arendtienne renvoie à la « praxis et à la « lexis », c'est-à-dire au droit d'agir et de parler. C'est seulement en tant que parlant et agissant qu'on a des droits. C'est le droit des acteurs politique.

55 KELMAN, Mark, "Trashing" in HUTCHINSON, *Critical Legal Studies*, E.U : Rowman&Littlefield Publishers, 1989, p. 209.

56 *Ibid.,* p. 210.

à ce mouvement. L'activité critique est plus précieuse que celle qui consiste à en rester à des généralités abstraites en proposant des solutions alternatives au système juridique.

Selon Peter Gabel, même si le mouvement des CLS s'intéresse principalement à la théorie en développant une critique de gauche du système juridique, elle se distingue des autres critiques car elle est « plus précise et plus exigeante que les approches habituelles, qu'elles s'inspirent de Marx ou se rattachent à la gauche libérale »[57]. De plus, ce mouvement n'en reste jamais à la théorie, il a toujours un lien avec la pratique juridique, il s'occupe toujours de problèmes réels. Selon ce co-fondateur du mouvement des CLS, il a pour but de changer le monde :

> Si notre ambition est de changer le monde plutôt que de simplement le comprendre, il est insensé que nous nous coupions de plusieurs milliers de praticiens engagés qui, [...], n'ont pas su grand-chose des CLS et ont été enclins à voir dans ce mouvement une école de pensée fantaisiste, hautement incompréhensible, sans rapport avec le vécu au quotidien de la défense de clients confrontés à des problèmes réels et à des représentants de l'État peu soucieux de transformation sociale.[58]

Pour étayer sa position, Gabel s'appuie sur les travaux de Karl Klare[59], qui met la démarche critique des auteurs des CLS en rapport avec la pratique juridique. Ils prêtent attention à la légitimation du système juridique par l'idéologie juridique qui empêche l'apparition d'alternatives juridiques. La littérature des CLS rend compte des valeurs et de la persistance concrètes de certaines idées dans les institutions juridiques d'une certaine société. Gabel évoque la façon dont Klare le montre à travers l'exemple du mouvement ouvrier aux États-Unis :

> Un excellent exemple de la perspective des CLS est fourni par les premiers travaux de Karl Klare qui a analysé la relation entre l'apparition du mouvement ouvrier aux États-Unis et l'idéologie du corpus de droit du travail auquel il a donné naissance.[60]

....

57 GABEL, Peter, « Les CLS et la pratique juridique : la conception de la culture juridique et de la pratique du droit comme interventions culturelles », in *Droit et Société*, n:36-37,1997., p.380. (téléchargé par le siteweb:http://www.persee.fr/web/revues/home/prescript/article/dreso076933621997num3611416, (réf du 12.09.2015).

58 *Ibidem*.

59 Professeur du droit du travail et de l'emploi et de théorie juridique à l'université de Northeasten à Boston, et coordinateur de l'International Network on Transformative Employment and Labor Law (INTELL)

60 GABEL, Peter, « CLS et la pratique juridique : la conception de la culture juridique et de la pratique du droit comme interventions culturelles », *op.cit.*, p. 381.

Même si le droit du travail donne de nombreux droits nouveaux aux travailleurs, comme le droit de former des syndicats et le droit à des négociations collective, l'étude par Klare des décisions de la Cour suprême américaine de 1930 à 1950 montre que leur idéologie légitime la structure hiérarchique du partenariat entre la direction et les ouvriers, et que son but n'est pas le profit des ouvriers mais la garantie de la paix dans l'industrie. Klare veut « montrer comment le droit du travail a servi à redéfinir la signification du mouvement ouvrier – pour lui-même et pour la société en général – et [...] de mettre en évidence comment la fonction du droit du travail dans son aspect conservateur a été précisément d'anéantir les aspirations des travailleurs à transformer la société »[61].

Ainsi, les travaux de Klare ne critiquent pas seulement l'idéologie juridique théoriquement. En choisissant une pratique juridique et examinant les décisions juridiques de la Cour suprême américains, ils pénètrent la vie réelle du droit. Son objectif est de changer réellement ce système juridique. Le cas de Klare nous conduit ainsi à la vision politique des auteurs des CLS, dont proviennent leurs propositions de transformation réelle.

C – La radicalité politique des penseurs de la première génération des CLS (Gary Peller, Duncan Kennedy, Roberto M. Unger)

La relation entre le droit et la politique est un sujet important pour les penseurs des CLS. Leur critique, comme nous l'avons vu, porte fondamentalement sur l'idée que le droit est neutre et pur. Dans le système juridique moderne, le raisonnement juridique est basé sur une logique formelle et mécanique. On y suppose que le juge n'est pas orienté par des préférences idéologiques, politiques ou morales. C'est le raisonnement juridique et pas les idées des juges qui est fondamental. Le droit et la politique sont indépendants l'un de l'autre.

Selon Gary Peller, la séparation du droit et de la politique dans la théorie juridique moderne-libérale vient de la séparation de la raison et de la volonté. Le droit est la conséquence de la raison alors que la politique relève de la volonté. Étant un milieu neutre et pur, le discours juridique ne refléterait que des événements juridiques. Or, d'après Peller – c'est une idée qu'il partage avec Unger – le discours juridique est toujours idéologique : dans le processus de confection de la loi, certaines valeurs sont préférées par rapport à d'autres. Dans les sociétés libérales modernes, par exemple, la liberté est toujours préférée à l'égalité, alors que l'égalité est préférée dans les sociétés que l'on peut qualifier sociales-démocrates.

....

61 *Ibidem.*

Le point commun des penseurs des CLS est de penser que le droit est toujours déterminé par des valeurs, qu'il n'en est jamais indépendant [62] et que l'interprétation juridique ne peut jamais être neutre et pure.

Duncan Kennedy avance sur ce point une nouvelle perspective. Il n'accepte pas l'alternative qui obligerait à choisir entre un juge qui s'en tient à un raisonnement juridique formel et un juge qui est orienté par des choix politiques. D'après lui, l'argumentation ou le raisonnement juridique fonctionnent, en tant que tels, avec de la politique. La politique fait partie du droit, et il faut identifier le lieu de la politique dans le droit.

En réalité, l'objectif de Kennedy est d'échapper à la centralisation, à la force des lois. D'après lui, les règles sont édictées par le pouvoir, qui pense toujours à son propre pouvoir. Il voudrait parvenir à une écriture juridique plus égalitaire, communautaire, décentralisée, qui irait dans une direction plus sociale-démocrate :

> Je considère l'ensemble des règles en vigueur comme choisies par ceux qui possédaient le pouvoir de faire les choix en conformité avec leurs opinions sur la moralité et la justice, et leur intérêt personnel. [...] Je me considère moi-même comme un noyau de force poli- tique pour opérer le changement dans une direction égalitaire, commu- nautaire, décentralisée et sociale-démocrate.[63]

Cela rejoint une remarque de John P. McCormick à propos des CLS, qui fait comprendre comment le geste des CLS reproduit un geste de type derridien et est solidaire d'un positionnement politique :

> Par une telle approche, les CLS, radicalement progressistes dans leur compréhension d'elles-mêmes, cherchent à « dévoiler » toute l'hypocrisie de l'autorité de la loi libérale, à « déconstruire » toutes ses structures hégémoniques, et parfois, à finalement la « rejeter », en bloc, au profit d'une approche de la loi plus « sincèrement » démocratique.[64]

À la place des structures hégémoniques, qui, comme l'a montré Derrida, opposent des termes dont l'un est toujours posé comme supérieur à l'autre, il faudrait imaginer des structures qui nient les structures, comme le propose Roberto M.Unger avec son idée de *superlibéralisme*[65]. Le « superlibéralisme » est

62 AKBAŞ, Kasım, *Hukukun Büyübozumu* (Démystification du droit), İstanbul : Legal Yayıncılık, 2006, p. 85.

63 KENNEDY, Duncan, "Freedom and Constraint in Adjudication: A critical Phenomenology", *op.cit.*, p. 48.

64 MCCORMICK, John P., Schmittian Positions On Law and Politics?: CLS and Derrida, réf du 28.02.2013, wwww.http://heinonline.org., p. 1694.

65 UNGER, Roberto M., Politics: A work in Constructive Social Theory, cité par AKTAŞ, CLS, *op.cit.*, p. 219.

une alternative tant au « laissez faire » du libéralisme qu'au socialisme bureaucratique. Dans ce projet, Unger propose une méthode analogique qui consiste en une ouverture des décisions juridiques au peuple. L'analyse juridique doit être une discussion entre les techniciens du droit et le peuple. Une telle proposition ne fait-elle cependant pas craindre une élitisation du droit ? Un groupe spécialisé familier du discours juridique ne risque-t-il pas de désorienter le peuple ordinaire, reconduisant ainsi la formation d'une élite ? Mais en ouvrant les décisions juridiques aux discussions, la proposition de Unger n'est pas de continuer à appliquer des règles déterminées, mais de rendre au contraire le problème juridique plus indéterminé.

La deuxième génération des CLS exprimera des divergences avec le type de politisation du droit caractéristique de la première génération. Si l'on peut, par ailleurs, parler d'une inspiration derridienne chez ses auteurs, elle porte plutôt sur la déconstruction de la structure du droit que sur la question de la justice au-delà du droit, fil conducteur de notre travail. En revanche, la deuxième génération des CLS s'inspire de façon beaucoup plus nette de l'idée de justice au-delà du droit de Derrida, c'est pourquoi nous allons l'élaborer dans la partie suivante.

II –

La deuxième génération des « CLS » : faire jouer l'idée derridienne de justice dans le droit

Jusqu'ici, nous avons tenté d'établir une relation entre les termes utilisés par Derrida à propos de la déconstruction en général et ceux de la première génération des « CLS », en montrant que, même si le « supplément » ou la « différance », etc. n'étaient pas directement employés dans leurs textes, leur logique y était malgré tout à l'œuvre.

Une relation explicite entre la pensée de Derrida et la deuxième génération des « CLS » émerge cette fois en Angleterre, surtout avec Costas Douzinas et Peter Goodrich[1], et se prolonge aux États-unis avec Drucilla Cornell et Jack M.Balkin. Comme nous l'avons déjà noté, cette deuxième génération critique la première en raison du type de relation qu'elle entretient avec la politique. Ces auteurs considèrent que la première génération reste trop proche d'une sociologie d'inspiration marxiste pour qui « le droit est politique ». En se démarquant d'une telle approche, ils développent leurs idées juridiques à partir d'une lecture post-moderne. Élément remarquable : l'indécidable, l'Autre, la déconstruction, mais surtout la justice, tous ces concepts-non concepts de Derrida sont directement présents dans leurs écrits[2].

....

1 Né en 1941, professeur de droit et directeur du département de Droit et Sciences Humaines de l'Ecole de droit de Cardozo. Il est d'autre part l'éditeur de la Revue *Law and Littérature*.

2 Un indice : le nombre de citations de Derrida entre les années 1990 et 1994 est en forte augmentation in leurs textes. Cf. *Derrida and Legal Philosophy*, éd.par GOODRICH,

Comment qualifier cette relation explicite des théoriciens de la seconde génération à l'œuvre de Derrida, ou plutôt quelle qualification faut-il éviter ? Indiquons d'abord que, lorsqu'il est nommé explicitement, la fidélité à Derrida implique d'éviter de penser le rapport entre son œuvre et la pensée juridique en termes d'application, qui suppose un rapport d'extériorité entre un modèle tout constitué et une matière passive. Comme l'indique Pierre Schlag,

> Il ne peut pas être question d'« appliquer » la déconstruction derridienne au droit au sens où la pratique discursive du travail juridique comprendrait l'application d'une discipline étrangère au droit. En effet, dans ce sens naïf, la déconstruction derridienne ne serait concevable qu'une fois transformée en une théorie, une technique, une méthode ou un type d'interprétation.[3]

Dans la mesure où, selon Derrida, la déconstruction recherche ce qui est caché, les théoriciens des CLS, qu'ils appartiennent à la première ou à la seconde génération, essaient de faire apparaître les termes réprimés par le discours juridique dominant. C'est pourquoi, selon Schlag, elle est un exercice, une *praxis* – « la déconstruction était utilisée comme une sorte d'exercice de débroussaillement »[4] – qui en reste au niveau livresque : « La doctrine a été engagée à un niveau formaliste au sens où les penseurs des CLS ont déployé la déconstruction du droit dans les livres, et non sur le droit en action. »[5] Mais si la déconstruction est une *praxis*, elle ne peut être qu'une *praxis* de lecture[6] et non une pratique directement juridique. Cela vaut aussi pour la première génération des CLS : on peut en effet considérer ce qu'ils font comme des exercices de lecture déconstructrice des textes juridiques inspirés par Derrida, lui-même rarement nommé.

Lorsqu'à la deuxième génération la référence à Derrida est explicite, cela ne veut pas dire pour autant que son œuvre procure une méthode au droit :

> Dans le droit, traiter la déconstruction comme un outil la subordonnerait de fait à un projet normatif choisi par un sujet individuel autonome avec toutes ses présuppositions métaphysiques habituelles. Cela

HOFFMANN, ROSENFELD, VISSMAN, *op.cit.*, p. 6.

3 SCHLAG, Pierre, cité par ANDRONICO, Alberto *Daydreaming: Derrida's Contribution to the Theory of law*, in *Beyond Deconstruction,* éd.par MARTINENGO, Alberto, Berlin/ Boston: De Gruyter, 2012, p. 244.

4 SCHLAG, Pierre, *A Brief Survey of Deconstruction*, in Cardozo Law Rewiew, Vol.27: 2, p. 744.

5 *Ibidem.*

6 Cf. CRITCHLEY, Simon, « The Reader: Derrida Among the Philosophers », in *Derrida and Legal Philosophy, op.cit.*, p. 21.

reléguerait la déconstruction aux choix de ce sujet qui l'utiliserait à des fins normatives. Bien sûr, ce serait contraire au point de vue de Derrida.[7]

Jacques Deville confirme une telle mise en garde[8], mais il souligne un point important pour nous, à savoir que ces auteurs attachent une grande importance à la relation établie par Derrida entre la loi et la justice, à l'hétérogénéité sans opposition entre elles.

Nous avons organisé ce chapitre en trois parties. Dans la première, nous allons examiner la lecture postmoderne de Derrida par Peter Goodrich et Peter Singer, qui insistent sur l'idée que le droit est contingent, indéterministe et non neutre. Une telle insistance a souvent été interprétée comme un nihilisme. Ce qui va nous retenir chez eux dans leur rapport à Derrida est la relation entre la façon dont ils traitent l'*indécidable* dans le droit et la *dissémination*.[9] Dans la deuxième partie, nous allons voir que c'est surtout à partir de la lecture éthique de Derrida par Costas Douzinas et Drucilla Cornell que l'idée de l'Autre émerge dans le droit. Dans la troisième partie enfin, nous allons reprendre la question de la possibilité ou non de faire jouer l'idée derridienne de justice dans le droit, surtout à partir de la lecture « méthodique » de Derrida par Jack M. Balkin.

Cette organisation n'est pas chronologique. Ainsi, la réception explicite de Derrida à la seconde génération émerge d'abord dans la lecture méthodique qui fera l'objet de notre troisième partie, alors que l'insistance sur l'indécidable, qui est traitée dans la première partie, est un peu plus tardive. Rappelons que notre étude de la première génération était centrée sur la question de l'incertitude du droit. Nous avons vu qu'à partir des penseurs du réalisme juridique, la certitude du droit était dénoncée comme illusion. L'écriture juridique peut être déconstruite et le sens y est toujours indéterminé. À la première génération, l'idée d'incertitude ne conduit cependant pas à la question du nihilisme, qui sera surtout discutée par les penseurs de la deuxième génération des CLS. Aussi est-ce pour faire le lien entre les deux générations que nous avons choisi de commencer par la reprise de cette question à la deuxième génération, à partir, en particulier, des travaux de Peter Goodrich et Peter Singer.

....

7 SCHLAG, Pierre, *A Brief Survey of Deconstruction*, *op.cit.*, p. 747.

8 DE VILLE, J., *Jacques Derrida. Law as Absolute Hospitality*, GB: Routledge, 2011, p. 162.

9 L'idée d'indécidable vient battre en brèche le déterminisme mais elle fait aussi émerger chez certains une nette tendance au relativisme.

A – La question de l'incertitude du droit dans la lecture post-moderne de Derrida et la menace du nihilisme (Peter Goodrich)

Nous savons que, dans l'histoire de la pensée, le postmodernisme est devenu l'une des tendances les plus importantes de la seconde moitié du XXe siècle dans des domaines qui vont de l'art à la littérature, de la philosophie au droit. Sans entrer dans un développement détaillé sur le postmodernisme, contentons-nous de rappeler ici qu'il est caractérisé en général par le rejet du pouvoir de la raison neutre et objective propre à la modernité. Les concepts fondamentaux comme la Raison, la Vérité, le Moi, Dieu et le Sens ont commencé à changer, voire à être détruits par des penseurs comme Nietzsche, Foucault, Derrida et Lyotard. Dans *La Condition postmoderne,* ce dernier définit le « postmoderne » comme « l'incrédulité à l'égard des métarécits » de la modernité[10]. Par « méta-narrativité », il entend les grands récits qui légitiment le savoir, les grands systèmes qui organisent les concepts des penseurs modernes, comme le *Cogito* de Descartes, la possibilité de la Raison pure et universelle de Kant, la pensée de l'Esprit de Hegel et de la structure de Marx. Ces grands récits sont aussi présents dans la politique et le droit modernes et encadrent les concepts de Loi de nature de Hobbes, de Contrat social de Rousseau, ainsi que ceux des Droits de l'homme et de la démocratie des Lumières.

L'entrée du post-modernisme dans le droit avait déjà commencé à la première génération des CLS, dont la critique portait surtout sur le libéralisme et le positivisme juridiques, atteints l'un et l'autre par ce qu'Alan Hunt qualifie de « grande peur » pour le droit[11]. Que le droit soit pensé comme contingent, indéterminé et non neutre, et plus généralement la référence explicite à Derrida, est appréhendé comme une menace de nihilisme.

1 – La réception de Derrida aux États-Unis : grammatologie ou déconstruction ?

D'après Peter Goodrich, lui, la réception de Derrida aux États-Unis s'est faite sur la base d'une confusion entre la grammatologie et la déconstruction :

> Voici l'ironie : si on lit les commentaires et prête attention au tumulte sur le nihilisme ou l'irrationalisme de la pensée post-structuraliste, on

....

10 LYOTARD, J. F., *La Condition postmoderne,* Paris : Minuit, 1979, p. 7, cité par LITOWITZ, *Postmodern Philosophy and Law, op.cit.,* p. 9.

11 HUNT, Alan, « The Big Fear: Law Confronts Postmodernizm », Mcgill Law Journal, Volume 35, 1990, no: 3, p. 512.

> se rend compte que ce n'est pas la grammatologie mais la déconstruction qui est arrivée aux États-Unis en 1976.[12]

Pour Goodrich, la déconstruction n'est qu'un terme technique qui désigne la méthode constitutive de cette nouvelle science de l'écriture qu'est la grammatologie. Même s'il est difficile de partager cette interprétation de la séparation entre déconstruction et grammatologie, la déconstruction derridienne n'étant ni une méthode ni une technique d'analyse, cet avertissement donne une idée de l'ambiance dans laquelle s'est faite la réception de Derrida aux États-Unis : « La déconstruction, ce nom vaguement menaçant ou nécrophile sous lequel a circulé la grammatologie, a brièvement et scandaleusement flamboyé dans les départements de critique littéraire et d'études françaises. »[13] Ou encore : « La déconstruction a agi ici comme une étiquette plutôt que comme une position ; elle a représenté la menace nihiliste de l'indétermination, le danger de sens multiples et indécidables. »[14] Cependant, plutôt qu'un nihilisme uniquement destructeur, ce qui s'est en fait passé selon Peter Goodrich, est

> simplement une perte de confiance dans la communauté de la doctrine juridique et un refus de céder, de consentir, sinon de croire aux mythes fondateurs de la doctrine et de la régulation juridique[15].

La menace de nihilisme n'a cependant pas terrifié tous les juristes, pas plus qu'elle n'a empêché cette pensée radicale de se frayer un chemin vers le système juridique. Selon Goodrich, la déconstruction invite les avocats et les juges à réfléchir sur l'invisible, et la prise en compte de la grammatologie attire l'attention sur le fait que la législation et le droit ne consistent pas seulement en des mots, mais aussi en des signes, des images et des symboles[16]. Pour Goodrich, même si Derrida n'est pas juriste, il est comparable à un « *nomikos* » : « Quelqu'un qui n'est pas avocat mais qui conseille les avocats, et particulièrement les juges, sur la signification de la loi »[17].

En insistant ici sur la grammatologie, Goodrich ne cherche pas à la privilégier par rapport à la déconstruction, il veut juste les dissocier pour prendre lui-même

....

12 GOODRICH, Peter, « Europe in America: Grammatology, Legal Studies, and the Politics of Transmission », Columbia, Law Review, Vol.101, No: 8, Dec, 2001, p. 2038.

13 *Ibid.*, p. 2039.

14 *Ibid.*, p. 2041.

15 GOODRICH, Peter, « Reading the Law: A critical Introduction to Legal Method and Technique », cité par HUNT, *op.cit.*, p. 524.

16 GOODRICH, Peter, « Europe in America: Grammatology, Legal Studies, and the Politics of Transmission », *op.cit.,* p. 2042.

17 GOODRICH, Peter, « A Dedication to Jacques Derrida-Memoirs », in German Law Journal, www.germanlawjournal, (réf du 23.11.2014), p. 23.

ses distances par rapport au monde juridique qui a tendance à considérer la déconstruction comme une méthode. La grammatologie, en revanche est une science nouvelle de l'écriture, et le monde juridique ne la prend pas en compte. Goodrich va chercher à fragiliser la certitude du droit en montrant que l'écriture juridique n'est pas si certaine ni si claire, que l'incertitude est logée au sein même de la texture écrite.

2 – L'écriture juridique en déconstruction

Remarquons d'abord que le droit est l'unité des lois et des règles écrites. Comme l'indique P.Y. Quiviger : « Il faut que la loi soit rédigée, votée, promulguée et prenne sa place dans l'ordre juridique pour être *du droit.* Et le sens de cette loi ne préexiste pas à sa rédaction. »[18] Dans la tradition juridique, il y a un axiome qui énonce : « Qui est écrite, qui est vraie. » La rationalité écrite (*ratio scripta)* et la loi écrite (*lex scripta*) vont ensemble. Mais comment comprendre cette écriture du droit ? Pour la pensée classique, l'écriture est considérée comme un objet physique, autrement dit concret, certain et déterminé. D'après le formalisme, le caractère fondamental du droit est sa certitude, il n'y a pas de vide dans le droit. De ce fait, l'écriture juridique doit être claire et précise. La loi est la loi comme elle est écrite. Il y a naturellement une place pour le raisonnement juridique, pour l'interprétation des lois, mais tous ces processus sont déterminés par la raison, c'est-à-dire en termes derridiens, par le *logos.*

Si, avec Derrida, on tient compte de l'écriture comme telle, qu'elle soit ou non juridique, on ne peut pas la considérer comme un travestissement de ou un supplément à la parole qui lui serait extérieur : l'écriture est à la fois extérieure et intérieure à la parole. Comme Pierre-Yves Quiviger le rappelle, l'écriture est présentée au Roi comme *pharmakon* dans le *Phédon* de Platon[19], mais Derrida montre que le *pharmakon* est à la fois remède et poison[20]. Dans l'écriture, il y a toujours de l'incertitude. Le droit étant chose écrite, c'est au sein même de sa texture qu'une incertitude irréductible s'y loge.

Directement inspiré par Derrida, Goodrich procède à une déconstruction du langage de la méthodologie dominante des autorités juridiques, conçu comme unifié et fermé sur lui-même. En prenant appui sur la *Grammatologie,* il fait remarquer deux choses importantes :

1. Les mots ne viennent jamais seuls ou libres du contexte de l'énonciation, c'est ce que Derrida appelle la dissémination. Plutôt que de s'intéresser à la

18 QUIVIGER, Pierre-Yves, « Derrida : De la philosophie au droit », *op.cit.,* p. 48.
19 Cf., la partie « La Déconstruction comme archi-écriture », p. 98.
20 QUIVIGER, Pierre-Yves, « Derrida : De la philosophie au droit », *op.cit.,* p. 48.

vérité des mots, les juristes doivent faire attention à l'*Autre*, à la non-vérité dans le texte juridique.

2. Derrida nous invite à déceler les hiérarchies qui structurent le texte juridique [21].

Selon Goodrich, la méthodologie juridique dominante ne voit pas la diversité des sens et des usages des mots dans le texte juridique. De son côté, Derrida parle de « jeu » à propos des mots. Un mot n'est jamais univoque, il y a une dissémination, une démultiplication du sens. Chaque signification renvoie toujours à une autre. Goodrich montre comment ce jeu est à l'œuvre dans le texte juridique, comment il y a un jeu des mots juridiques.

L'équivocité peut venir de l'imprécision des termes. Prenons, par exemple, la règle écrite sur la porte du Jardin du Luxembourg : « Véhicules interdits ». Que comprend-on par le mot véhicule ? Admettons que la voiture soit un véhicule. Mais le vélo est-il un véhicule ou pas ? Si quelqu'un entre avec son vélo, est-ce qu'il doit payer une amende ? L'imprécision peut aussi s'accompagner d'un jeu de dissémination du sens, comme dans l'exemple suivant. Il s'agit cette fois d'un dispositif juridique turc, le recours (Yargıtay 3. Hukuk Dairesi) qui permet à un plaignant, un homme, de demander la restitution des cadeaux offerts à sa fiancée lors des fiançailles si elles n'ont pas donné lieu à un mariage. Voici, à ce propos, un arrêt récent de la Cour de cassation d'Istanbul :

> Les fiançailles (de ce plaignant) ont eu lieu en juin 1977. À cette époque, l'homme (le fiancé) avait offert un certain nombre de cadeaux à sa fiancée, la location d'une maison meublée lui avait coûté 20 000 dollars et l'achat d'une voiture 5 000 dollars. Il demande maintenant leur restitution du fait que les fiançailles n'ont pas débouché sur un mariage. L'accusée, la femme, prétend, elle, qu'il n'y a pas eu de fiançailles entre eux, mais seulement une amitié amoureuse. À la fin de cette amitié, elle a restitué les cadeaux qui ne sont que des vêtements et des bijoux de faible valeur. Alors qu'elle demande le rejet du recours, la Cour l'accepte en raison de la situation de fiançailles qui a existé entre les deux partenaires.[22]

....

21 Nous aborderons plus loin cet aspect de la déconstruction à partir de la déconstruction de la hiérarchie de genre dans le texte juridique par Drucilla Cornell.

22 C'est l'arret rendu le 24.11.998 avec le numéro E.1998/10173 K.1998/12105 par la Cour de Cassation, cité par Ertuğrul UZUN, Hukuk Metodolojisi (La méthodologie du droit), Ankara: Adalet Akademisi Yayınları, 2014, p. 163.

Quand on examine la loi sur les fiançailles, le code civil turc les définit « comme une promesse de mariage »[23]. Or, les fiançailles ne sont pas un acte juridique, au sens où la promesse n'est pas enregistrée officiellement. Elles ne sont qu'un fait susceptible de produire des effets juridiques. Selon cette loi, si la promesse du mariage n'est pas certaine entre les fiancés, il faut faire appel à des témoignages. La même loi dispose que « toute donation faite en faveur du mariage sera caduque, si le mariage ne s'ensuit pas ».[24]

Quand la Cour prend sa décision, elle examine s'il y a une vraiment une situation de fiançailles entre les deux. Selon la loi, la Cour écoute les témoignages et demande aux témoins si les partenaires vivent comme mari et femme, c'est-à-dire s'ils ont une relation sexuelle. Si c'est le cas, il ne s'agit pas pour la Cour d'une situation de fiançailles, car selon la loi, les fiançailles sont une promesse de mariage et pas une vie conjugale. D'après les témoignages entendus dans cette affaire, les parties en présence ne vivent pas comme mari et femme. La femme (la fiancée) prétend en revanche qu'ils vivent ensemble dans la même maison, partent en vacances et prennent une seule chambre à l'hôtel. S'il est nécessaire, elle prétend qu'elle peut le démontrer. Malgré cela, la décision de la Cour a été d'accepter le recours et la restitution des cadeaux comme l'homme (le plaignant) le demandait. La femme a interjeté appel à la Cour Suprême.

Peu importe ici ce que la Cour suprême a décidé. Ce qui compte pour nous dans cet exemple est qu'il met en lumière les incertitudes tant de la loi que de la décision. La définition des fiançailles n'est nette ni dans la loi, ni dans la façon dont la Cour les entend. En suivant Goodrich, on peut dire que les fiançailles signifient plusieurs choses à la fois. Être fiancés, est-ce s'être promis le mariage ou est-ce ne pas vivre comme mari et femme ? Si les deux ont une relation sexuelle, cela signifie-t-il qu'ils ne sont pas fiancés ? Suffit-il de faire appel à des témoins pour déterminer la situation ? Les réponses restent ouvertes et incertaines, et ce cas illustre bien l'incertitude dans le droit, la diversité, la dissémination du sens dans le droit.

À l'instar des auteurs de la première génération, Goodrich cherche aussi l'absence dans la présence, en l'occurrence celle des différents contextes que sont les contextes sociaux et politiques à l'œuvre dans les textes juridiques. Il le fait cependant d'une manière plus directement derridienne :

....

23 L'article 118 de Code Civil Turc,:http://www.turkhukuksitesi.com/mevzuat.php?mid=1587, (réf du 15.09.2015).

24 L'article 122 du Code Civil Turc,:http://www.turkhukuksitesi.com/mevzuat.php?mid=1587, (réf du 15.09.2015).

> Pour cette raison précise, le texte juridique devrait être lu de façon linguistique dans les termes d'une théorie de la déconstruction, c'est-à-dire dans des termes correspondant à un ordre de discours ou de contexte social ou politique qu'il s'efforce systématiquement de nier ou d'obscurcir : une exégèse adéquate du texte juridique pourrait le lire de façon linguistique dans les termes d'un « hors-texte » qui est présent, même s'il est présenté par omission, en tant qu'absence.[25]

La déconstruction du texte juridique fait apparaître un renvoi constant à de l'invisible, comme si le corps du droit était doté d'une « fonction figurative » ou symbolique :

> Le texte juridique constitue une surface matérielle visible, un écran « terrien », un corps de lois dont la fonction figurative est de représenter un ordre invisible, une cohérence spirituelle, un dogme ou une unité qui à la fois identifiera et dirigera la pensée ou la vision du sujet de loi vers son image ou source mythique licite.[26]

Dans le texte juridique, il y a deux choses importantes : l'une est le matériel concret, la chose écrite, visible, qui fait office de figure et l'autre « ce à quoi renvoie la figure », qui n'est pas visible et est comme l'autre de ce matériel concret. C'est-à-dire qu'au-delà du sens immédiat des mots écrits, l'ensemble des lois forme comme un corps figurant un ordre stable invisible.

En se référant à *La Carte postale* de Derrida, Goodrich souligne aussi que, renvoyant toujours à une autre loi, à la non-présence, à l'autre, la loi porte toujours en elle-même des contextes infinis, elle est toujours quelque chose d'envoyé et à envoyer. En lisant ces phrases, c'est comme si nous lisions un texte de Derrida :

> Autrement dit, un mot, une loi ou une déclaration officielle doivent être construits à la fois par un auteur et un public. Dès que nous devenons pleinement conscients de ce processus ou de ce site structurel [...], nous pouvons nous tourner, non seule-ment vers la question simple et bête de l'intention, mais aussi vers celle de la signification [...] et transmission au sein [...] d'écriture. Cette question est directement celle de savoir qui envoie quoi, à qui et à quelle adresse.[27]

....

25 GOODRICH, Peter, *Legal Discours*, London: The Macmillan Press, 1990, p. 206.

26 GOODRICH, Peter, « Joni Anglorum, Signs, Symptomps, Slips and Interpretation in Law », in *Politics, Postmodernity and CLS*, éd. par DOUZINAS, C., GOODRICH, P. et HACHAMOVITCH, Y., London: Routledge, 1994., p. 135.

27 GOODRICH, Peter, "Europe in America: Grammatology, Legal Studies, and the Politics of Transmission", *op.cit.,* p. 2053.

Cette citation met l'accent sur le fait qu'une loi ne peut pas être comprise seulement comme la construction d'un législateur. Sa construction dépend aussi du contexte implicite auquel elle s'adresse, contexte qui n'est pas pris tant au sens des déterminants sociaux et politiques qu'à celui du milieu de réception des lois, caractérisé par des ramifications diverses et multiples. Quand on il lit une loi, il faut toujours lui poser les questions : « qui envoie quoi, à qui et à quelle adresse ».

La lecture déconstructive issue de Derrida que Goodrich met en œuvre dérange, défait d'une certaine manière la structure formaliste du droit, en nous invitant à penser l'autre, le non-conscient, le non-sens et la non-vérité dans le juridique. Ce faisant, et contrairement à la grande peur qui a saisi le monde du droit, Derrida n'introduit pas le nihilisme dans le système juridique post-moderne aux États-Unis. Il y a chez Derrida, d'après Goodrich, un « humanisme anti-humaniste » : « La grammatologie nie le sujet et particulièrement sa présence, avec tout ce qu'elle implique quant à l'intention et la loi ; mais c'est toujours un humanisme, une volonté d'érudition, un amour de l'histoire, des textes et des amis intellectuels »[28]. Dans ce nouvel humanisme, le droit devient le travail des mots, de l'interprétation : « La responsabilité de la théorie juridique réside dans la déconstruction et la reconstruction patiente et rigoureuse des mots ainsi que des chiffres, images et règles qu'ils représentent. »[29]

Goodrich insiste aussi sur le fait que ce nouveau discours juridique inspiré par Derrida invite à penser la justice comme au-delà de la loi[30]. Mais c'est chez Costas Douzinas et Drucilla Cornell qu'elle, et surtout l'idée de l'Autre, commenceront à être abordées, comme nous allons le voir maintenant.

B – L'Autre dans le droit : la lecture éthique de Derrida (Costas Douzinas, Drucilla Cornell)

Avant d'être une question juridique ou politique, la question de l'Autre est une question éthique. Sur ce point, comme nous l'avons vu, Derrida est

28 *Ibid.,* p. 2067.

29 *Ibid.,* p. 2068.

30 D'après Goodrich, l'autre apport important de Derrida est de montrer que le droit classique est basé sur la culture religieuse : « le droit commun (...) faisait partie d'une entité ecclésiastique, et c'est la théologie anglicane qui a défini ses concepts de vérité, de signe et de texte, et ainsi déterminé ce qui représentait la loi.» (*Ibid.,* p. 2055) En déconstruisant le texte classique du système juridique, Derrida déconstruit ainsi ses sources chrétiennes et, chose remarquable, il l'a fait en se fondant sur la conception talmudique du texte infini : Au niveau de la culture ou de la structure, Derrida avait pour projet d'introduire une conception talmudique du texte et de la méthode in le monde anglican de l'infaillibilité légale, *traditio,* ou de la vérité orale ésotérique » (*Ibid.,* p. 2056).

particulièrement sensible au défi que Levinas lance à la tradition éthique de la modernité fondée sur la souveraineté de la raison et du sujet telle qu'on la trouve chez Kant en particulier. Chez Levinas, l'éthique s'éveille à partir du visage d'autrui, la signification de l'autre est le visage. Le visage n'est pas compréhensible par moi, autrement dit il n'est pas réduit à moi. Il me rappelle toujours ma responsabilité envers l'autre, primordiale avant tous les contrats et les conventions. C'est la loi du Visage, non la loi universelle de la raison. La rencontre avec l'autre est cependant concrète, c'est une demande singulière de l'autre qui rend le sujet éthique. Dans cette rencontre il n'y a pas d'égalité entre le moi et l'autre. L'autre est toujours supérieur. C'est une relation asymétrique. Pour moi, l'autre n'est pas un sujet juridique. Il est l'autre dans sa chair et son sang, absolument étrange et étranger, étrangeté qui ne peut jamais être consommée par moi. L'expérience de l'autre est nécessaire pour rompre la totalité. L'autre est toujours infini, autrement dit la relation avec l'autre est relation avec une transcendance.

Le visage de l'autre passe aussi dans le droit, la loi et l'histoire, ce qui pose le problème de la justice qui est pourtant au-delà de la loi, au-delà du droit. Autrement dit, le site originaire de la justice en elle-même ne réside pas dans les lois positives, mais dans le visage de l'autre, qui nous rappelle notre responsabilité envers lui. Chez Derrida la justice, n'est que la responsabilité infinie.

La démarche de Douzinas et Cornell va d'abord consister à rendre juridique et politique l'idée de l'Autre de Derrida. Autrement dit, ils cherchent comment l'idée de l'Autre s'exemplarise dans le champ juridique. Derrida le fait déjà lui-même lorsqu'il affirme :

> Les exemples les plus proches de nous seraient à chercher du côté des lois sur l'enseignement et la pratique des langues, la légitimation des canons, l'utilisation militaire de la recherche scientifique, l'avortement, l'euthanasie, les problèmes de greffe d'organes, de naissance extra-utérine, la bio-ingénierie, l'expérimentation médicale, « le traitement social » du Sida, [...] » etc., sans oublier, bien entendu, le traitement de ce qu'on appelle la vie animale, l'énorme question dite de l'animalité.[31]

Toutes ces situations, qui appellent la mise en place de dispositifs juridiques, ont en commun de concerner l'autre du « blanc, (du) masculin, (du) sain, (du) chrétien, (du) carnivore, (de l') européen et (de) l'homme »[32]. Le réfugié chez Douzinas, et la femme chez Cornell, qui développe la « Feminist

....

31 DERRIDA, J. *Force de loi, op.cit.*, p.63.

32 SAĞLAM, Rabia, *Yapıbozumsal Adalet,* (La justice comme déconstruction), *op.cit.*, p. 181.

Jurisprudence »[33], peuvent être considérés comme des incarnations juridiques de l'Autre.

1 – L'invitation faite à Thémis d'ôter les œillères qui l'empêchent de voir l'Autre (Costas Douzinas)

En tant que juriste, Costas Douzinas pose les questions suivantes : l'idée de justice peut-elle concerner le droit ? Cette justice peut-elle être l'éthique de l'autre[34] ? La difficulté, selon Douzinas, c'est que le droit comme tel est un système de calcul. Il régule les demandes juridiques, les catégorise avec des règles, les compare. Il ne considère pas les personnes dans leur singularité, mais seulement des personnes juridiques, il travaille dans la généralité. Ce faisant – et c'est un argument que nous avons souvent rencontré –, le droit oublie l'autre, devient aveugle à sa différence[35]. Droit et éthique paraissent être des domaines étrangers l'un à l'autre. Alors que le droit est fondé sur l'idée de « Il faut le faire », « Il ne faut pas le faire », l'éthique est basée sur la responsabilité envers l'autre qui suppose une rencontre « face à face ». Or, au lieu de maintenir droit et éthique dans un rapport d'extériorité, Douzinas entreprend d'abord une critique du droit – des idées d'égalité et de liberté en particulier telles qu'elles se présentent dans le système classique libéral – d'un point de vue éthique. Comme on le sait, ce système considère toutes les personnes comme égales devant les lois et garantit leur liberté. Douzinas constate d'abord que cette égalité reste très formelle. Le droit

> ignore nécessairement l'histoire, le motif et le besoin spécifiques que le plaideur apporte à la loi afin d'administrer le calcul de la règle et l'application de la mesure.[36]

Quant à la liberté juridique, elle n'est qu'une acceptation des formes juridiques. Le respect de ces formes, mais aussi la bonne application des lois, ne garantissent que la juste fonctionnalité, et pas la justice.

Le droit a pour but de généraliser et d'abstraire, avec pour conséquence la création de sujets juridiques anonymes. Le sujet juridique n'est qu'une fiction, une abstraction.

> Ces règles et leur mentalité sont curieusement amorales en promettant de remplacer la responsabilité éthique par l'application mécanique de

33 BILLIER, Jean-Cassien, Maryioli Aglaé, *Histoire de la philosophie du droit*, Paris : Armand Colin, 2001, p. 312.
34 DOUZINAS, C., et WARRINGTON, R., "The Face of Justice: A Jurisprudence of Alterity", in *Social Legal Studies,* Vol: 3, 1994, p. 414.
35 *Ibidem.*
36 *Ibid.,* p. 416.

> règles prédéterminées et moralement neutres, et la justice par l'administration de la justice.[37]

Toutes ces caractéristiques propres au droit semblent l'éloigner de toute considération éthique qui, elle, nous invite à voir les personnes singulières et réelles, à ôter les œillères qui masquent les yeux du Dieu de la justice. Face à cette impasse, la démarche de Douzinas ne consiste pas à appliquer de l'extérieur des normes éthiques au droit, mais à partir à la recherche de traces éthiques au sein du formalisme juridique lui-même. On peut en évoquer deux ici : le principe de l'audition – *audi alteram partem* – et la centralité du tiers.

Le principe *audi alteram partem* – écoute l'*autre* partie – est au cœur du dispositif juridique. D'après ce principe, la personne juridique n'est pas une personne juridique formelle et catégorisée, mais une personne singulière :

> La règle *audi* montre que la loi s'occupe d'écouter la personne concrète qui vient devant elle, plutôt que de calculer et de juger les qualités générales et les caractéristiques de la personne légale abstraite.[38]

Ce principe de l'audition met en jeu la responsabilité éthique dont parlent Levinas et Derrida : « La règle laisse à l'obligation éthique la possibilité de traiter l'autre comme une personne entière et unique en tant que condition logique préalable à tout jugement. »[39] En insistant sur cet « entendre l'autre » consubstantiel à la justice comme institution, Douzinas dévoile ainsi la signification éthique du droit :

> Comme le soi apparaît en « prêtant une oreille » à l'autre, la loi, elle aussi, consiste depuis le début à écouter une narration. Elle est créée en raison de la moralité de l'homme, révélée dans sa tendance naturelle à écouter l'autre. [...] La loi vient toujours après et se construit sur l'éclaircie ouverte par l'éthique.[40]

Douzinas défend-il l'idée selon laquelle le droit est fondé sur l'éthique ? C'est une question qui remonte à l'Antiquité. En réalité, Douzinas n'entre pas dans cette ancienne et célèbre polémique. Il voudrait seulement chercher dans la pratique du droit lui-même des dispositifs dont le sens n'est compréhensible qu'en termes éthiques. Cette éthique de l'Autre rompt avec la souveraineté caractéristique du droit libéral, ainsi qu'avec la justice en tant que droit, et nous rapproche de la justice elle-même.

....

37 *Ibidem.*
38 *Ibid.*, p. 418.
39 *Ibidem.*
40 *Ibidem.*

Dans le même article, Douzinas retrouve aussi le concept de « tiers » tel que l'élabore Levinas et qui chez lui n'est autre que le juge :

> Quand quelqu'un vient ou est amené devant la loi, il est déjà impliqué dans une situation de désaccord ou de conflit avec au moins une autre personne ; le juge devra souvent équilibrer leurs demandes contradictoires.[41]

Il y a en effet chez Levinas, nous l'avons vu, une réflexion sur le tiers qui modère la responsabilité infinie envers l'Autre. Chez Douzinas, l'idée levinassienne se précise : « Du point de vue des plaideurs, le juge lui-même est une tierce personne, dont l'action soustrait la dispute au domaine de l'hostilité interpersonnelle pour la placer dans les limites de l'institution. »[42] Ainsi, la justice dans la terminologie de Levinas devient le droit dans la terminologie des juristes : « C'est la justice dans la terminologie de Levinas, ou la loi dans la nôtre, qui limite la responsabilité infinie pour l'autre et introduit la part de calcul, de représentation, de synchronisation et de thématisation dans le compte éthique asymétrique. »[43]

Mais il faut faire attention ici : le système actuel du droit ne fait évidemment jamais référence à cette responsabilité infinie. C'est Douzinas qui la met en lumière ; et il n'aurait pas pu le faire sans avoir pris en compte une réflexion éthique d'inspiration levinassienne. On pourrait dire aussi que selon Levinas, la responsabilité infinie est de toute façon pré-originaire, pré-conceptuelle, qu'elle ne se donne jamais directement. Douzinas tente de penser ensemble le sens général du droit – qui reste calcul et formalisme – et l'éthique de l'Autre, et cela ne peut être dit, en termes derridiens cette fois, que comme une aporie, *l'aporie de la justice :*

> Nous abordons ici un aspect contemporain clé de l'aporie de la justice : pour agir justement, on doit traiter l'autre en tant qu'égal, habilité au traitement symétrique des normes, une personne totalement unique qui contrôle la réaction de l'asymétrie éthique.[44]

En écho avec la première aporie de Derrida (celle de l'universalité de la règle et de la singularité de chaque cas), Douzinas évoque l'aporie qui se trouve entre l'égalité de chacun devant les lois et la singularité de chacun devant les lois. Pour la dépasser, il faut aller au-delà de la loi. De façon paradoxale, ce mouvement de passage au-delà est la seule façon de tenir compte de la spécificité présente des situations particulières qui échappent au droit de par sa nature même. Ainsi, la

....

41 *Ibidem.*
42 *Ibidem.*
43 *Ibidem.*
44 *Ibid.*, p. 419.

justice habite à la fois au seuil des règles du droit, valables pour tous, et au seuil de l'altérité de l'Autre, c'est-à-dire de l'unicité de chacun. On peut dire alors que la justice est la relation de *différance* entre le droit et l'éthique de l'Autre. D'accord en cela avec Derrida, Douzinas pense la justice comme indéterminable. Il n'y en a pas de définition par avance sur le mode du « X est Y ». Si tel était le cas, la justice serait une théorie abstraite. En tant qu'indéterminable et incalculable, la justice rapproche la calculabilité du droit et l'infinité de l'Autre :

> Si la loi calcule, si elle thématise les gens en les transformant en différents types de sujets légaux dotés de droits, l'éthique est une question de jugement indéterminé, sans critères, et la justice la réunion de la calculabilité et de la détermination limitées de la loi avec l'ouverture infinie de l'altérité.[45]

Selon Douzinas, l'idée de la justice comme incalculable et indéterminée, la justice au-delà du droit en termes derridiens, change la vision du droit envers l'Autre. L'Autre devient donc pensable dans le droit. En prenant l'exemple du cas des réfugiés qui ont fui du Sri Lanka en Grande-Bretagne en 1987 à la suite des luttes entre le gouvernement cingalais et les guérillas tamouls, Douzinas dénonce l'injustice envers l'autre et élabore la possibilité de l'éthique de l'Autre dans le droit.

En 1987, les autorités britanniques d'immigration avaient pris la décision de refuser les demandes d'asile en s'appuyant sur l'article 1 de la Convention relative au statut des réfugiés. Rappelons ici la définition juridique du réfugié : « Craignant avec raison d'être persécuté du fait de sa race, de sa religion, de sa nationalité, de son appartenance à un certain groupe social ou de ses opinions politiques, (il) se trouve hors du pays dont il a la nationalité et (il) ne peut ou, du fait de cette crainte, ne veut se réclamer de la protection de ce pays. »[46] Selon les autorités, les réfugiés sri lankais n'entraient pas dans cette catégorie car ils ne couraient pas de réel danger. Comment la cour est-elle parvenue à cette conclusion ? D'après elle, ils auraient du justifier leur situation en faisant état d'événements objectifs : « Pour être justifiées, ces craintes devraient être fondées sur des "faits objectifs", "vrais", qui pourraient être vérifiés par un observateur objectif comme le ministre de l'Intérieur ou les agents des services de l'immigration, et pas seulement "sur la base des faits connus du demandeur, ou qu'il croit vrais" »[47]. Le secrétariat a donc cherché ces conditions au Sri Lanka et a conclu qu'il n'y avait pas de vrai

45 *Ibid.*, pp. 419-420.
46 DOUZINAS, C., et WARRINGTON, R., "A well-founded fear of justice: Law and Ethics in Postmodernity", in *Law and Critique*, Vol. II, no: 2, 1991, p. 125.
47 *Ibid.*, p. 126.

risque pour eux. Leurs demandes n'ont donc pas été acceptées, et ces réfugiés ont été renvoyés au Sri Lanka.

Mais, demande Douzinas, ce jugement est-il juste ? Est-il possible de juger la justice ? « La justice exige que nous lisions attentivement et justement les jugements, que nous rendions justice à leur parole. »[48] L'interrogation de Douzinas ne se contente pas de convoquer les explications des juges, elle convoque aussi bien celles des réfugiés. On peut les citer directement :

> Un étranger se présente à la maison de la loi. Il dit : « J'ai peur ». Il demande l'asile. L'agent de l'immigration/juge exige : « Justifiez votre peur, donnez-en des raisons ». Il répond : « Mon père a été tué par la police de mon pays. Mes deux sœurs ont été harcelées. L'un de mes cousins a été arrêté, emmené dans une caserne où il est mort de ses blessures. Avant de mourir, il a donné des renseignements sur mes amis et mes parents, y compris moi. Depuis, mon autre cousin a été arrêté et tué ». « Ah, dit le juge, vous devez accepter le fait que la peur est valable quand elle est fondée sur les faits. Et les faits étant ce qu'ils sont, je peux les connaître aussi bien que vous. Même mieux. Je connais la vérité par mes journaux et les rapports de mes agents et informateurs sur "l'actuelle position politique, sociale et d'ordre public" dans votre pays. Regardons les faits. Des gens sont tués dans votre partie du monde, des Tamouls en particulier. Mais ils le sont toujours. Sur la base de la vérité telle que je la connais, je ne constate aucune persécution systématique des Tamouls ou d'aucun autre groupe. Votre peur n'a aucun fondement objectif car vous ne courez pas "un risque réel". Je ne peux pas vous admettre pour le moment. »[49]

Selon Douzinas, ce cas est un parfait exemple d'injustice. L'injustice commence avec le fait que les juges et les prévenus ne parlent pas la même langue. Et elle continue avec la réduction de l'Autre à tous :

En effet, toute interprétation juridique et tout jugement présupposent que l'Autre, la victime de l'injustice de la langue, sait parler en général, qu'il est un homme en tant qu'animal parlant, dans le sens où nous, les hommes, formons un langage.[50]

À partir de cette injustice de la langue, une séparation apparaît entre le « nous » qui dit la loi et le « vous » qui obéit à la loi, toujours externe dans la loi d'immigration. Il n'y a pas de dialogue entre le « nous » et le « vous » : « Le

48 *Ibid.*, p. 128.
49 *Ibid.*, p. 129.
50 *Ibid.*, p. 131.

"vous" ne peut jamais devenir un "nous" car il n'entre jamais dans un dialogue avec le "je". L'Autre sert à soutenir la supériorité de la loi (et) de l'appartenance. »[51] D'après Douzinas, cet exemple est un excellent exemple vivant de l'histoire de Kafka, « Devant la loi », à laquelle Derrida avait consacré un texte. Le réfugié est comparable à l'homme de la campagne parti pour se présenter devant la loi :

> Pour venir à la loi, le réfugié vient au port d'entrée, l'espace physique d'accès au pays mais aussi la porte métaphorique de la loi. Mais pour affronter la loi et défier la légalité du refus d'asile, le réfugié doit partir. Venir est un départ, la loi est présente et ne fait ressentir sa présence qu'aux absents.[52]

Douzinas interprète cette situation à travers l'éthique du visage de Levinas. Cet exemple montre que dans la loi d'immigration, il n'y a pas de rencontre avec le visage de l'Autre, seule condition pour arriver à la justice. La loi demande au réfugié de justifier sa peur par des raisons objectives. Mais, demande Douzinas, est-il vraiment possible d'expliquer la douleur, la peur, avec les critères objectifs des lois ? « Un visage dans la peur ou la douleur ne peut pas être expliqué par "la vérité", ni réduit à des "raisons objectives". Il ne peut pas être intégré à la généralité de la norme ni à l'uniformité de l'application qui demande aux immigrés de partir avant de pouvoir venir devant la loi. »[53]

Douzinas remarque que les normes objectives ne correspondent pas à chaque cas. La loi d'immigration considère le réfugié comme sans visage. Or, la justice attend devant son visage. Le réfugié est un exemple de sacrifié de la loi au nom de sa généralisation :

> Dans ce processus d'abstraction et de généralisation, l'individu est sacrifié au profit du concept, dans une démonstration d'un autre type commun de violence servi par la loi et les jugements. La loi concerne les règles et les universaux.[54]

En se référant aux apories de la justice chez Derrida, Douzinas nous explique que l'application des règles peut être juste, mais que ce juste n'est pas nécessairement la justice. Quand le réfugié attend devant la loi, la justice attend devant le réfugié, l'Autre : « La justice s'adresse à l'Autre en tant qu'unique irremplaçable, et juge le réfugié dans sa propre langue et son idiome. »[55]

51 *Ibid.*, p. 133.
52 *Ibid.*, p. 134.
53 *Ibid.*, p. 136.
54 *Ibidem.*
55 *Ibidem.*

Douzinas tente ainsi de faire jouer les idées de Levinas et de Derrida dans l'espace juridique. L'autre de Levinas devient le refugié, la loi critiquée par Derrida la loi d'immigration. Il conclut en partageant la même idée que Derrida :

> Nous pouvons conclure que la justice du jugement est inscrite et suspendue dans l'espace qu'il y a entre la déclaration de la loi (ce qui existe légalement) et l'évocation d'une situation idéale (ce qui devrait être selon certains principes ou une certaine conception de la moralité). C'est dans cet espace qu'on agit sur l'Autre qui est amené devant la loi ; c'est là qu'on inflige la violence ou qu'on rend la justice.[56]

2 – « La philosophie de la limite » et la réforme juridique féministe (Drucilla Cornell)

Tous les développements qui précèdent vont à l'encontre du positivisme juridique que Drucilla Cornell considère elle aussi comme une machine fonctionnant automatiquement pour le juste, mais pas pour la justice : « Le positivisme cherche à remplir l'univers juridique. Le sujet individuel absorbé dans le système n'a d'importance qu'en tant que rouage de la machine juridique. »[57] Comme les autres penseurs des CLS, Cornell commence sa critique par la critique de la tradition juridique qui se prétend universelle, neutre et déterminée. Pour elle, les règles sont *sans fondement*. « Il n'y a pas de "bonne" réponse universelle » dans le droit[58]. Au lieu de valoriser les schémas idéaux ou les catégorisations juridiques universelles, Cornell attache de l'importance à la « vie de chacun », ce qu'elle appelle le « contexte de chacun »[59]. En d'autres termes, elle invite les juges à écouter l'histoire des individus au lieu de ne les considérer qu'en tant que sujets juridiques abstraits et déterminés. Ces critiques ne diffèrent pas de celles des autres penseurs des CLS. L'intervention de Cornell consiste à doubler ces critiques par une critique qui vise autant la tradition juridique moderne-libérale que celle des CLS elle-même, aveugle à la hiérarchie de genre. La force sur laquelle ces traditions reposent n'est pas seulement celle du souverain, elle est aussi la force exercée par les hommes sur les femmes, et c'est elle qu'il faut absolument déconstruire afin de faire advenir ce qu'elle appelle une « *Feminist Jurisprudence* ».

....

56 *Ibid.*, p. 144.

57 CORNELL, cité par DOUZINAS, C., et WARRINGTON, R., "A well-founded fear of justice: Law and Ethics in Postmodernity", in *Law and Critique*, *op.cit.*, p.143.

58 CORNELL, cité par DOUZINAS, C. et GEAREY, A., *Critical Jurisprudence: The Political Philosophy of Justice*, *op.cit.*, p. 238.

59 *Ibidem. (*Elle écrit en anglais, c'est comme un slogan : One's life is always one's context.)

Cornell fait ainsi entrer la théorie féministe dans le droit. Nous savons qu'il n'y a pas qu'une seule théorie féministe et l'on pourrait se demander quelle théorie féministe elle adopte. En réalité, Cornell évite d'entrer dans une telle problématique. « Malgré leurs divergences, écrit-elle, les féministes continuent à se retrouver dans un appel uni pour une justice en faveur des femmes. »[60] Cornell ne fait pas entrer une théorie féministe dans le droit comme une théorie parmi les autres théories féministes, mais elle considère le féminisme dans son ensemble comme une lutte pour la justice envers les femmes.

> En s'inspirant de l'idée de la relation éthique de Derrida, [...], Cornell invite à penser la femme dans le droit comme Autre, comme différence et singularité non dominées par l'homme. [...]. Autrement dit, les droits ne peuvent pas être tout à fait les mêmes pour les hommes et les femmes, sans que cela remette en question l'égalité des droits : « Les droits doivent traiter de questions comme la virginité, la maternité, et des diverses structures qui empêchent la pénalisation du célibat. »[61]

Cornell essaie de lutter contre la hiérarchie de genre dans le droit à partir de la déconstruction, rebaptisée par elle « philosophie de la limite »[62]. Cette désignation lui parait préférable car plus précise quant à l'articulation entre la philosophie et le droit. Elle prévient aussi la compréhension négative de la déconstruction comme « non-reconstructible ». Le terme « limite » renvoie aussi à l'« au-delà » (*beyond*) de Derrida, un au-delà « impliqué par l'établissement même du système dans la mesure où il l'exclut »[63].

Selon Cornell, la déconstruction du privilège de la présence chez Derrida est d'une importance particulière pour l'interprétation juridique :

> L'unique contribution derridienne à l'interprétation juridique est de nous montrer pourquoi l'acte de mémoire dans le jugement implique apparemment une notion contradictoire selon laquelle le ou la juge, dans sa décision, se rappelle l'avenir ; c'est pourquoi la compréhension de la conception du temps traditionnel est pertinent pour la discussion de l'interprétation et de la responsabilité.[64]

....

60 CORNELL, D., « The Philosophy of the Limit: Systems Theory and Feminist Legal Reform », in CORNELL, D. ROSENFELD, M., CARLSON, D.G., *Deconstruction and The Possibility of Justice*, London: Routledge, 1992, p. 68.

61 CORNELL, cité par DOUZINAS, C. et GEAREY, A., *Critical Jurisprudence: The Political Philosophy of Justice, op.cit.*, p. 238.

62 CORNELL, D., "The Philosophy of the Limit: Systems Theory and Feminist Legal Reform », *op.cit.*, p. 83.

63 CORNELL, D., *The Philosophy of Limit*, London: Routledge, p. 1.

64 *Ibid.*, p. 120.

Par privilège de la présence dans le droit, Cornell entend l'application automatique des règles juridiques sans interprétation. Le système juridique est un système de présence qui calcule. Or, Derrida montre que le jugement commence où le calcul finit. L'Autre n'est pas un élément calculable, il est toujours à venir, porteur de justice. La responsabilité envers l'Autre demande un changement de la conception du temps.

Dans le droit, l'application automatique des règles reproduit la hiérarchie de genre et la déconstruction est un espoir pour échapper à cette hiérarchie :

> S'il est vrai que la théorie du système peut expliquer notre subordination, [...] de la déconstruction de la présence, on peut tirer l'espoir d'une transformation. En tant que femmes nous avons besoin de cet espoir afin de survivre au système.[65]

Elle prend un exemple pour montrer le rôle des juges dans la perturbation du présent, à travers les décisions de l'arrêt *Roe v. Wade*[66]. Dans ce cas, les juges ne se sont pas conformés à leurs rôles traditionnels ; autrement dit, ils n'ont pas simplement rappelé les décisions précédentes. Ils ont réinventé la loi en fonction du contexte, en fonction de la revendication des femmes concernant les droits reproductifs. Le juge, ou mieux la juge, est responsable de la mémoire et aussi bien du futur, « elle »[67] ne peut pas être réduite à un instrument du système qui rappelle simplement le précédent. Cornell détaille ainsi cette responsabilité :

> Dans Roe, la juge Blackmun [...] a mis en œuvre la première aporie de la Justice. [...]. Elle doit juger à nouveaux frais (fresh judgment) dans les conditions nouvelles créées par les revendications des femmes pour le droit à l'avortement. [...] Dans les termes de la deuxième aporie, elle a appelé à prendre une décision pour répondre à l'appel de la justice pour les femmes et elle l'a prise.[68]

....

65 *Ibid.*, p. 144.

66 Roe v. Wade, *410 U.S. 113* est un arrêt rendu par la Cour suprême des États-Unis en 1973 qui a reconnu l'avortement comme un droit constitutionnel, invalidant les lois qui le prohibent ou le restreignent. C'est l'un des arrêts les plus importants et controversés de la Cour suprême américaine. En effet, d'après cet arrêt, les lois contre l'avortement violent le droit au respect de la vie privée de chaque citoyenne américaine, garanti par la clause de sécurité juridique (Due Process Clause) du XIVe amendement de la Constitution des États-Unis d'Amérique, violation qui provoqua l'abrogation des lois interdisant ou restreignant l'avortement. source: https://fr.wikipedia.org/wiki/Roe_v._Wade, la date de source: 22.09.2015.

67 Cornell utilise "she" pour le juge. Par là, Cornell veut rompre l'hégémonie masculine sur les termes du droit. C'est pourquoi, nous allons utiliser aussi "elle" pour le juge même si en français on doit utiliser "il".

68 CORNELL D., *The Philosophy of the Limit*, *op.cit.*, p. 150.

Cornell adopte directement les termes derridiens dans son interprétation de cet arrêt. Elle y pense la femme comme l'Autre. La juge prend la responsabilité de l'Autre et déconstruit la conception traditionnelle du temps, de la présence. Voire, elle lie le slogan des années 1970 – « les femmes veulent l'avortement maintenant » (*women want abortion now*) – à la troisième aporie de la justice de Derrida : « l'urgence de la justice » :

> En premier lieu, il est évident que, tels que traditionnellement définis dans notre héritage, ces horizons ont projeté les personnes rationnelles comme étant interchangeables. [...] Ici, nous voyons un exemple spécifique dans lequel l'idéal projeté, [...], peut lui-même être contaminé par l'histoire, dans ce cas par l'ignorance patriarcale de la spécificité de la féminité. [...] Ainsi, avec cette revendication, nous revenons à la troisième aporie de la justice : la justice n'attend pas.[69]

Parmi les penseurs des CLS, Cornell est celle qui s'est inspirée le plus visiblement des idées de Derrida. Elle les a adaptées aux décisions juridiques concrètes de la Cour suprême des États-Unis. Pour elle, la déconstruction est une philosophie de la limite, et la justice est la limite du système juridique. Avec cette philosophie de la limite, elle essaie de répondre à l'appel de la justice de l'Autre qui, chez elle, est la femme. C'est la réforme juridique féministe.

C – Réception de Derrida, résistance à Derrida (Jack M. Balkin)

La réception de Derrida n'a cependant pas toujours été aussi forte et facile, même par les CLS. Jack M. Balkin mérite une mention particulière, d'abord parce qu'au prix d'un détournement des présupposés de Derrida, il propose malgré tout un mode de lecture des textes juridiques qui les met en pratique, ensuite parce qu'il aborde de front la question de la justice dans le droit, même si c'est pour résister à Derrida sur des points fondamentaux. Contrairement aux autres penseurs des CLS, Balkin appréhende Derrida du point de vue de certaines impossibilités pratiques liées à ses idées.

1 – La lecture méthodique et la « nested opposition » : issue de la différance de Derrida ?

Réfléchissant sur le rapport de l'œuvre de Derrida aux textes juridiques, P. Schlag avait rappelé que, pour Derrida, la déconstruction n'était ni une méthode

69 *Ibid.*, pp. 152-153.

ni une technique. Pourtant, Balkin remarque de son côté que les juristes l'ont néammoins introduite dans le monde du droit comme une méthode de critique idéologique : « L'usage le plus important de la déconstruction dans le savoir juridique a peut-être été en tant que méthode de critique idéologique. »[70]

Une telle critique n'a pas consisté à montrer que les textes juridiques n'ont pas de sens, mais plutôt qu'ils ont de nombreux sens différents. Dès lors, la tâche du « déconstructeur », c'est-à-dire du juriste, est de faire apparaître non seulement ces différents sens mais aussi les relations qu'ils sont susceptibles d'entretenir : « Le déconstructeur recherche une relation inattendue entre différentes parties d'un texte, qui paraissent à première vue secondaires mais finissent souvent par fragiliser ou compliquer l'argument. »[71] En décalage avec Derrida pour qui « ça se déconstruit », au sens où il n'y a pas vraiment de responsable de la déconstruction, Balkin pense de façon plus pratique : d'après lui un texte juridique ne se déconstruit pas, il faut que quelqu'un, « un déconstructeur », intervienne. Mais que fait ce déconstructeur ? Voici sa réponse : « Un déconstructeur peut examiner les sens multiples des mots-clés dans un texte, les relations étymologiques entre ces mots, et même les calembours pour montrer les différentes voix du texte. »[72]

Dans « Deconstructive Practice and Legal Theory », Balkin résume l'apport des techniques déconstructives en trois points[73] :

1. La déconstruction propose une méthode pour critiquer les doctrines juridiques, et surtout une lecture déconstructive qui permet de faire apparaître les « nested oppositions ».
2. Les techniques déconstructives peuvent montrer le fondement idéologique du droit.

Les techniques déconstructives proposent, d'une part, une nouvelle stratégie interprétative, et, d'autre part, une nouvelle critique de la façon dont les textes juridiques sont généralement interprétés.

Selon Balkin, la tâche de la déconstruction n'est pas de montrer que toutes les oppositions juridiques sont incohérentes, mais de déstabiliser la structuration certaine de la pensée qu'elles engendrent. Ainsi, toute opposition contient des termes qui entretiennent à la fois « une relation de dépendance ou de similarité conceptuelle ainsi qu'une différence ou distinction conceptuelle »[74]. Balkin

....

70 BALKIN, Jack M., « Déconstruction », www. Yale.edu/.../jBALKIN/.../deconessay. (réf du 19.01.2011), p. 2.

71 BALKIN, Jack M., « Déconstruction », *op.cit.,* p. 3.

72 *Ibid.,* p. 4.

73 BALKIN, Jack M., « Deconstructive Practice and Legal Theory », in The Yale Law Journal, Volume 96 :743,1987., p. 744.

74 *Ibid.,* p. 5.

qualifie ce type d'opposition de « nested opposition », opposition nichée. L'opposition entre le public et le privé en est un exemple : « Ils sont co-dépendants, l'un ne peut pas se débarrasser de l'autre sans le détruire. »[75] L'idée de la « nested opposition » est issue de l'idée d'*itérabilité* ou *différance* de Derrida. Dans chaque opposition, une notion est toujours privilégiée, valorisée. Dans l'opposition du blanc et du noir du langage courant par exemple, le blanc est toujours valorisé par rapport au noir. Et cette valorisation se retrouve dans la pensée juridique classique qui tient pour acquise la supériorité du blanc sur le noir. Balkin donne un autre exemple de déconstruction du droit en s'appuyant sur les critiques de la théorie du contrat par P. S. Atiyah, qui fonde l'obligation sur l'intention individuelle. Balkin pense cette critique à travers le terme de *différance* : « Le fait de privilégier une théorie du contrat volontaire aux dépens d'une théorie fondée sur l'effet implique une relation de « différance » – de différenciation et de dépendance mutuelles. »[76]

Une autre façon de déstabiliser la certitude des oppositions consiste à montrer que la relation entre des termes change selon les contextes de jugement : « Par exemple, un terme peut, dans certains contextes, être semblable à l'autre, un cas particulier peut dépendre logiquement ou pratiquement de l'autre, ou devenir une forme ou variante de l'autre au fur et à mesure de l'histoire. »[77] Plus généralement ce point renvoie à l'historicité du droit, à l'impossibilité de lui assurer un fondement, la nature humaine moins que tout autre, contrairement à la tradition du droit depuis Hobbes :

> Mais la critique déconstructrive nous rappelle que notre vision sociale et notre système de lois ne sont pas fondés sur la nature humaine telle qu'elle est réellement, mais plutôt sur une interprétation de cette nature humaine, une métaphore, un choix. Nous ne ressentons pas la « présence », mais différentes versions de la nature humaine, dans les histoires que nous racontons sur qui nous « sommes réellement ». Ces histoires sont incomplètes ; ce sont des métaphores qui peuvent être déconstruites.[78]

Ainsi les élaborations autour de la nature humaine ne sont rien d'autre que des fictions ou des récits, et la notion de nature humaine est elle-même métaphorique.

....

75 BALKIN, Deconstruction's Legal Career, http://www.yale.edu/lawweb/jBALKIN/articles/deconstructionslegalcareer1.pdf., (réf du 16.09.2015), p. 727.

76 *Ibid.*, p. 769.

77 BALKIN, Jack M., « Being Just with Deconstruction », in *Faculty Scholarship Series*. Paper 271.,1994, pp. 397-398.

78 BALKIN, Jack M., « Deconstructive Practice and Legal Theory », *op.cit.*, p. 762.

D'après Balkin, le droit raconte une histoire : « La loi raconte une histoire sur les gens, sur ce qu'ils sont et devraient être. »[79]

Si la loi écrite n'est pas fondée sur l'expérience de la présence de la nature humaine, mais sur des histoires à son propos, les concepts et les termes du droit ne se suffisent pas à eux-mêmes et doivent être interprétés en fonction de leur historicité. Pour Balkin, l'histoire du droit relève de *l'itération*, ses éléments sont toujours donnés au travers de leurs interprétations dans les différents contextes :

> L'histoire du droit est itération ; son développement est celui d'éléments juridiques qui font l'objet d'une nouvelle interprétation chaque fois que nous les relisons dans différents contextes factuels, historiques et politiques.[80]

C'est ainsi que Balkin déconstruit l'idée d'une règle juridique nantie des caractères de la généralité et de la formalité, qui ne changerait jamais selon les situations et les contextes. Or, « nous découvrons que la Règle de droit doit aussi dépendre du libre jeu des textes juridiques, une idée qui contient une relation de *différance* avec une simple théorie de l'interprétation »[81]. En fin de compte, Balkin ne cherche pas tant à montrer que la pensée juridique est incohérente ou irrationnelle, mais que sa forme reste prise dans la tradition logocentrique, supposément basée sur la présence de l'intention de l'auteur au moment de la création textuelle. En mettant en question le fondement supposé du texte, il ne s'agit pas de trouver un autre fondement ou d'accéder à sa véritable interprétation, mais de montrer qu'il existe de nombreuses interprétations, de nombreux sens et par là que la quête de fondement n'est qu'un leurre :

> La déconstruction n'a pas pour but de démontrer que toute interprétation d'un texte est acceptable, mais que le désir d'un sens original dans la simple théorie de l'interprétation est incomplet et ne peut pas servir de fondement à cette interprétation.[82]

2 – La justice comme valeur transcendante : premier écart avec Derrida

Si Balkin adhère à la déconstruction derridienne pour élaborer sa lecture méthodique du droit, s'il est d'accord avec Derrida pour dire que la loi ne peut

79 *Ibid.*, p. 761.
80 *Ibid.*, p. 775.
81 *Ibid.*, p. 782.
82 *Ibid.*, p. 784.

jamais être exactement juste, il ne partage pas avec lui l'idée que la déconstruction est la justice.

> Derrida a tort d'assimiler la Déconstruction à cette valeur impossible de justice. Certes, les êtres humains ne peuvent pas clairement exprimer l'inadéquation entre la loi et la justice dans leurs arguments déconstructifs, la pratique rhétorique de la déconstruction est donc nécessairement limitée ; elle ne peut pas être identique à la déconstruction en soi. Pourtant, cette dernière n'est pas impossible ; elle est le propre de la culture humaine.[83]

D'après lui, les techniques déconstructives utilisées par les juristes ne sont soutenues par aucune vision de la justice. La déconstruction n'est pas la justice, mais plutôt une pratique rhétorique pour révéler, certes, les injustices de la loi, mais non pour parvenir à la justice : « Par conséquent, l'argument déconstructif ne sert pas nécessairement les intérêts de la justice mais constitue plutôt une pratique rhétorique qui peut être utilisée pour le meilleur ou pour le pire. »[84] D'après Balkin, le but de la déconstruction dans le droit n'est pas de dire comment la loi devient plus juste, mais il est de montrer les tensions et les contradictions internes aux lois. Avec la déconstruction, les juristes critiquent les lois et tentent de penser à l'écart de la tradition : « Nous pourrions aussi déconstruire les textes juridiques afin de nous débarrasser (nous et les autres) de nos schémas de pensée. »[85]

Balkin propose de penser la relation entre la loi et la justice comme une « nested opposition », comme une relation de dépendance : l'une n'existe pas sans l'autre. C'est ce genre de relation que la déconstruction dans le droit nous invite à voir :

> Ainsi, notre déconstruction de la loi suppose une opposition conceptuelle entre la loi et la justice. Cependant, la déconstruction nous demande de reconceptualiser toute opposition conceptuelle comme une « nested opposition ». Dans le cas de la loi et de la justice, nous découvrons qu'il existe en réalité une relation complexe de co-dépendance et de différenciation entre les deux.[86]

Aidant les juristes à pointer l'injustice des lois, la déconstruction est une pratique répétable et altérable que l'on peut apprendre. Mais elle n'atteint pas la justice. Pour Balkin, la justice est une valeur transcendante, ce qui explique

83 *Ibidem.*
84 BALKIN, Jack M., « Being Just with Deconstruction », *op.cit.*, p. 393.
85 *Ibid.*, p. 394.
86 *Ibid.*, p. 401.

l'inadéquation constitutive entre la loi et la justice : « Du fait qu'elle est une valeur humaine transcendante, la justice ne peut jamais être pleinement accomplie dans la loi positive. Ce décalage entre la loi et la justice est un cas particulier de l'inadéquation fondamentale entre la valeur et la culture, un fossé ou gouffre que nous avons appelé Déconstruction. »[87]

Pour faire comprendre ce qu'il entend par « valeur transcendante », Balkin la distingue d'abord du transcendantalisme de Platon et de celui de Kant. Il ne s'agit ni d'une *Idée*, ni d'une norme : « La justice n'affirme pas l'existence d'Idées éternelles et immuables dans un paradis platonicien. Elle ne postule pas de standards normatifs au contenu déterminé. »[88] Comme l'admet Derrida lui-même, la justice ne demeure pas dans un monde idéal, elle a toujours une relation avec les lois positives.

Pour Balkin les valeurs sont indéterminées : « La justice s'intéresse plutôt à ces valeurs indéterminées ou pulsions situées dans l'âme humaine, exprimées par les êtres humains à travers une moralité positive et des conventions culturelles, et qui néanmoins échappent toujours à cette expression. »[89] Si la justice est pour lui une valeur « transcendante », c'est dans la mesure où elle se trouve dans le cœur de l'humain, et non dans les lois positives. Aussi le but de la déconstruction n'est pas de détruire les lois positives. C'est précisément la raison pour laquelle on parle de déconstruction et non de destruction. Selon Balkin, le but de la déconstruction est de rectifier, de reconstruire et de montrer l'articulation inadéquate de la justice et des lois : « Plutôt que d'effacer la distinction entre le juste et l'injuste, elle cherche à révéler l'identification erronée de la justice avec son expression inadéquate dans la culture et la loi humaines. »[90]

3 – Responsabilité sans condition/responsabilité limitée : second écart avec Derrida

Un autre point de désaccord avec Derrida concerne l'idée de responsabilité sans condition qui, d'après Balkin, ne garantit pas, au contraire, une augmentation de justice. Il le montre par un exemple :

> Supposons qu'un plaignant soit blessé dans un accident de la circulation. Il choisit un nom au hasard dans l'annuaire téléphonique et poursuit cette personne en justice en tant qu'accusée. Nous n'accroissons pas

....

87 *Ibid.*, p. 402.

88 BALKIN, Jack M., "Transcendental Deconstruction, Transcendent Justice", in 92 Mich.I.Rev.1131, 1994., p. 10.

89 *Ibidem.*

90 *Ibid.*, p.14.

> nécessairement la justice en tenant cette personne pour responsable de l'accident, mais au contraire en éliminant sa responsabilité.[91]

La responsabilité de chacun doit être suffisante et pas inconditionnelle : « L'exigence d'un accroissement de la justice n'est pas nécessairement l'exigence d'une responsabilité accrue, mais plutôt celle d'une répartition appropriée de cette responsabilité. C'est ce que signifie "juste" : ni trop ni trop peu, seulement la bonne part de responsabilité pour chacun. »[92] Balkin distingue deux sortes de responsabilités sans condition : la responsabilité infinie et la responsabilité indéfinie. Si les deux sont « sans limite », le sans limite n'est pas défini de la même manière dans chaque cas. Tout dépend du contexte : « L'infini ne peut pas être limité car il est infini. L'indéfini n'a pas de limites claires car son étendue dépend fortement du contexte, or tous les contextes futurs ne peuvent pas être prescrits à l'avance. »[93] D'après Balkin, la justice est concernée par la responsabilité indéfinie qui change selon le contexte et nous rapproche de la justice et non par la responsabilité sans condition, infinie et illimitée.

Nous savons que, selon Derrida, le sujet de la responsabilité infinie c'est l'autre. La responsabilité infinie est envers l'autre qui ne pense ni ne parle comme moi, l'autre dans sa singularité et son unicité :

> La justice, insiste Derrida, exige de s'adresser à l'Autre dans sa langue : elle exige que nous désavouions notre propre manière de penser, de parler et de regarder les choses afin de comprendre l'Autre dans toute sa singularité et son originalité.[94]

Se situant sur la même ligne que Balkin, Pierre Schlag fait valoir que cette idée de l'appel à l'autre dans la justice chez Derrida, cette relation à l'autre, ne convient pas à la loi positive. Car, tout d'abord, Derrida ne définit pas exactement ce qu'il entend par l'autre. Or dans le droit et les lois positives, l'autre désigne plutôt les identités sociales comme le noir, la femme, catégorisations que l'on ne trouve pas chez Derrida. Il y a vraiment une différence entre l'Autre de Derrida et l'Autre du droit. Mieux : d'après Schlag, un tel appel à l'Autre peut aller jusqu'à conduire à ne pas voir l'autre dans le droit :

> Dans le contexte de la loi, l'injonction d'être « ouvert à l'Autre » signifie donc quelque chose de tout à fait différent de ce que l'on pensait

91 *Ibid.*, p. 23.
92 *Ibid.*, p. 24.
93 *Ibid.*, p. 26.
94 *Ibid.*, p. 34.

> à l'origine. Il s'agit plutôt d'être ouvert à l'Autre tout en étant aussi fermé.[95]

« Ouvert à l'autre » n'a pas beaucoup de sens dans le droit et reste vide : être « ouvert à l'Autre » dans la loi ne signifie pas et ne peut pas signifier grand-chose. En tant que formule, la notion est quasiment vide. [96]

Balkin critique lui aussi cette idée de l'appel à l'Autre dans sa singularité et son unicité, chose impossible pour lui aussi dans le droit. En effet, si chaque cas doit être élaboré dans sa singularité, et qu'il est absolument différent comme le suggère Derrida, alors il est impossible de prendre une décision car la comparaison qui est obligatoire dans le droit devient impossible :

> Pourtant, si Derrida entend que la justice exige que nous affirmions la différence absolue de chaque situation, sa demande est incohérente. Toute décision sera impossible, car aucun cas n'est comparable à un Autre.[97]

Balkin transforme la différence absolue en différence relative, plus réaliste et convenant mieux à la pratique du droit. Selon cette différence relative, il faut penser les similarités entre l'Autre et le moi pour mieux le comprendre. Sinon, cette compréhension devient impossible : « Ainsi, la justice peut exiger que nous comprenions chaque situation dans son originalité, mais paradoxalement, ceci exige que nous la traitions en rapport avec les situations qui lui sont les plus semblables dans le contexte approprié du jugement. »[98]

Balkin considère, en fin de compte, que l'appel à l'Autre tel que le conçoit Derrida en revient à un nihilisme normatif :

> Lorsque nous comprenons que la déconstruction exige une obligation indéfinie, nous préservons le moi et saisissons l'exigence de justice ; mais quand nous comprenons que la déconstruction exige une demande infinie, cela doit conduire à l'effacement ou au nihilisme.[99]

À l'issue de ce passage par Balkin nous pouvons constater que, même si c'est plutôt la deuxième génération des CLS qui essaie d'adopter la démarche déconstructive dans sa pratique du droit, la relation entre la déconstruction de Derrida et le monde juridique américain reste problématique. Cette idée possède certes une grande valeur intellectuelle ; cependant, une pratique intégrale de la

....

95 SCHLAG, Pierre, « A brief Survey of Deconstruction », *op.cit.*, p. 750.
96 *Ibid.*, p. 751.
97 BALKIN, Jack M., "Transcendental Deconstruction, Transcendent Justice", *op.cit.*, p. 36.
98 *Ibid.*, p. 38.
99 *Ibid.*, p. 50.

déconstruction semble impossible dans le monde du droit. Derrida peut inspirer les penseurs juridiques des CLS mais ses idées ne peuvent pas transformer la *praxis ;* tout au plus peuvent-ils mettre en œuvre *une praxis de lecture* comme l'a déjà affirmé Schlag. La déconstruction dans le droit change le point de vue de l'idée de la lecture, c'est ce que suggère aussi De Schutter :

> La déconstruction entamée par les CLS conduit à interpréter toute lecture comme une mé-lecture, toute énonciation comme une contradiction, toute argumentation comme réversible.[100]

Nous pouvons conclure en disant qu'avec les CLS on a affaire à une déconstruction dans le droit, mais *une déconstruction sans Derrida*, selon les termes de Julie Saada. Il ne s'agit pas d'une relation mais d'une convergence.

> Il semble en réalité qu'entre la pensée derridienne et le courant des *CLS,* il y avait davantage convergence – des pratiques critiques et des thèmes – qu'influence. La pratique de la déconstruction serait ainsi le fil rouge qui parcourrait la philosophie de Derrida comme les CLS – mais dans ce dernier cas, une déconstruction sans Derrida.[101]

Une telle expression est particulièrement pertinente pour Balkin, qui reformule à sa manière non seulement la déconstruction, mais aussi l'idée de justice au-delà du droit, que Costas Douzinas et Drucilla reprennent au contraire à leur compte. Entre Balkin et ces derniers, il y a ainsi un débat essentiel pour notre travail. Prendre position dans ce débat sera l'enjeu de notre conclusion.

....

100 SCHUTTER, O. D., « Les Critical Studies au pays du droit international public », *op.cit.*, p. 608.

101 SAADA, J., "Théorie Critique et déconstruction. Derrida critique du droit", in *Le Souci de droit, où en est la théorie critique ?* Paris : Sens&Tonka, 2009, p. 120.

Conclusion

Qu'est-ce qui est vraiment juste ? La justice est-elle le fait, pour des magistrats ayant reçu une éducation en droit, d'appliquer les lois en comprenant les relations qu'elles ont entre elles ? Ou est-ce, pour eux, de prendre des décisions en utilisant leur pouvoir de le faire dans le sens de leurs propres idées politiques et morales ? Est-ce d'adhérer à l'idée d'une justice divine, ou encore est-ce d'attendre ? L'un des aspects essentiels de notre travail a été de poser la question de savoir si l'on pouvait penser, avec Derrida, une justice au-delà de la loi. Et même si nous n'avions pas l'intention de parvenir à une idée de justice divine, une justice que l'on attend toujours mais qui ne vient pas, cette justice n'indique-t-elle pas un au-delà de la loi d'où elle proviendrait et qui la fasse sentir ? Cet au-delà serait-il quelque part ?

En réalité, l'idée derridienne d'un au-delà de la loi n'indique aucun autre lieu que celui des lois lui-même, si tant est qu'il s'agisse d'un lieu. Ce que le philosophe explore, est une idée de la justice au-delà de la loi qui passe malgré tout par le droit, par les lois. Derrida ne prône pas l'abolition ou la négation des lois. Il n'a pas promis un endroit ou une chose qui serait au-delà de la loi. Que Derrida pense cette idée de justice au-delà de la loi en s'appuyant justement sur les lois pousse, d'une part, à atténuer la radicalité de sa pensée, mais c'est aussi le signe, d'autre part, que cette idée n'est pas déconnectée de la réalité du droit, n'est pas au-dessus des nuages.

Cependant, après avoir examiné cette question à partir du mouvement des CLS, nous aurions tendance à conclure que les effets de la pensée de Derrida sur le plan juridique restent en-deçà de nos attentes. Cela est peut-être aussi en lien avec le fait qu'en philosophie, la relation entre théorie et pratique est à chaque fois établie pour être à nouveau détruite. Faut-il laisser délibérément de côté la question de l'application de la théorie à la pratique ? Mais dans ce cas, la théorie ne reste-t-elle pas vide et la pratique aveugle pour reprendre la formulation de Kant à propos de la relation entre l'intuition et le concept dans *La Critique de la Raison pure* : « Des pensées sans contenu sont vides, des intuitions sans concepts, aveugles. »[1] ?

Venons-en à présent à nos conclusions générales.

Nous avons vu dans la première grande partie que la tradition contractualiste, qui consistait à penser ensemble la justice et les lois, était le legs de Hobbes à la pensée moderne en matière de politique, d'éthique et de droit. Il y avait pourtant chez lui une pensée de la justice comme « loi de nature ». Cette loi de nature n'était le produit ni de la nature, ni celui de Dieu, comme c'était le cas dans l'Antiquité ou au Moyen-Âge : chez Hobbes, la loi naturelle était le produit de la raison. D'où la question de savoir comment il concevait la raison. Si elle est une faculté que Dieu a donnée à l'être humain, et c'est le cas pour Hobbes, la loi naturelle ne se retrouve-t-elle pas en fin de compte à nouveau dépendante de Dieu ? Dans ce cas, quelle différence y a-t-il entre Hobbes et la pensée du Moyen-Âge ? En réalité, le fait est que tout au long de l'histoire de la philosophie, les ruptures et les transitions entre les époques et les philosophies ne se font pas tout d'un coup. C'est le cas pour Hobbes, qui n'a pas purement et simplement coupé sa relation avec Dieu. Pourtant – et c'est ainsi que nous avons répondu à cette question – la source de la loi de nature a beau être Dieu, ce qui permet de découvrir cette loi, la raison, est propre à l'être humain. En d'autres termes, la loi de nature n'est pas directement prescrite par Dieu, mais elle est le résultat de sa découverte par la raison qu'il a lui-même donnée en propre aux humains. En ce sens, la loi de nature de Hobbes est un produit de la pensée moderne. On ne doit cependant pas oublier que la pensée moderne, finalement, est elle aussi sortie du ventre des pensées antique et médiévale ; de même qu'un bébé ressemble à sa mère et à son père, elle est à la fois proche et indépendante de ces pensées antérieures, comme un individu émancipé de ses géniteurs.

Dans son *Léviathan*, Hobbes parle de dix-neuf lois de nature qui constituent les fondements à la fois de sa pensée politique et de sa pensée morale. S'il fallait toutes les résumer d'une phrase, cela donnerait le principe suivant : « Ne fais pas à autrui ce que tu ne voudrais pas que l'on te fasse ». Les lois de nature abordées dans ce travail sont les trois premières.

La première est la loi qui comprend le droit naturel, l'un des concepts les plus importants de Hobbes. Il s'agit du droit de se protéger et de défendre sa vie. Une distinction essentielle apparaît ici entre *droit* et *loi*. Ayant assimilé le droit à la

1 KANT, E., *Critique de la raison pure*, traduit par TREMESAYGUES, A., PACAUD, B., Paris : PUF, 1990, p. 77. (Dans le livre original en allemand, il passe dans les paragraphes A51B75).

liberté et la loi à l'obligation, une contradiction nous est apparue. La loi naturelle forçait, d'un côté, l'individu à poursuivre la paix, et, de l'autre, lui donnait le droit illimité de se protéger. Si une personne avait le droit de tout faire pour se protéger, comment une paix quelconque pouvait-elle en résulter ? Et pour quelle raison doit-on forcément se protéger ? Il nous a semblé que Hobbes avait inventé le concept d'état de nature afin de répondre à ces questions et d'en faire le fondement spécifique de sa pensée. L'état de nature est un état de guerre de tous contre tous, où l'homme est un loup pour l'homme. Selon Simone Goyard-Fabre, commentatrice importante de Hobbes, aux réflexions de laquelle nous avons donné une grande place tout au long de ce travail, cet état est pour Hobbes une situation inventée pour démontrer le caractère obligatoire de l'état civil. Il n'existe en réalité rien de tel que l'état de nature. Hobbes décrit en fait ce qui pourrait arriver s'il n'y avait ni état civil, ni souverain. L'état de nature n'est donc pas un début chronologique, ni une étape qui a été dépassée ; c'est l'état dans lequel on retomberait en l'absence de souverain et de force politique. C'est aussi pour Hobbes un état de peur, dont on ne peut sortir que grâce à une force souveraine. La force que chacun utilise pour se protéger ne suffit pas. Chacun possède en effet le droit naturel de se protéger et l'état de nature est une situation chaotique de guerre des forces, où le fort écrase le faible. En réalité, ce droit naturel ne nous donne pas, selon Hobbes, une force illimitée : puisque la loi naturelle nous prescrit de vivre en paix, alors nous devons utiliser raisonnablement cette force. Le philosophe ne tombe-t-il pas ici dans une contradiction au sein de sa propre pensée ? Puisque l'être humain est doué de raison, il devrait aussi savoir jusqu'où il peut utiliser sa force. Hobbes, cependant, estime que la nature humaine est mauvaise : s'il n'y a pas un souverain à leur tête, les humains peuvent se transformer en loups ; c'est pour cela que la loi naturelle rend le contrat obligatoire, et c'est ainsi qu'apparaît la deuxième loi naturelle.

Nous nous sommes attardée un moment sur la nature de ce contrat, sur ce qu'il est, sur ce qu'il n'est pas, et entre quelles parties il a été conclu. Le contrat dont parle Hobbes est passé entre les individus et le souverain. Cependant, il a beau être signé en apparence par deux parties, il est en réalité unilatéral ou, plus précisément, la partie qui a l'avantage est le souverain. Ayant en effet remis leur droit de défense et leur force entre les mains du souverain, les individus attendent désormais de ce dernier qu'il se charge de la tâche de les défendre ; c'est à cette condition qu'ils ont accepté de se soumettre à lui et aux lois qu'il promulgue. C'est ici que la justice apparaît comme la troisième loi naturelle, qui est d'appliquer lesdites lois et de s'y conformer.

Nous avons reconstitué ici un important débat à propos de la présence de la justice dans la série des lois de nature. Le fait que Hobbes conçoive la justice comme une loi de nature serait-il annonciateur de l'idée de justice au-delà de la loi, objet principal de notre réflexion ? Nous avons vu, en effet, que la loi de nature n'était pas une loi écrite. En ce sens, chez Hobbes, la justice, en tant que loi de nature, est bien pensée indépendamment de la loi positive. Cependant la notion même de loi de nature va se trouver comme recyclée avec le deuxième legs de Hobbes à la pensée moderne : la conception de la « souveraineté », qui, pour la première fois depuis Bodin, est pensée de manière systématique. L'être humain, qui possède une liberté sans limites dans l'état de nature mais est sans cesse dans la peur de mourir, conclut un contrat en renonçant à ses droits, abandonne ceux-ci au « souverain » et passe à l'état civil. Dans cet état où les lois civiles sont déterminées par le souverain, où la justice est l'application des ces lois civiles, c'est le souverain qui est le garant de tout cela sans avoir lui-même à obéir à la loi civile. Il doit pourtant, selon Hobbes, obéir à la loi de nature mais elle reste *in foro interno,* pour lui comme pour tous, tel un principe fondamental mais abstrait. Le souverain a désormais le droit d'utiliser sans limites la force et la violence que les individus lui ont transférées pour les protéger. Telle a été la façon dont la justice, entrée dans le triangle loi-souverain-violence, s'est établie sur la base de la pensée politique et juridique moderne.

Pourquoi a-t-on immédiatement fait intervenir la violence à cet endroit ? Pourquoi le souverain a-t-il été pensé avec la violence ? La réponse à ces questions réside dans la figure mythologique du Léviathan avec laquelle Hobbes représente le souverain, c'est-à-dire l'État au sens moderne. Il s'agit du plus puissant des monstres marins évoqués dans l'Ancien Testament. Le souverain est pensé comme un monstre puissant et impitoyable, capable de tout. Par ailleurs, en plaçant une épée dans une des mains du souverain et un sceptre dans l'autre, Hobbes a aussi, dans une certaine mesure, lié cette force à Dieu, trace dans sa pensée de la pensée médiévale. Cela ne retire rien à ce qui est pour nous l'aspect le plus problématique de la justice pensée avec la loi : la loi est celle du souverain, qui est lui-même conçu comme un pouvoir détenant la force et le droit de recourir à la violence quand il le juge bon.

Comme nous l'avons déjà indiqué, Hobbes est le représentant de la conception moderne de l'État : son point de départ est l'idée de souveraineté apparue à la suite d'un contrat conclu par la volonté du peuple. Dans son système la souveraineté est le mieux incarnée par une monarchie où un seul fait les lois. Ce n'est plus le cas de nos jours dans un très grand nombre de pays où la séparation des pouvoirs – législatif, exécutif, judiciaire – est fondamentale. Il n'en reste pas moins qu'à partir du moment où la souveraineté veut dire l'État comme tel (qui peut être monarchie absolue ou parlementaire ou encore démocratie représentative), le droit en principe illimité au recours à la force et à la violence, que Hobbes reconnaît au souverain, n'a pas changé. En lui donnant la forme d'un monstre pensé comme au-dessus des lois, Hobbes lui a, d'un certain point de vue, donné un pouvoir quasi divin. Pour lui, le souverain est un dieu mortel ; même si, à la différence de Dieu, il est mortel, il est, comme Dieu, au-dessus des lois, c'est-à-dire que ces lois se révèlent structurantes mais que lui-même n'est pas responsable devant elles. Cela lui donne alors le droit d'utiliser la violence sans avoir à en répondre... Et comme le souverain met d'une façon ou d'une autre la main à l'élaboration des lois, la justice en reçoit aussi sa part de violence. Il est à propos ici de citer l'allusion de Derrida à Pascal : « La justice sans la force est impuissante ; la force sans la justice est tyrannique. »[2] Autrement dit, soit il n'y a pas de justice et l'on a affaire à une tyrannie en tant que force pure, soit il y a de la justice, mais il est impossible de la rendre si elle n'est pas adossée à de la force. On peut faire le constat que rendre la justice ou assurer la sécurité des personnes est toujours en même temps l'occasion, si ce n'est le prétexte, que l'État utilise pour se conserver et se légitimer lui-même. Là où la violence est reconnue comme légitime, le souverain se réfugie derrière l'affirmation selon laquelle c'est pour rendre la justice, pour assurer la sécurité, pour ramener la paix. Or, la justice n'est jamais née de la force et de la violence, et ne doit pas en naître.

On peut avoir l'impression que, dans ce travail, Hobbes a été choisi comme bouc émissaire. Mais en jetant les fondements de la pensée juridique et politique moderne avec la figure du *Léviathan* et en concevant la justice comme étant l'application des lois établies par le souverain, celui qui a malheureusement entraîné la justice sur une route dangereuse et secrètement destructrice, ce fut bien Hobbes. Lorsqu'on se penche sur l'histoire de la pensée et de la politique, on a affaire à une immense structure, bâtie sur ces bases, qui comprend la souveraineté, la violence, la justice et enfin le droit. C'est cette structure qui doit d'urgence être déconstruite. La pensée de Jacques Derrida nous a ainsi interpellée avec l'idée d'une justice qui n'incluait pas de violence, qui s'émancipait du joug du souverain, et elle nous a attirée en nous donnant l'espoir que cela pourrait servir dans la pratique du droit. Derrida fait cependant plus que penser une « justice en elle-même » ou une « justice au-delà de la loi » à l'écart de la conception moderne de la souveraineté : pour parvenir à l'entrevoir, c'est-à-dire pour extraire la justice du rapport dans lequel elle est prise et qui dépend de cette conception, c'est la souveraineté elle-même qu'il faut déconstruire.

....

2 PASCAL, *Les Pensées*, *op.cit.*, p. 165.

Comme nous l'avons vu, les derniers travaux effectués par Derrida avant sa mort concernaient la souveraineté et la déconstruction du pouvoir. Ses idées sur la justice et le droit, quant à elles, sont apparues avant, dans les années 1990. Pour être plus précise, les idées de Derrida sur le droit et la politique ne sont en fait pas très loin de sa critique générale de la métaphysique. Elles proviennent de ces concepts-non concepts que sont la *différance*, la *déconstruction* ou l'*itérabilité*. Voilà pourquoi nous avons divisé la deuxième partie, dont le but était de dégager la notion d'une justice au-delà de la loi et du droit, en trois sous-parties. Nous avons d'abord voulu comprendre l'idée centrale de « déconstruction », puis nous avons abordé la déconstruction de la souveraineté, dont Derrida s'est occupé dans la dernière période de sa vie, pour parvenir enfin à la notion d'une justice au-delà de la loi, au-delà du droit. La partie sur la déconstruction a eu la même importance dans ce travail sur Derrida que son idée de justice dans la mesure où elle a été fondamentale pour les CLS, surtout à la première génération, davantage influencée par la déconstruction que par l'idée de justice.

Toute étude de la déconstruction se heurte au fait que, délibérément, Derrida n'en donne pas de définition claire et nette. Plus précisément, la déconstruction ne peut correspondre entièrement à une telle ou telle définition. Lorsque nous consultons le dictionnaire, nous trouvons bien sûr certains mots entrant dans sa définition, tels que défaire, désédimenter. Mais aucune définition du dictionnaire ne nous apprend ce que Derrida a voulu dire par déconstruction. Plus encore, il renonce lui-même à la définir et ne l'aborde pas à partir de ce qu'elle est, mais à partir de ce qu'elle n'est pas. Cette démarche négative dit en réalité quelque chose sur la déconstruction elle-même. Le souci de donner des définitions et des significations univoques est central à la tradition du *logos*. Or, Derrida veut rompre avec cette tradition, ce qui le conduit à remettre en question un tel souci. Le nouveau point de vue qu'il apporterait à la philosophie serait caché dans le non-sens, dans le non raisonnable, dans la mise à jour de l'équivocité. Ici s'élèvent immédiatement des objections telles que : « Mais alors, Derrida nous plonge dans une philosophie absurde, qui ne veut rien dire, dont on ne comprend pas ce qu'elle raconte ». Les remarques de ce type ne sont pas complètement imméritées, car Derrida écrit d'une façon souvent obscure et difficile à comprendre. Il n'a cependant pas fait cela pour être un philosophe incompréhensible et mystérieux. Il a voulu donner lieu à un nouveau type de compréhension qui naîtrait de ce non-sens. Voilà pourquoi la déconstruction n'est pas une destruction. Elle détruit et ne laisse rien debout, disperse et arrache les morceaux, mais de ces mises en pièces s'élève un édifice sans structure. La déconstruction veut détruire les dualismes, les hiérarchies imposées par le *logos*. Ces hiérarchies ne sont rien d'autre que les distinctions apparaissant tout au long de l'histoire de la philosophie entre esprit et matière, humain et nature, humain et animal, homme et femme, blanc et noir, etc. Pour y parvenir, Derrida invente la différ*a*nce. Ce mot renferme en lui-même de manière silencieuse ce qui permet de le comprendre : le « *a* » écrit en italique qui ne se prononce pas mais n'apparaît que s'il est écrit. La différ*a*nce n'est pas une différence, car elle ne fait pas de distinction binaire, elle engage une logique de ni/ni, et de et/et : avec la différ*a*nce, Derrida s'oppose à la pensée selon laquelle on doit préférer, penser soit A soit B, ou selon laquelle on doit choisir A à la place de B.

Au fur et à mesure que l'on écrit soi-même sur la différ*a*nce, on hésite à en parler comme d'un concept. En effet, pour Derrida, différ*a*nce, déconstruction, trace, itération ne sont pas des concepts, car un concept reposerait encore sur le logos. D'un autre côté, cependant, de même que Deleuze et Guattari disaient que la philosophie consistait à créer des concepts, Derrida, bien qu'il n'utilise pas ce mot, crée d'une certaine façon des concepts et fait progresser ainsi sa pensée. Avec ces concepts ou ces non-concepts qu'il a inventés, il a voulu se révolter contre toute une tradition métaphysique. On peut débattre du degré auquel cette révolte a été couronnée de succès. Il est possible que, pour beaucoup de lecteurs, Derrida soit resté un philosophe qui crée de nouveaux mots mais ne parvient pas à leur donner un contenu, un philosophe qui, lorsqu'il est coincé, ne donne pas de définition et qui avance comme excuse qu'il faut en réalité penser une certaine absence de définition et de sens.

Tout au long de ce travail, Derrida ne nous a pas donné l'impression que cela l'aurait dérangé d'être évoqué comme un philosophe de ce type, une fois qu'il aurait tout déconstruit, qu'il aurait ébranlé le trône du logos, qu'il aurait démontré qu'on pouvait penser autrement. N'est-il pas celui qui a exprimé une pensée radicale et différente ? Alors, acceptons que sa pensée soit telle et qu'il soit un philosophe radical. Notons bien que dans le cadre de sa critique de la métaphysique, il est facile de le défendre contre ce genre de critiques, contre ceux qui l'accusent d'être un charlatan plus qu'un philosophe. Lorsqu'on en vient à débattre de ses idées sur le plan politique ou juridique, cependant, sa radicalité et le fait que sa pensée ne soit pas claire et compréhensible saute malheureusement davantage aux yeux.

Mais revenons à la déconstruction. Pour Derrida, elle n'est surtout pas une méthode, personne ne l'applique ou ni ne l'enseigne. Il la conçoit comme allant de pair avec l'écriture. Si l'on devait attribuer un lieu à la déconstruction, ce serait l'écriture. La déconstruction a beau ne pas être quelque chose qui s'applique, il peut bien n'y avoir personne qui la mette en pratique, il y a toujours un texte à déconstruire ou qui se déconstruit, ainsi qu'un auteur et un lecteur. L'auteur n'est pas le seul propriétaire du texte. Il ne peut pas formuler dans l'écriture tout ce qu'il veut exprimer, la personne qui lit le texte a aussi beaucoup de choses à lui apporter. N'est-ce pas là d'ailleurs la force de l'écriture ? Ce qui ressort du texte où chaque phrase porte les *traces* d'autres phrases, où le sens appelle d'autres sens voire des non-sens, c'est sans cesse l'idée de l'« autre ». Cela est particulièrement important pour nous dans la mesure où nous avons eu à nous demander si un texte de loi ou un arrêté pouvaient être perçus comme de l'écriture au sens derridien, et s'il incombait ou non au juriste de le déconstruire. Nous reprendrons un peu plus tard de ces questions : revenons pour le moment à la façon dont Derrida fait jouer ses concepts-non concepts dans son analyse de la souveraineté.

La déconstruction de la souveraineté par Derrida renverse Hobbes et la tradition qu'il a initiée en s'attaquant à figure-même du *Léviathan* qui revêt une apparence à la fois animale, humaine et divine. Le premier fondement que voulait déconstruire Derrida était cette analogie-là. Pourtant, quand on y pense, la diffé*ra*nce relève d'une logique de ni/ni et de et/et et si Hobbes a conçu le souverain sous la figure du Léviathan, à l'apparence à la fois animale et humaine, quel est le problème pour que Derrida critique cela ? Cette figure ne correspond-elle donc pas justement à sa propre idée de différ*a*nce ? La réponse à cette question est bien sûr positive : la logique à l'œuvre dans la figure du Léviathan n'est pas une logique de ou bien ou bien. Aussi le problème n'était pas de savoir si les concepts de Hobbes étaient conformes ou non à la pensée de Derrida, mais de relever les contradictions et paradoxes que Derrida repère aux fondements-mêmes de la souveraineté et de montrer comment ces fondements, en fait, s'autodétruisaient. Derrida a en particulier montré que la force et la violence du souverain étaient contenues dans ces analogies. Nous avions remarqué que l'dée du souverain chez Hobbes n'était en fait pas très éloignée de celle de Dieu, qu'il était dans une certaine mesure comme Dieu ou qu'il était un analogue de Dieu ; voilà que Derrida le prouve grâce au mouvement de la différ*a*nce caché dans l'analogie. Toute analogie contient un mouvement de différ*a*nce : la chose sera et ne sera pas, à la fois, ce à quoi on la compare. Par conséquent, qu›on le veuille ou non, le souverain aura une force venant de Dieu.

En renvoyant à Heidegger, Deleuze et Lacan, Derrida montre ensuite comment l'être humain, en tant que créature possédant le logos, principale caractéristique le distinguant de l'animal, était doté de force. Il fait ressortir la *phusis* contenue dans le « logos » et la *force* contenue dans la « phusis », ainsi que le fait que ces mots sont liés au souverain. Derrida peut sembler ici jouer sur les mots, ce n'est d'ailleurs pas une remarque totalement fausse. Déconstruire la souveraineté c'est tenter d'arracher et de défaire les liens entre les mots qui disent et affirment la souveraineté. Un tel jeu n'est cependant pas gratuit car il a comme but de montrer que, dès son concept, la souveraineté, centrale dans toute la pensée politique moderne, est indissociable d'une dimension de violence et de force. Dans cette direction, Derrida montre que la force du souverain est liée non à l'animalité, mais à la bestialité qui n'est ni animale, ni humaine ou les deux à la fois. Le mot « bestialité » est particulièrement efficace pour exprimer la violence et la cruauté de la force souveraine. La déconstruction montre le *carnophallogocentrisme,* c'est-à-dire les origines logocentristes, phallocentristes, carnivores de la souveraineté et de l'ordre juridique.

Derrida a voulu montrer que la pensée moderne était remplie de fantasmes. Ainsi pour Hobbes la notion de contrat était une étape nécessaire pour passer à l'état de paix afin que tout rentre dans le cadre des lois. Or, en faisant jouer un mouvement de différ*a*nce entre le souverain et la bête, Derrida révèle la façon dont ils se trouvent tous deux hors-la-loi et comment cela permet en principe au souverain d'utiliser la force de façon illimitée. Ainsi, grâce à l'art de la déconstruction, Derrida a confirmé de l'intérieur, depuis le sein de la structure de la souveraineté, les critiques que nous avons d'abord énoncées de l'extérieur. L'un des moments les plus importants sur ce point est la partie où nous avons discuté de la manière dont les caractères d'indivisibilité et d'absoluité de la souveraineté s'épuisaient eux-mêmes implicitement. Le concept traditionnel de souveraineté, qui la caractérise comme indivisible et absolue, tombe de lui-même en pièces. Du fait que la souveraineté est toujours exposée à un extérieur menaçant, elle ne peut être sans abriter, produire, voire secréter un certain nombre de forces auto-infectantes qui la déchirent de l'intérieur, sapent ses fondations et la conduisent à produire des dispositifs d'auto-immunité. Tout cela, selon Derrida, constitue la crise constitutive de la souveraineté. Tous les concepts de contrat, de souverain, d'état de nature, d'état de paix servent secrètement la crise, qui, de plus, est impossible à résoudre à l'aide de concepts tels que les droits de l'homme ou la démocratie, qui sont censés ne pas contenir d'éléments liés à la souveraineté. Or, selon Derrida, les droits de l'homme, en dépassant la souveraineté de l'État-nation, accèdent à une souveraineté qui leur est propre et se trouvent à nouveau pris dans ces fantasmes.

Derrida n'a pas cherché à produire une nouvelle critique de la souveraineté, après Carl Schmitt ou, dans un autre genre, après Hannah Arendt. Grâce à la déconstruction, il a plutôt voulu en faire apparaître les ambiguïtés de l'intérieur et mettre à jour la fragilité de sa structure et de ses fondements. Cela n'est vraiment pas chose facile et nous devons rendre justice sur ce point à Derrida.

Passons maintenant aux conclusions que nous ont inspirées son idée de la justice, qui est la plus cruciale pour nous. Derrida dit lui-même que même s'il n'a jamais explicitement défini la justice dans ses premiers travaux, elle n'en était pas pour autant absente, saluée qu'elle était de façon *oblique*. C'est dans *Force de Loi* (1994) que l'on trouve la formulation explicite : « La déconstruction est la justice », qu'il ne faudrait pourtant pas considérer comme une définition au sens traditionnel. *Force de Loi* a été un point de référence essentiel pour notre travail, dans la mesure où ce livre est issu d'une conférence de Derrida devant des juristes à la Cardozo Law School. Cette conférence a eu un retentissement très important pour les organisateurs et invités de la conférence, tant pour eux-mêmes que pour leurs écrits.

Concernant la justice, Derrida repart d'une très ancienne question posée il y a 2500 ans dans la célèbre tragédie de Sophocle, *Antigone,* celle de savoir si le droit et la justice sont une seule et même chose. Ce n'est pas le cas pour lui. Dans la tradition initiée par Hobbes, la justice ne consistait qu'en l'application des lois du droit. En reconstituant la critique de la souveraineté par Derrida, nous avons montré comment la justice identifiée au droit avait un lien intrinsèque avec la violence. Derrida révèle la violence inhérente au droit dans *Force de Loi,* en suivant de près le texte de Benjamin *Critique de la Violence*, même s'il finit par s'en éloigner. S'il reprend à son compte la distinction faite par Benjamin entre violence fondatrice et violence conservatrice, Derrida se dépêche d'y introduire une « contamination différantielle » mutuelle qui brouille cette distinction et il montre comment c'est justement dans cet état de contamination que le droit est apparu et qu'il perdure. En analysant avec Benjamin l'institution actuelle de la police, Derrida montre aussi que cette contamination y est présente sous la forme la plus hideuse et que la violence est inévitable dans le triangle autorité-droit-police.

Dans ces conditions, jamais le droit ne saurait être porteur d'une quelconque idée de justice. Benjamin ne renonce pas, bien au contraire, à cette idée et la relie à un troisième type de violence, la violence divine destructrice de droit et vectrice d'une justice elle-même divine. Si, d'après Derrida, Benjamin est bien sur la voie de penser une justice au-delà de la loi, c'est pourtant sur ce point qu'il se séparera de lui pour suivre la sienne propre résumée par la formule : « La déconstruction est la justice », qui indique d'emblée que la justice n'est pas l'objet de la déconstruction, mais que c'est elle qui déconstruit ou encore que déconstruire c'est mettre en œuvre la justice. Et si la justice déconstruit, ce qu'elle déconstruit c'est le droit lui-même ou la justice judiciaire dont Derrida décèle les apories – et donc la fragilité – constitutives.

On peut se demander si la façon dont Derrida recherche une justice au-delà de la loi n'est pas elle-même aporétique du fait des exigences apparemment contradictoires qu'il veut maintenir sans qu'elles s'annulent mutuellement. Derrida n'est pas satisfait de la justice promise par les lois seules et refuse de la réduire à n'en être que l'application. Et concevoir la justice seulement en relation avec les lois la relie à la souveraineté et contraint de la penser aussi avec la violence et la force. En même temps, Derrida met sans cesse l'accent sur la nécessité des lois et n'envisage pas une idée de justice qui nierait cette nécessité ou qui résiderait dans un espace autre que celui du droit, alors même qu'elle est autre que lui. Il faut donc maintenir à la fois la différence et la relation entre loi et justice. C'est exactement dans l'interstice de cette relation irréductible que la déconstruction s'insère.

Ces développements éclairent-ils cependant vraiment cette formulation, « La déconstruction est la justice » ? Nous qui attendons d'un philosophe des expressions claires et nettes, ne sommes-nous pas prisonniers d'une manière de penser logocentriste qui met l'accent sur la compréhension et le moment présent ? Derrida nous enjoint plutôt de mettre fin à ces attentes pour nous faire accéder à une justice à venir.

L'idée de la justice à venir est en fait le legs de Levinas à Derrida. En s'opposant à la conception de la morale universelle de Kant, l'éthique de Levinas repose sur l'accueil fait au visage de l'autre, pour, de là, passer à la justice, que Levinas recherche dans la relation entre ce qu'il appelle « moi », « autrui » et « le tiers ». Le tiers brise la relation entre moi et autrui avec une demande de justice, et la relation entre moi et autrui se transforme en une ontologie du moi et du nous. La demande de justice portée par le tiers est à l'origine des lois et du droit. En suivant les travaux de Desmond Manderson, on pourrait se demander si Levinas n'a pas une conception finalement très positiviste du droit qu'il définit comme une structure codifiée, dépendante de règles[3]. En posant qu'avec la demande de justice venue de la tierce partie, la responsabilité éthique, transcendante, infinie et sans condition laisse sa place aux décisions limitées, incomplètes et finies du droit ou de la politique, Levinas ne situe-t-il pas la justice non dans la responsabilité éthique, mais dans le domaine des règles judiciaires ou politiques ? Il en ressort que ce que Levinas a vraiment légué à Derrida n'est pas exactement sa conception de la justice, mais celle d'une éthique inconditionnelle venue de l'autre. La conception de la justice de Levinas reste prise en effet dans la structure judiciaire que Derrida critique et veut déconstruire. Il est certes question de justice messianique chez Levinas, mais elle ne recouvre pas ce que Derrida appelle la justice à venir. Par ailleurs, il y a peu de place pour l'idée divine dans la conception de la justice de Derrida. Pour le dire autrement, la notion de la justice en elle-même ou bien de la justice sans condition ne ressemble ni à Dieu qui transcende le temps historique, ni aux droits de l'homme, que Derrida lie à la théologie chrétienne et donc encore

....

3 MANDERSON, D., "Proximity and The Ethics of Law", UNSW Law Journal, Vol:28, No:3, 2005, cité par SAĞLAM, R., *op.cit.*, p. 168.

à une certaine sorte de souveraineté. Il s'agit d'une conception de la justice qui dépasse les calculs politiques et juridiques, qui tente d'écouter l'appel d'autrui et qui se trouve toujours dans l'avenir.

Derrida exprime ainsi ce sur quoi il voulait réellement mettre l'accent : répondre à la demande d'autrui. Les conceptions modernes de la justice qui ont leur origine chez Hobbes sont indifférentes à autrui. Or, c'est la suspension de ce type de justice et de ses règles, ou encore l'insistance sur le moment où il sera impossible de prendre une décision, qui nous permet d'avoir accès à l'autre. Voilà où résident la persistance et l'importance de la déconstruction qui en fait tout sauf une pensée nihiliste.

La question du nihilisme éventuel de Derrida a été discutée avec plus de profondeur dans notre dernière partie intitulée « Les CLS ou la déconstruction derridienne comme praxis de lecture ».

Nous avons vu que le mouvement des CLS était animé par des avocats et surtout par des professeurs qui enseignaient dans les facultés de droit. Ce point est important car il a éclairé, même modestement, la question du rapport entre théorie et pratique que nous avions posé au départ. La surreprésentation des professeurs d'université dans les CLS est en un sens le signe que la pensée théorique de Derrida se promenait cette fois non dans les couloirs de la faculté de philosophie, mais dans ceux de la faculté de droit. Parmi les membres des CLS il y avait aussi des praticiens du droit, qui avaient parfois des charges importantes. Ainsi les CLS ne sont pas restées qu'un cours de philosophie du droit, elles ont aussi influencé certains mécanismes de prise de décision juridique. Il faut cependant reconnaître que, dans l'ensemble, les CLS ont eu du mal à trouver une vraie place dans la pratique juridique, et donc que la pensée de Derrida, dont on dit qu'elle a influencé ce mouvement, n'y a eu qu'un rôle mineur. C'est peut-être ce constat qui a petit à petit accru la complexité de notre travail, au cours duquel nous nous sommes de plus en plus posée la question de savoir si la théorie devait obligatoirement être en relation avec la pratique. Chemin faisant, nous n'avons jamais renoncé à penser que, si un philosophe fait fréquemment l'expérience de certaines situations dans sa vie personnelle et dans la vie en société, qui le forcent à forger un nouveau concept, ce dernier ne peut pas rester uniquement dans les textes du philosophe, il doit avoir un impact sur la réalité. Dans la mesure où les CLS ont repris à leur compte les concepts-non concepts de Derrida – et en particulier son idée de justice –, on pouvait supposer que c'était par l'intermédiaire de ce mouvement qu'ils auraient eu un tel impact. On pouvait qualifier cet impact de différentes façons : application pratique, influence ou inspiration. Bien qu'au début nous attendions plutôt une « application », c'est l'idée d'« inspiration » qui nous a paru correspondre le mieux à la relation entre ce mouvement et Derrida.

Nous avons cherché les traces de la pensée de Derrida dans les travaux des deux générations du mouvement des CLS. Leur différence était d'abord géographique : la première se développait plutôt aux États-Unis et la deuxième en Angleterre. Cette différence de lieu n'est en fait pas essentielle, d'autant plus que des penseurs importants de la deuxième génération sont américains, comme par exemple Jack M Balkin, professeur à l'université de Yale. Ces deux générations se rejoignent dans une commune opposition au libéralisme politique et juridique, à la prétention du droit à être neutre, impartial et universel et à l'affirmation selon laquelle les lois assurent l'égalité. Elles diffèrent cependant quant à l'engagement politique, très marqué dans la première génération et que la seconde considère comme une faiblesse. Le plus important pour nous est cependant le fait que la référence à Derrida est nette dans la seconde génération, les membres de la seconde génération s'y référant explicitement dans leurs écrits et leurs études d'arrêtés. Le signe en est que c'est nous qui avons cherché à relever les traces ou la terminologie de Derrida dans les travaux de la première génération, alors que ce sont les membres de la deuxième génération qui effectuent eux-mêmes cette mise en relation.

Les travaux de la première génération s'inscrivent dans le contexte général de la critique de la pensée moderne-libérale. La critique par Duncan Kennedy et Roberto M. Unger du formalisme juridique et de l'universalité, ainsi que leur démonstration de l'impossibilité d'un droit pur et neutre, fait beaucoup penser à la critique de Hobbes par Derrida, tout comme la critique par Kennedy de la dichotomie entre la souveraineté interne et la souveraineté externe, comme si, à l'instar de Derrida, ils faisaient jouer la *différance* pour mettre en œuvre cette série de critiques. Concernant la souveraineté, nous avons vu que Derrida en avait effectué la déconstruction dans les années 2000, lors de ses séminaires sur *La bête et le souverain*, en montrant la fragilité de dichotomies telles qu'homme-animal, bête-souverain, nature-culture. Si Kennedy avait pu avoir connaissance de ce séminaire au moment où il a élaboré sa propre critique de la souveraineté, il aurait peut-être établi lui-même ce lien avec la démarche de Derrida sur ce point.

La difficulté générale qu'a représenté pour nous cette partie, soulignons-le à nouveau, est que c'est nous qui avons établi le rapport des approches critiques effectuées par la première génération à Derrida, avec le risque d'avoir produit une reconstruction qui ne serait qu'une projection de notre part. Il n'est pourtant pas très difficile de saisir la relation entre le « comment-je-veux-sortir » de Duncan Kennedy et « l'époké de la règle » de Derrida, qui insistent sur la singularité de chaque cas, de chaque arrêté. De même, la notion de *patchwork* d'Unger n'a-t-elle pas ouvert des perspectives proches de l'idée d'écriture de Derrida ? Il est vrai que dans ce cas la tâche nous a été facilitée par le fait que Gary Peller se réfère directement à Derrida. L'exemple que nous avons trouvé dans le système juridique turc pour illustrer la pensée de Peller nous a encore une fois beaucoup rappelé celle de Derrida. L'imprécision juridique peut apparaître à tout moment avec des exemples très proches de nous, comme l'incertitude sur le mot de réfugié, d'immigré, de demandeur d'asile. Notre projet était d'explorer un lien entre la démarche de Derrida et la pratique juridique, d'où le choix d'étudier le mouvement des CLS. Cependant, du moins en ce qui concerne la première génération, nous avons constaté que dans leurs ouvrages les problèmes étaient davantage traités de façon théorique qu'à partir d'exemples ou d'arrêtés juridiques. Cela nous montre que la critique du droit par les CLS est restée au moins aussi théorique que l'idée de justice de Derrida. Voyons maintenant si cette conclusion est aussi valide pour la deuxième génération.

Il faut se souvenir ici du commentaire de Pierre Schlag qui affirme que l'idée de déconstruction de Derrida est une praxis pour la première et la deuxième génération des CLS. En lisant le mot de praxis, nous aurions pu penser tout de suite que certains avaient finalement mis en évidence ce que nous cherchions dans ce travail. Cependant, en montrant que la déconstruction était une *praxis de lecture* pour les CLS, Schlag fait aussi apparaître le fait que la praxis dont il parle n'est pas exactement celle que nous cherchions. Dans ce travail, nous avons en effet voulu savoir si la pensée de Derrida pouvait influencer une pratique juridique telle qu'un arrêté, un accord international ou un procès. Sur ce point, nous avons finalement adhéré à l'interprétation de Schlag : la déconstruction de Derrida, du point de vue des CLS, n'est restée qu'une praxis de lecture. Il faut toutefois aussi mettre l'accent sur la valeur de cette praxis. Goodrich explique par exemple que Derrida est loin de tomber dans le nihilisme en ce qui concerne le droit, et qu'il invite les avocats et les juges à voir l'Autre, c'est-à-dire l'invisible, l'opprimé, le réprimé. Mais à quel avocat, à quel juge demanderons-nous de lire les livres de Derrida ? Si ces juges et avocats peuvent être incités à lire Derrida, c'est qu'ils ont déjà depuis longtemps détourné leur regard de la manière classique de penser. Peut-être qu'ici les propositions de Duncan Kennedy pour une formation alternative en droit peuvent être utiles : donner plus d'heures de cours de philosophie du droit, ne pas le considérer comme un cours théorique et sans importance, détruire la hiérarchie étudiant-professeur qui existe dans le monde universitaire ; mettre l'accent sur le fait que le droit ne consiste pas seulement à bien connaître les lois, mais qu'il doit toujours être ouvert à la réflexion ; apprendre aux étudiants à voir l'Autre dans un texte de loi. Prenons par exemple le cours de méthodologie juridique enseigné en première année de faculté de droit. Pourquoi les idées de Derrida sur la déconstruction ne seraient-elles pas au programme de ce cours ? Quand Peter Goodrich critique l'idée de la méthode juridique dominante, et que nous lions ses analyses aux notions d'écriture, de sens et de jeu de Derrida, nous pouvons nous demander pourquoi cela n'est pas traité sous forme de cours dans les facultés de droit. Goodrich a-t-il seulement écrit ses idées dans les revues de droit des CLS ou les a-t-il aussi expliquées aux étudiants ? En nous entretenant avec des étudiants en droit d'aujourd'hui en Turquie, nous avons constaté la plupart du temps que non seulement ils ne connaissaient pas Derrida, mais qu'en plus ils ne savaient rien sur les CLS. Cela prouve à quel point les formations juridiques sont encore conservatrices.

Costas Douzinas et Drucilla Cornell ont été les penseurs qui nous ont donné le plus d'espoir tout au long de ce travail dans la relation entre Derrida et la pratique du droit. Ils ont en particulier accordé une grande importance à l'idée de l'Autre. Nous avons vu cela à la fois dans leurs écrits et, surtout, dans un cas juridique que Douzinas a traité en tant que juriste. Alors que nous cherchions les traces de Derrida chez les autres penseurs des CLS comme une aiguille dans une botte de foin, de nombreux articles de Douzinas concernent directement les idées de Derrida. Douzinas aborde le combat qu'une famille réfugiée en Grande-Bretagne en 1987 à cause de la guerre civile au Sri Lanka mène pour y rester, ainsi que leur lutte sur le plan juridique et montre comment l'ordre actuel du droit méprise la singularité et l'Autre. Nous avons également essayé tout au long de ce travail de saisir des exemples de ce genre, mais le fait que ce soit cette fois un juriste qui le fasse nous a réjouie : cela nous a au moins prouvé que nous ne nous étions pas attelée à une tâche vaine. Quant à Cornell, bien qu'elle reste elle aussi dans le domaine théorique du droit, le fait qu'une révolution féministe ait lieu dans le droit en partant des idées de Derrida nous a également emplie d'espoir. L'altérité irréductible de l'autre énoncée par Derrida permet à Cornell d'élaborer une altérité féminine dont elle repère la façon dont certaines lois la prennent en compte. Dans son analyse du procès et du verdict Roe vs Made, elle renvoie au passage de *Force de loi* dans lequel Derrida souligne la nécessité que le juge recrée sans cesse la loi. Cornell est l'une de celles qui a le plus été dans le sens de l'adaptation juridique des pensées de ce philosophe.

Cependant, la relation entre Derrida et les CLS, qui peut paraître plus visible chez Douzinas et Cornell, mais que nous avons en fait toujours cherchée à partir de traces, est malgré tout revenue au point de départ avec la lecture de Balkin. La raison pour laquelle nous l'avons traité tout à la fin, c'est qu'il est à la fois celui, parmi les penseurs des CLS, qui a abordé le plus explicitement l'idée de justice de Derrida, et celui qui lui a opposé le plus de résistance. La caractéristique qui distingue Balkin est qu'en tant que juriste il donne plus de clarté aux points laissés dans le flou par Derrida. Par exemple, trouvant assez vague l'idée de Derrida selon laquelle « ça se déconstruit », il confie aux juristes cette mission de déconstruction. Balkin n'a-t-il pas en effet raison à ce sujet ? Comment donc un texte peut-il se déconstruire tout seul ? Il doit bien sûr y avoir quelqu'un pour faire ce travail. Par ailleurs, avec sa notion de « nested opposition », il n'a pas repris telle quelle la différ*a*nce, mais s'en est ressaisi avec ses propres termes. Nous avons certes un peu plus tôt évoqué ensemble l'idée de « comment je-veux-sortir » de Duncan Kennedy et celle de l'epokhè de la règle de Derrida, mais c'était nous qui faisions cette comparaison ; Balkin, en revanche, a opéré lui-même cette adaptation. Nous choisissons ici en particulier le mot d'adaptation, car il souligne la transformation qu'elle opère toujours par rapport à ce qui est adapté.

Abordons à présent ces transformations en ce qui concerne la justice. Balkin évoque d'abord l'affirmation de Derrida selon laquelle « La déconstruction est la justice », et il estime que ce philosophe a tort en liant ces deux choses, car selon lui la déconstruction n'est qu'une méthode, tandis que, d'après lui, la justice est une valeur transcendante au droit. Ce que nous comprenons finalement de cela est que Balkin ne voit la déconstruction de Derrida que comme une méthode technique et ne la tient pas pour égale à une valeur transcendante telle que la justice. Que Derrida le veuille ou non, la déconstruction ne saurait prendre place dans la pratique juridique qu'en tant que méthode critique. En revenant aux pages dans lesquelles Derrida explique la déconstruction, on peut dire que Balkin l'a comprise de manière superficielle. Balkin n'a sans doute pas voulu considérer le sens profond de la déconstruction, ou alors, plutôt que de se perdre dans cette profondeur, il l'a adaptée à la pratique juridique en la prenant comme une méthode, de manière technique. Cela lui a permis de tirer des conclusions plus concrètes que les autres penseurs. Il a par exemple trouvé la vraie valeur de la déconstruction non dans le fait qu'elle dise comment devait se faire la justice, mais dans le fait qu'elle servait à montrer les contradictions des lois et leur caractère injuste.

Une autre idée que Balkin n'a pas trouvée très convaincante chez Derrida est celle de la « responsabilité sans condition », dont il craint qu'elle conduise à de l'irresponsabilité. La seule responsabilité acceptable en droit est la responsabilité suffisante. Une formulation adéquate en serait celle de responsabilité « indéfinie » plutôt que « sans condition et infinie ». Balkin dote les termes de Derrida d'un contenu plus clair, réaliste et pensable. Ainsi pour la notion d'Autre. On peut certes dire que Douzinas et Cornell ont été très marqués par cette idée et qu'ils ont introduit l'Autre sans contenu tel que l'entend Derrida dans leur pratique juridique. Mais pour Balkin, ils ne se rendent pas compte qu'à partir du moment où ils se situent dans le cadre des lois positives, ce n'est pas exactement ce qu'ils font : l'Autre y est toujours particularisé et désigné comme réfugié (Douzinas), femme (Cornell), noir ou gay. Et même l'idée selon laquelle « chaque cas doit être élaboré dans sa singularité » est en fait irréalisable : si l'on doit évaluer chaque cas dans sa particularité, il devient impossible d'un point de vue juridique de prendre une décision, car cela enlève la possibilité d'établir des comparaisons.

Balkin montre que les idées de Derrida sur la justice et le droit peuvent être importantes pour changer de point de vue sur la pratique juridique dont elle permet de changer la lecture, mais qu'elles ne pourront jamais être appliquées telles quelles ; nous en venons à penser qu'il n'a pas tout à fait tort. Au sein des CLS, les travaux de Douzinas et Cornell en particulier nous ont montré que l'idée de justice au-delà de la loi était pensable, possible, d'un point de vue proprement juridique. Balkin quant à lui nous invite à revenir au monde réel, en affirmant que même si une telle possibilité existe, elle ne se présente pas de la manière décrite par Derrida, mais ne peut se réaliser que grâce à une adaptation et une transformation. Ainsi, en cherchant à savoir si une idée philosophique – qui était ce que nous cherchions en nous lançant dans ce travail – pouvait avoir une influence en politique ou en droit, certaines choses nous ont parfois poussée à nous dire : « Oui, voilà exactement le processus politique, l'arrêté juridique sur lequel cela a eu de l'influence », mais à d'autres moments, nous avons dû constater que cette influence n'en était restée qu'au niveau de l'inspiration.

Cependant repérer dans certains travaux de juristes une inspiration par Derrida n'est-ce pas aussi reconnaître qu'elle n'est pas sans effet ? Effet sur la lecture de certains cas juridiques, à l'occasion de laquelle on peut faire voir que l'idée d'une justice au-delà de la loi est à l'œuvre au plan juridique lui-même. Prenons deux exemples tirés du droit turc[4].

Pouvons-nous qualifier de « jugement juste » la décision d'un juge intervenue dans le procès introduit pour vol contre C.B qui s'est frauduleusement rebranché sur le secteur malgré une coupure d'électricité intervenue suite à une facturation impayée ? Le juge, considérant que « de nos jours l'électricité est un besoin de première nécessité » et que le prévenu, afin de ne pas priver ses enfants scolarisés de leur droit à l'éducation, s'est vu obligé d'utiliser frauduleusement l'électricité, a acquitté ce dernier pour motif de cas de nécessité. Le retentissement médiatique du jugement a été qu'il s'agissait d'« un jugement d'intime conviction pour un vol d'électricité ». L'article 147 du Code Pénal Turc définit le cas de vol en cas

4 Je voudrais exprimer mes remerciements sincères à Rabia Sağlam, MCF à la Faculté du Droit de l'université de Kocaeli pour m'indiquer ces exemples.

de nécessité de la façon suivante : « dans le cas d'un délit de vol commis en cas de nécessité grave et urgente, en tenant compte des particularités des faits, non seulement une réduction de peine, mais un renoncement à la sanction peuvent être envisagés ». D'un point de vue déconstructiviste, on peut dire que la décision équitable formulée par le juge en se référant à la fois à la loi et à son intime conviction, tout en tenant compte des particularités du cas, est un « jugement juste ». La référence à la justice permet une interprétation de la loi qui la prend en considération tout en la dépassant. Toutefois, un « jugement juste » ne peut l'être que dans un cas particulier. Dès l'instant où il serait généralisé, il deviendrait un élément de violence. Ainsi, un des commentaires sur le jugement paru dans la presse fut : « pourquoi les autres sont-ils obligés de payer la facture du courant volé ? ». En effet, un jugement juste ne pouvait être prononcé sans déconsidérer l'autre. Chaque délibération engendre un risque de violence. C'est pourquoi le jugement caractérisé ainsi comme « juste » ne doit jamais être érigé en une règle commune de justice, comme une solution équitable exemplaire.[5]

Autre exemple. Dans un procès au Tribunal de Gaziantep, les avocats d'un prévenu se sont basés sur « le principe de l'égalité des armes » pour réclamer que le procureur descende de la tribune et qu'il s'installe au même niveau qu'eux. Le juge, M. Ertekin Orhangazi a rendu un jugement digne d'entrer dans l'histoire. Il a relevé que « la place et la position spatiale des procureurs n'étant pas convenables pour remplir les conditions minimales afin de rendre un jugement serein, en considération de quoi les observations et la demande d'équité par rapport à la position des avocats étaient recevables ». Soulignant le fait qu'une entente entre les juges, le procureur et les avocats était nécessaire, M. Ertekin a précisé : « le déplacement du procureur vers une position égalitaire avec les avocats sera une réelle innovation dans l'histoire judiciaire turque, cependant, il ne serait pas juste que le juge puisse seul définir les positions lors d'un procès. De ce fait, il a décidé de saisir le parquet par écrit en vue des aménagements spatiaux nécessaires. En attendant que la pièce soit disposée de manière convenable, M. Ertekin a appelé les avocats du prévenu à la tribune. Une fois de nouveaux sièges installés à la tribune, les avocats M. Muharrem Ercan et Mehmet Arif Şahin ont pris place à gauche du juge M. Ertekin.

Pour en revenir au rapport de l'œuvre de Derrida à la pratique juridique, en admettant même qu'elle n'ait pas eu d'effet considérable sur celle-ci, notre travail aura permis quand même de constater que l'idée de justice au-delà de la loi a non seulement ébranlé la conception moderne de la justice comme application des lois

5 http://arsiv.sabah.com.tr/2008/09/27, (02.09.2012).

issue de Hobbes, mais que cet ébranlement a été ressenti, abordé, discuté dans les milieux juridiques, de sorte qu'une conception critique du droit est venue contester le cœur même de la conception moderne libérale. La pensée de Derrida n'est donc pas restée seulement dans ses livres ou sur les étagères d'ouvrages philosophiques : elle s'est adressée aux juristes pour les inviter à ne pas se couper de l'attente d'un monde plus juste et il semble qu'elle continuera ainsi.

Bibliographie

Œuvres de Thomas Hobbes

De Cive ou les fondements de la politique, trad. par SORBIÈRE, Samuel, Paris : Éditions Sirey, 1981.

Les Éléments du droit naturel et politique, trad. par ROUX, Louis, Lyon : Éditions l'Hermès, 1977.

Leviathan. Traité de la matière, de la forme et du pouvoir de la république ecclésiastique et civile, traduit par TRICAUD, F., Paris : Éditions Dalloz, 1999.

Commentateurs de Thomas Hobbes

ANGOULVENT, Anne-Laure, *Hobbes ou la crise de l'état baroque*, Paris : PUF, 1992.

BERTMAN M., MALHERBE M., *Thomas Hobbes : De la métaphysique à la politique,* Paris : J. Vrin, 1989.

FOISNEAU, L. et HHOURAD, D., *Kant et Hobbes : De la violence à la politique*, Paris : J. Vrin, 2005.

GOYARD-FABRE, Simone, *Le Droit et la loi dans la philosophie de Thomas Hobbes*, Paris, Libraire C.Klincksieck, 1975.

LANDRY, Bernard, *Hobbes*, Paris : Libraire Felix Alcan, 1930.

LESSAY Frank, *Souveraineté et légitimité chez Hobbes*, Paris : PUF, 1988.

POLIN, *Politique et philosophie chez Thomas Hobbes*, Paris, PUF, 1953.

POLIN, Raymond, *Hobbes, dieu et les Hommes*, Paris, PUF, 1981.

RANGEON, François, *Hobbes : État et droit*, Paris : Albin Michel, 1982.

ROUX, L. et TRICAUD, F., *Le Pouvoir et le droit,* St.Etienne : Publications de l'université de St. Etienne, 1992.

RUSS, Jacqueline, *Les Théories du pouvoir*, Paris : Libraire Générale Française, 1994.
SAADA, Julie, *Hobbes et le sujet de droit*, Paris : CNRS Éditions, 2010.
SHAVER, R., (éditeur), *Hobbes*, UK : Ashgate Publishing, 1999.
STRAUSS Leo, *La Philosophie politique de Hobbes*, Paris : Belin, 1991.
STRAUSS, Leo, *Droit naturel et histoire*, Paris : Champs Flammarion, 1986.
WALTON, C., JOHNSON, P.J., *Hobbes's Science of Natural Justice*, Dordrecht : Martinus Nijhoff Publishers, 1987.
ZARKA, Yves-Charles (sous la direction de), *Hobbes et son vocabulaire*, Paris : J.Vrin, 1992.

Œuvres de Jacques Derrida

Adieu à Emmanuel Levinas, Paris : Galilée, 1997.
Apories, Paris : Éditions Galilée, 1996.
Cosmopolites de tous les pays encore un effort !, Paris : Éditions Galilée, 1997.
De La Grammatologie, Paris : Éditions de Minuit, 1967.
Du Droit à la philosophie, Paris : Éditions Galilée, 1990.
Force de loi. « Le Fondement mystique de l'autorité », Paris : Éditions Galilée, 1994-2005.
Glas, Paris : Éditions Galilée, 1974.
L'Animal que donc je suis, Paris : Éditions Galilée, 2006
L'Ecriture et la différence, Paris : Éditions du Seuil, 1967.
La Faculté de juger, Paris : Éditions de Minuit, 1985.
La Voix et le phénomène, Paris : PUF, 1967.
Le "Concept" du 11 septembre, Paris : Éditions Galilée, 2004.
Limited Inc., Paris : Éditions Galilée, 1990.
Marges de la philosophie, Paris : Éditions de Minuit, 1972.
Otobiographies, Paris : Éditions Galilée, 1984.
Parages, Paris : Éditions Galilée, 1986.
Passions, Paris : Éditions Galilée, 1993.
Politiques de l'amitié, Paris : Éditions Galilée, 1994.
Positions, Paris : Éditions Minuits, 1972.
Pour Nelson Mandela, Paris : Éditions Galilée, 1986.
Psyché. Inventions de l'autre, Paris : Galilée, 1998.
Résistances. De la psychanalyse, Paris : Éditions Galilée, 1996.
Séminaire. La Bête et le souverain, Volume I (2001-2002), Paris : Éditions Galilée, 2008.

Séminaire. La Bête et le souverain, Volume II (2002-2003), Paris, Éditions Galilée, 2010.
Spectres de Marx, Paris : Éditions Galilée, 1993.
Sur parole. Instantanés philosophiques, Paris : Éditions de l'aube, 1999.
Voyous, Paris : Éditions Galilée, 2003.

Commentateurs de Jacques Derrida

MARTINENGO, Alberto, (éditeur), *Beyond Deconstruction,* Berlin/Boston : De Gruyter, 2012.
BENNINGTON, Geoffrey, *Legislation. The Politics of Deconstruction,* London-New York : Verso, 1994.
BIYOGO, Grégoire, *Adieu à Jacques Derrida. : Enjeux et perspectives de la déconstruction*, Paris : Éditions L'Harmattan, 2006.
CORNELL, D., *The Philosophy of Limit*, London: Routledge, 1992.
CORNELL, D., ROSENFELD, M., CARLSON, D.G., *Deconstruction and The Possibility of Justice*, London: Routledge, 1992.
CRÉPON, M. et WORMS, C., *Derrida, la tradition de la philosophie*, Paris : Éditions Galilée, 2008.
GASCHÉ, Rodolphe, *Le Tain du miroir. Derrida et la philosophie de la réflexion*, trad. par FROMENT-MEURICE, Marc, Paris : Éditions Galilée, 1995.
GOODRICH, P., HOFFMANN, ROSENFELD, M., VISSMAN, C., *Derrida and Legal Philosophy*, GB: Palgrave Macmillan, 2008.
LÈBRE, Jérôme, *La Justice sans condition,* Paris : Michalon Éditeur, 2013.
LLORED, Patrick, *Jacques Derrida. Politique et éthique de l'animalité*, Belgique : Éditions Sils Maria, 2012.
NAAS M., *Derrida from Now On*, New York: Fordham University Press, 2008.
COHEN-LEVINAS, D., et MICHAUD, Ginette, *Appels de Jacques Derrida*, Paris : Éditions Hermann, 2014.
SAĞLAM, R., *Yapıbozumsal Adalet* (La justice comme déconstruction), İstanbul : Tekin Yayınevi, 2014.
SEARLE, J.R., *Pour réitérer les différences : Réponse à Derrida,* traduit par Joëlle PROUST, Combas : Éditions de l'Éclat, 1991.
THORSTEINSSON, Björn, *La Question de la justice chez Jacques Derrida*, Paris : Éditions L'Harmattan, 2007, p. 165.
VILLE, Jacques D., *Jacques Derrida : Law As Absolute Hospitality*, GB: Routledge, 2011.
TUNCEL, A., GÜLENÇ, K., (éd.par) *Siyaset Felsefesi Tarihi* (Histoire de la philosophie politique), Vol. II, Ankara : Doğu Batı, 2013.

ZINA, Pierre V., *La Déconstruction. Une Critique*, Paris : Éditions L'Harmattan, 2007.

Sur les CLS

AKBAŞ, Kasım, *Hukukun Büyübozumu* (Démystification du droit), İstanbul : Legal Yayıncılık, 2006.
AKTAŞ, S., Eleştirel Hukuk Çalışmaları (CLS), İstanbul: Kazancı Kitap, 2006.
BENTHOUHAMI, H., GRANGÉ, N., KUPIEC, A., SAADA, J., *Le Souci de droit. Où en est la théorie critique ?*, Paris : Sens&Tonka, 2009.
BOYLE, J., *Critical Legal Studies*, GB: Cambridge University Press, 1992.
DOUZINAS, C., GEAREY, Adam, *Critical Jurisprudence : The Political Philosophy of Justice*, Oxford: Hart Publishing, 2005.
DOUZINAS, C., GOODRICH, P. et HACHAMOVITCH, Y., *Politics, Postmodernity and CLS*, London: Routledge, 1994.
FISH, Stanley, *Doing What Comes Naturally, Change, Rhetoric, and the Practice of Theory in Literary and Legal Studies*, London: Clarendon Press, 1989.
FITZPATRICK, P. et HUNT, A., *Critical Legal Studies*, London: Basil Blackkwell, 1987.
GOODRICH, Peter, *Legal Discourse*, London, The Macmillan Press, 1990.
HUNT, Alan, *The Big Fear: Law Confronts Postmodernizm*, Mcgill Law Journal, Volume 35,1990.
HUTCHINSON, Allan C., *Critical Legal Studies*, New Jersey: Rowman&Littlefield Publishers, 1989.

Autres ouvrages consultés

ARISTOTE, *Ethique à Nicomaque*, traduit par J.Tricot, Paris : Éditions Vrin, 1997.
BENJAMIN, Walter, *Critique de la Violence*, traduit par Nicole Casanove, Paris : Éditions Payot, 2012.
BILLIER Jean-Cassien, Maryioli Aglaé, *Histoire de la philosophie du droit*, Paris : Armand Colin, 2001.
BUTLER, Judith, *Kırılgan Hayat* (*La vie précaire*), İstanbul : Metis Yayınları, 2005.
CHALIER, Catherine, *Pour une morale au-delà du savoir. Kant et Levinas*, Paris : Albin Michel, 1998.
DEKENS, Olivier, *Politique de l'autre homme. Levinas et la fonction politique de la philosophie*, Paris : Ellipses, 2003.
FOUCAULT, M., *Théorie d'ensemble*, Paris : Éditions Seuil, 1968.

HART, H.L. A, *Le Concept de droit,* Bruxelles : Publications de l'Université de St.Louis, 1976.

Kant, E., *Critique de la raison pure,* traduit par TREMESAYGUES, A., PACAUD, B., Paris : PUF,1990.

KANT, E., *Fondements de la métaphysique des mœurs,* traduit par DELBOS, V., Paris : Éditions Vrin, 1992.

KOSKENNIEMI, Martti, *La Politique du droit international,* Paris : Éditions A.Pedone, 2007.

LITOWITZ, Douglas E., *Postmodern Philosophy and Law,* E.U: University Press of Kansas, 1997.

LYOTARD, J. F., *La Condition postmoderne,* Paris, Minuit, 1979.

MAIRET, Gérard, *Le Principe de souveraineté,* Paris : Éditions Gallimard, 1997.

MONTAIGNE, *Essais,* Paris : Bibliothèque de la Pléiade, 1937.

PASCAL, *Les Pensées,* Paris : Éditions du Cerf, 2005.

PASSERIN, A. D'Entreves, *La Notion de l'État,* Paris : Éditions Sirey, 1969.

PERELMAN, *Ethique et droit,* Bruxelles : Éditions de l'Université de Bruxelles, 1990.

SAUSSURE, Ferdinand De, *Cours de linguistique générale,* Paris : Éditions Payot, 1995.

SCHMITT, Carl, *Théologie politique,* trad. par SCHLEGEL, Paris : Éditions Gallimard, 1988.

TROPER, Michel, *La Philosophie du droit,* PUF, Paris, 2003, p. 47.

UZUN, Ertuğrul, *Hukuk Metodolojisi* (La méthodologie du droit), Ankara: Adalet Akademisi Yayınları, 2014.

VILLEY, Michel, *Philosophie du droit,* Paris : Éditions Dalloz, 2001.

Articles

BALKIN, Jack M., "Transcendental Deconstruction, Transcendent Justice", in 92 Mich.I.Rev.1131, 1994.

BALKIN, Jack M., Being Just with Deconstruction, in *Faculty Scholarship Series.* Paper 271,1994.

BALKIN, Jack M., Deconstructive Practice and Legal Theory, in The Yale Law Journal, Volume 96:743,1987

BUONAMANO, R., "The Economy of Violence: Derrida on Law and Justice", Ratio Juris, Vol:11, No:2, 1998.

DOUZINAS, C., et WARRINGTON, R., "A well-founded fear of justice: Law and Ethics in Postmodernity", in Law and Critique, Vol II, no:2, 1991.

DOUZINAS, C., et WARRINGTON, R., "The Face of Justice : A Jurisprudence of Alterity", *Social Legal Studies,* Vol : 3, 1994.

GOODRICH, Peter, Europe in America: Grammatology, Legal Studies, and the Politics of Transmission, Columbia, Law Review, Vol.101, No:8, Dec, 2001.

MANDERSON, D., "Proxinity and The Ethics of Law", UNSW Law Journal, Vol :28, No:3, 2005.

SCHLAG, Pierre, *A brief Survey of Deconstruction*, in Cardozo Law Rewiew, Vol.27:2.

SCHUTTER, Olivier de, "Les Critical Legal Studies au pays du droit international public", in la Revue québécoise de droit international, n : 2, vol.7, 1992.

WEINRIB, Ernest J., "The jurisprudence of Legal Formalism", Harvard Journal of Law and Public Policy,1993,vol.16, no:3.

Sites internet

www. Yale.edu/.../jBALKIN/.../deconessay. ,(réf du: 19.01.2011).

http://www.yale.edu/lawweb/jBALKIN/articles/deconstructionslegalcareer1.pdf., (réf du 16.09.2015).

http://www.philosophie-droit.asso.fr/APDpourweb/354.pdf

http://www.philopsis.fr.

http://www.turkhukuksitesi.com/mevzuat.php?mid=1587, (réf du : 15.09.2015).

https://fr.wikipedia.org/wiki/Inmigration, (réf du 08.09.2015).

http://www.yale.edu/lawweb/jBALKIN/articles/deconstructionslegalcareer1.pdf., (réf du 16.09.2015).

http://www.participation-et-democratie.fr/it/dico/justification-theorie-de-la, (réf du 25.09.2015).

http://www.persee.fr/web/revues/home/prescript/article/dreso-076933621997num3611416, (réf du 12.09.2015).

http://endirect.univ-fcomte.fr/index.php?id=numero_159_13_1&art=1702, (réf du 02.10.2015)

http://www.turkhukuksitesi.com/mevzuat.php?mid=1587, (réf du 15.09.2015).

https://fr.wikipedia.org/wiki/Roe_v._Wade, la date de source : 22.09.2015

www.ghansel.free.fr

www.unhcr.ch, (réf du 08.09.2015).

http://www.academia.edu/665773/And_yet_DERRIDA_on_BENJAMINs_Divine_Violence

http://www.millepiani.net/archivesfilosofici/2005/10/16/etienne_balibar_prolegomenes_a_la_souverainete_la_frontiere_letat_le_peuple.html (réf du 15.07.2015)

wwww.http://heinonline.org.(réf du 28.02.2013)

Revues

Cités : *Derrida politique*, Paris : Éditions PUF, numéro:30, 2007.

Toplumbilim : Jacques Derrida Özel Sayısı, İstanbul : Bağlam Yayınları, numéro : 10, 1999.

Congrès

Le droit entre théorie et critique, 23-24 mars 2012, à l'université de Paris I-Sorbonne, Paris, France.

Table des matières

Remerciements 9
Préface 11
Introduction 17

PREMIÈRE PARTIE

L'IDÉE DE JUSTICE DANS LA THÉORIE DE LA SOUVERAINETÉ ET DE L'ÉTAT MODERNE DE HOBBES : LA JUSTICE EN TANT QUE DROIT

I – La justice comme loi de nature 35
A – Le sens de la loi de nature chez Hobbes ou la loi de nature en général 35
B – Les deux premières lois de nature 38
1 – Première loi de nature : Le droit de nature dans l'état de nature 39
2 – Deuxième loi de nature : le contrat social 43
C – La troisième loi de nature : la Justice 46
II – Justice, souveraineté et violence 49
A – Le souverain : le Léviathan comme personne 49
B – L'absoluité du souverain et sa relation avec la loi et la justice 53
C – L'absoluité du souverain et sa relation au pouvoir, à la force et à la violence 58

DEUXIÈME PARTIE

L'IDÉE DE JUSTICE DANS LA DÉCONSTRUCTION DE LA SOUVERAINETÉ MODERNE CHEZ JACQUES DERRIDA : LA JUSTICE AU-DELÀ DU DROIT

I – Les concepts non-concepts de la déconstruction 71

A – La déconstruction comme mouvement de la différance 76

1 – Une logique de ni/ni et de et/et 77

2 – Mouvement de différance versus mouvement dialectique 79

3 – La trace 81

4 – La différance comme ouverture du sens (Saussure) 83

5 – Le privilège de la présence chez Husserl 85

B – La déconstruction comme archi-écriture ou archi-trace 87

1 – La structure de supplémentarité 88

2 – L'écriture 89

3 – L'archi-écriture 91

C – La déconstruction comme ***itérabilité*** 91

1 – Itérabilité et idéalisation 93

2 – L'itérabilité comme duplication et la loi de l'indécidable 94

3 – La chaîne des non-concepts 97

II – La déconstruction de la souveraineté 99

A – Le fondement analogique de la souveraineté : le souverain comme bête 102

1 – La force du *logos* (Heidegger) et le carnophallogocentrisme 104

2 – La cruauté de l'homme (Lacan) ou la distinction entre l'homme et l'animal 106

3 – De la bêtise selon Deleuze à la figure ambivalente du Léviathan comme bête 107

B – La bête et le souverain comme hors-la-loi 109

1 – Le contrat comme prothèse et la fragilité du fondement 109

2 – De la peur au souverain hors-la-loi 111
3 – La façon souveraine d'être hors-la-loi. Le souverain vociférant. 113
C – La crise de la souveraineté ou les apories de l'inconditionnalité 116
1 – L'ipséité et l'auto-immunité cachées dans l'indivisibilité et l'absoluité souveraines : une auto-infection déconstructrice 117
2 – De la logique étrange de la souveraineté à la crise de la souveraineté 119
3 – Une déconstruction lente et différenciée 121
III – « La déconstruction est la justice » 125
A – Droit, Force et Justice 130
1 – Force, violence, droit (Benjamin) 130
2 – Première piste : la violence performative de la tautologie 133
3 – Deuxième piste : la police comme spectre 136
B – La justice comme expérience de l'aporie 139
1 – Première aporie : l'époché de la règle 142
2 – Deuxième aporie : la hantise de l'indécidable et la justice infinie 145
3 – Troisième aporie : l'urgence qui barre l'horizon du savoir 149
C – La Justice sans condition, la justice au-delà : la justice à venir 150
1 – La justice sans condition ou la justice inconditionnelle : Derrida entre Kant et Levinas 150
2 – La justice à venir comme au-delà du don, au-delà de l'économie 158
Conclusion : Derrida nihiliste ? 159

TROISIÈME PARTIE

Les « critical legal studies » ou la déconstruction derridienne comme praxis de lecture : la justice dans le droit

I – La première génération des CLS : traces derridiennes dans la critique de la pensée juridique moderne-libérale 171

A – La critique du formalisme, de l'objectivisme et l'universalisme : faire jouer le mouvement de *differance* interne au système juridique lui-même 173

1 – La critique du formalisme et l'impossibilité du droit pur et neutre : (Duncan Kennedy, Roberto M.Unger) 174

2 – La critique de l'universalisme et de l'objectivisme de la théorie moderne-libérale (Roberto M. Unger, Gerald Frug) 178

3 – La critique du fonctionnalisme du réalisme juridique (Robert W. Gordon) 180

B – L'incertitude du droit : traces sensibles de Derrida à la première génération des CLS 182

1 – Le « comment-je-veux-sortir » de Duncan Kennedy et sa relation avec la première aporie de la justice, l'épochè de la règle, chez Derrida 183

2 – Le texte juridique comme *patchwork* (Unger) et le jeu avec la règle (Kennedy) 184

3 – *Gary Peller et Mark Kelman* : un clin d'œil à Derrida 187

C – La radicalité politique des penseurs de la première génération des CLS (Gary Peller, Duncan Kennedy, Roberto M. Unger) 190

II – La deuxième génération des « CLS » : faire jouer l'idée derridienne de justice dans le droit 193

A – La question de l'incertitude du droit dans la lecture post-moderne de Derrida et la menace du nihilisme (Peter Goodrich) 196

1 – La réception de Derrida aux États-Unis : grammatologie ou déconstruction ? 196

2 – L'écriture juridique en déconstruction 198

B – L'Autre dans le droit : la lecture éthique de Derrida (Costas Douzinas, Drucilla Cornell) 202
1 – L'invitation faite à Thémis d'ôter les œillères qui l'empêchent de voir l'Autre (Costas Douzinas) 204
2 – « La philosophie de la limite » et la réforme juridique féministe (Drucilla Cornell) 210
C – Réception de Derrida, résistance à Derrida (Jack M. Balkin) 213
1 – La lecture méthodique et la « nested opposition » : issue de la différance de Derrida ? 213
2 – La justice comme valeur transcendante : premier écart avec Derrida 216
3 – Responsabilité sans condition/responsabilité limitée : second écart avec Derrida 218
Conclusion 223
Bibliographie 243

Philosophie aux éditions L'Harmattan

Dernières parutions

CRITIQUE DE LA RAISON PHILOSOPHIQUE (Tome 1)
Première partie. La preuve par l'ordre et la mesure
Jalley Émile
Cet ouvrage peut se lire selon quatre «preuves» indépendantes bien que complémentaires : preuve cartésienne selon l'ordre et la mesure (tome 1), preuve kantienne-hégélienne selon l'histoire de la philosophie (tomes 2 et 3), preuve scientifique selon la psychologie de l'enfance (tome 4) et preuve populaire prise dans l'espace médiatique (tome 5). Ces cinq volumes peuvent se lire séparément.
(29.50 euros, 288 p.)
ISBN : 978-2-343-10917-6, ISBN EBOOK : 978-978-2-14-002829-8

CRITIQUE DE LA RAISON PHILOSOPHIQUE (Tome 2)
Deuxième partie. La preuve par l'histoire de la philosophie
Jalley Émile
Cet ouvrage peut se lire selon quatre «preuves» indépendantes bien que complémentaires : preuve cartésienne selon l'ordre et la mesure (tome 1), preuve kantienne-hégélienne selon l'histoire de la philosophie (tomes 2 et 3), preuve scientifique selon la psychologie de l'enfance (tome 4) et preuve populaire prise dans l'espace médiatique (tome 5). Ces cinq volumes peuvent se lire séparément.
(25.00 euros, 236 p.)
ISBN : 978-2-343-11196-4, ISBN EBOOK : 978-978-2-14-002830-4

CRITIQUE DE LA RAISON PHILOSOPHIQUE (Tome 3)
Deuxième partie. La preuve par l'histoire de la philosophie
Jalley Émile
Cet ouvrage peut se lire selon quatre «preuves» indépendantes bien que complémentaires : preuve cartésienne selon l'ordre et la mesure (tome 1), preuve kantienne-hégélienne selon l'histoire de la philosophie (tomes 2 et 3), preuve scientifique selon la psychologie de l'enfance (tome 4) et preuve populaire prise dans l'espace médiatique (tome 5). Ces cinq volumes peuvent se lire séparément.
(23.50 euros, 222 p.)
ISBN : 978-2-343-11197-1, ISBN EBOOK : 978-978-2-14-002831-1

CRITIQUE DE LA RAISON PHILOSOPHIQUE (Tome 4)
Troisième partie. La preuve par la psychologie
Jalley Émile
Cet ouvrage peut se lire selon quatre «preuves» indépendantes bien que complémentaires : preuve cartésienne selon l'ordre et la mesure (tome 1), preuve kantienne-hégélienne selon l'histoire de la philosophie (tomes 2 et 3), preuve scientifique selon la psychologie de l'enfance (tome 4) et preuve populaire prise dans l'espace médiatique (tome 5). Ils peuvent se lire séparément, mais font partie d'un même projet de critique de la philosophie française contemporaine. Ces cinq volumes peuvent se lire séparément.
(26.50 euros, 254 p.)
ISBN : 978-2-343-11198-8, ISBN EBOOK : 978-978-2-14-002832-8

CRITIQUE DE LA RAISON PHILOSOPHIQUE (Tome 5)
Quatrième partie. La preuve par le discours médiatique
Jalley Émile
Cet ouvrage peut se lire selon quatre «preuves» indépendantes bien que complémentaires : preuve cartésienne selon l'ordre et la mesure (tome 1), preuve kantienne-hégélienne selon l'histoire de la philosophie (tomes 2 et 3), preuve scientifique selon la psychologie de l'enfance (tome 4) et preuve populaire prise dans l'espace médiatique (tome 5). Ils peuvent se lire séparément, mais font partie d'un même projet de critique de la philosophie française contemporaine. Ces cinq volumes peuvent se lire séparément.
(33.00 euros, 320 p.)
ISBN : 978-2-343-11199-5, ISBN EBOOK : 978-978-2-14-002833-5

LE MONDE DANS 3 000 ANS
Essai
Arnaud Emmanuel
Quelle sera l'apparence de l'espèce humaine dans 3 000 ans ? Quelle sera la forme de l'organisation économique et sociale de ses civilisations ? Quelle sera l'étendue de sa connaissance et de ses conquêtes physiques ? C'est à ces différentes questions que répond de façon originale cet essai. L'auteur s'essaye ici à la prospective, nous offrant un scénario possible de l'histoire humaine...
(Coll. Rue des écoles, 14.00 euros, 152 p.)
ISBN : 978-2-343-10976-3, ISBN EBOOK : 978-978-2-14-002792-5

LE LIBRE ARBITRE
Esquisse d'une métaphysique de la liberté
Van Kerckhoven Alain
Dans cet ouvrage, l'auteur démontre que le libre arbitre a toujours été instrumentalisé pour justifier des postures religieuses, philosophiques ou politiques. L'apparition de nouveaux outils de connaissance permet pour la première fois d'en faire un sujet d'étude rationnelle. Les conclusions nous entraînent aux frontières de la science et de la philosophie, au cœur de l'expérience humaine.
(Coll. Ouverture Philosophique, 18.50 euros, 174 p.)
ISBN : 978-2-343-10613-7, ISBN EBOOK : 978-978-2-14-002701-7

HISTOIRE DES ONGLES
Essai sur l'apparent et le manifeste
Hervieu Éric
Les ongles font partie des productions apparentes et persistantes à la surface de la peau, que l'on regroupe sous le nom de «phanères», mot qui à l'origine signifiait visible, évident, apparent, manifeste. Les ongles ont donné lieu à une symbolique tout aussi ancienne qu'abondante (croyances populaires, registres médicaux ou religieux, esthétiques de Poe et de Mallarmé...). C'est donc à partir de ces interprétations que se révèlent certains enjeux de la forme artistique, puisque l'art lui-même est apparent et manifeste.
(Coll. Acteurs de la Science, 12.50 euros, 100 p.)
ISBN : 978-2-343-11086-8, ISBN EBOOK : 978-978-2-14-002713-0

CRITIQUE DU DROIT CHEZ MICHEL VILLEY ET RENÉ GIRARD
Pour une épistémologie négative
Dubouchet Paul
La virulence parait être le point commun entre Michel Villey et René Girard. Pour René Girard, droit, philosophie et sciences humaines ont pour but de cacher le «meurtre fondateur» tandis que pour Villey elles veulent répudier le «raisonnement dialectique» au profit du «raisonnement déductif». Mettre en rapport ces deux critiques permet de révéler une «épistémologie négative», seule capable de sauver, avec le droit, la philosophie et les sciences humaines.
(Coll. Ouverture Philosophique, 19.00 euros, 182 p.)
ISBN : 978-2-343-10665-6, ISBN EBOOK : 978-2-14-002551-8

ENTRE TRADITIONS ET POST-MODERNITÉ, REPENSER L'AFFIRMATION DE DIEU
Enjeux d'une relecture de l'argument ontologique dans *L'Action* (1893) de Maurice Blondel
Maboungou Christophe - Préface de Jean Leclercq
L'approche philosophique des preuves de l'existence de Dieu, et principalement l'argument ontologique, occupe une place prépondérante dans l'œuvre de Maurice Blondel. Les controverses auxquelles il avait été comme embarqué témoignent justement du fait qu'il tenait à justifier la destinée humaine comme nécessairement orientée vers Dieu. Fidèle à sa foi, il a cherché à montrer que la raison tombe dans des contradictions lorsqu'elle reste sourde à l'appel du Transcendant. C'est précisément dans cette perspective qu'il publie *L'Action*, en 1893 : en vue de la saisie de Dieu.
(Coll. Ouverture Philosophique, 29.50 euros, 286 p.)
ISBN : 978-2-343-10710-3, ISBN EBOOK : 978-2-14-002599-0

POURQUOI CROIRE ENCORE EN L'HOMME ?
Besnier Jean-Michel, Bourgeois Bernard, Lecomte Jacques, Merker Anne, De Mijolla-Mellor Sophie, Le Vaou Pascal
Crise financière, crise sociale, crise morale... Notre société traverse une série de malaises que certains observateurs attribuent à une crise de sens : pour quoi vit-on ? Où va notre humanité globalisée ? Cette situation n'est-elle pas en partie liée à la perception de l'être humain que nous persistons à avoir ? Un homme violent, égoïste, à l'éthique fragile. Pour répondre à ces questions, l'approche choisie est double : philosophique et scientifique. Une invitation à porter un autre regard, plus optimiste, sur la «nature» humaine.
(Coll. Journées de la solidarité humaine, 14.50 euros, 128 p.)
ISBN : 978-2-343-10864-3, ISBN EBOOK : 978-2-14-002638-6

L'ÉCOLOGIE CORPORELLE (Tome 1)
Bien-être et cosmose
Andrieu Bernard
L'écologie corporelle est le principe de constitution des relations entre le corps et le monde : exploration et apprentissage du milieu intérieur du corps, redécouverte d'une nature intériorisée. L'injonction au bien-être est partout, et le marché du bien-être est désormais un moyen de proposer des pratiques alternatives (nouveaux thermalismes, masseurs-khinésithérapeutes, pratiques de plein air, sport de pleine nature...). La cosmose, concept-clé de cet ouvrage, décrit comment le corps, dans les éléments et les expériences corporelles, trouve une harmonie et un éveil créatif.
(Coll. Mouvements des Savoirs, 31.00 euros, 298 p.)
ISBN : 978-2-343-10561-1, ISBN EBOOK : 978-2-14-002608-9

L'ÉCOLOGIE CORPORELLE (Tome 2)
Émersion vivante et techniques écologiques
Andrieu Bernard
Dans l'histoire des techniques et des sciences, l'humanité a créé des techniques écologiques pour éveiller les corps et en définir de nouvelles utilisations. Grâce à l'énergie solaire, le bronzage est devenu une économie durable de la santé, tandis que le retour à la terre aura trouvé un mode équitable des relations entre les hommes et les espèces. Plonger dans les éléments, c'est aussi l'occasion d'écologiser notre corps vivant et d'éveiller des informations inédites ou perdues dans la mémoire inconsciente.
(Coll. Mouvements des Savoirs, 32.00 euros, 310 p.)
ISBN : 978-2-343-10562-8, ISBN EBOOK : 978-2-14-002609-6

PARADOXES OF EXISTENCE
Contributions to kierkegaard Research
Istvan Czako
The complexity of Søren Kierkegaard's (1813-1855) œuvre has captured the attention of scholars in many different fields such as philosophy, theology, religious studies, aesthetics, literature and the social sciences. Some interpreters have attempted to define the Danish thinker exclusively as a

philosopher, theologian, religious writer, novelist, literary critic, drama critic, literary theorist or psychologist. The present approach differs from these interpretative positions inasmuch as it tries to present the complexity of Kierkegaard's thoughts and texts, in a way which demonstrates the appropriateness of a variety of different methodological and hermeneutical approaches.
(Harmattan Hongrie, 15.00 euros, 224 p.)
ISBN : 978-2-343-08455-8, ISBN EBOOK : 978-978-2-14-002636-2

GILLES DELEUZE ET ANTONIN ARTAUD
L'impossibilité de penser
Bouillon Anne - Préface de Jérôme de Gramont
Artaud fut pour Deleuze la «profondeur absolue en littérature». Tous deux partagent justement une conception de la pensée originale, tout à la fois impossible et imprévisible, jumelle de la folie. Les voyages d'Artaud au Mexique, solaire et merveilleux, puis en Irlande, tragique, le condamnèrent à neuf années d'enfermement asilaire. Seul Artaud a, aux yeux de Deleuze, traversé le «mur du sens» : il serait le seul à avoir sondé la puissance de la pensée et du corps. Quels plateaux de la pensée et du corps pouvons-nous à notre tour arpenter ? Quelle pensée pouvons-nous élaborer à partir de la rencontre du philosophe avec le poète ?
(Coll. Ouverture Philosophique, 25.50 euros, 244 p.)
ISBN : 978-2-343-10129-3, ISBN EBOOK : 978-2-14-002469-6

JOIE ET BONHEUR
Art, littérature, philosophie
Europeana 8
Dans ce numéro, les contributeurs reviennent sur le thème universel de l'aspiration au bonheur et à la joie à travers différentes époques et civilisations. À ce titre, le contexte linguistique et philologique est essentiel pour comprendre les formes, que les civilisations, éloignées dans le temps et dans l'espace, donnent à ce concept, qui ne peut qu'être relatif et abstrait. De fait, dans de nombreuses cultures, le mot « bonheur » n'existe pas, seules les conditions du bonheur sont définies.
(Coll. Kubaba, 15.00 euros, 124 p.)
ISBN : 978-2-343-10514-7, ISBN EBOOK : 978-2-14-002441-2

HOMO CRÉATOR
La création de l'homme par l'homme
Quitaud Gérald
Nous aurions tort de considérer que la création concerne uniquement le monde de l'art. Car cette création-là n'est que l'épiphénomène d'une création plus ambitieuse encore : la création de soi. La création de l'homme par l'homme constitue un événement singulier, qui pourrait transformer la conscience humaine et lui faire atteindre à l'universel. Dans cet ouvrage, ce sont donc les conditions premières de cet avènement qui sont étudiées.
(27.50 euros, 274 p.)
ISBN : 978-2-343-10555-0, ISBN EBOOK : 978-2-14-002409-2

PIERRE DE BÉRULLE
Les thèmes majeurs de sa pensée
Vetö Miklos
La grande édition critique des *Œuvres complètes* de Pierre de Bérulle est désormais presque terminée. Elle a suscité un certain nombre d'études savantes sur la vie et le rôle du cardinal dans l'histoire des idées. Première grande figure de l'École française de spiritualité, cet homme d'Église, qui était aussi homme d'État, a travaillé sur l'immense drame des relations entre Dieu et l'âme. Dans cet ouvrage, l'auteur présente une analyse et une reconstruction conceptuelle unique des thèmes et des thèses de Pierre de Bérulle.
(Coll. Ouverture Philosophique, 16.00 euros, 146 p.)
ISBN : 978-2-343-10620-5, ISBN EBOOK : 978-2-14-002509-9

L'HARMATTAN ITALIA
Via Degli Artisti 15; 10124 Torino
harmattan.italia@gmail.com

L'HARMATTAN HONGRIE
Könyvesbolt ; Kossuth L. u. 14-16
1053 Budapest

L'HARMATTAN KINSHASA
185, avenue Nyangwe
Commune de Lingwala
Kinshasa, R.D. Congo
(00243) 998697603 ou (00243) 999229662

L'HARMATTAN CONGO
67, av. E. P. Lumumba
Bât. – Congo Pharmacie (Bib. Nat.)
BP2874 Brazzaville
harmattan.congo@yahoo.fr

L'HARMATTAN GUINÉE
Almamya Rue KA 028, en face
du restaurant Le Cèdre
OKB agency BP 3470 Conakry
(00224) 657 20 85 08 / 664 28 91 96
harmattanguinee@yahoo.fr

L'HARMATTAN MALI
Rue 73, Porte 536, Niamakoro,
Cité Unicef, Bamako
Tél. 00 (223) 20205724 / +(223) 76378082
poudiougopaul@yahoo.fr
pp.harmattan@gmail.com

L'HARMATTAN CAMEROUN
TSINGA/FECAFOOT
BP 11486 Yaoundé
699198028/675441949
harmattancam@yahoo.com

L'HARMATTAN CÔTE D'IVOIRE
Résidence Karl / cité des arts
Abidjan-Cocody 03 BP 1588 Abidjan 03
(00225) 05 77 87 31
etien_nda@yahoo.fr

L'HARMATTAN BURKINA
Penou Achille Some
Ouagadougou
(+226) 70 26 88 27

L'HARMATTAN SÉNÉGAL
10 VDN en face Mermoz, après le pont de Fann
BP 45034 Dakar Fann
33 825 98 58 / 33 860 9858
senharmattan@gmail.com / senlibraire@gmail.com
www.harmattansenegal.com

Achevé d'imprimer par Corlet Numérique - 14110 Condé-sur-Noireau
N° d'Imprimeur : 137473 - Dépôt légal : mars 2017 - *Imprimé en France*

www.ingramcontent.com/pod-product-compliance
Lightning Source LLC
LaVergne TN
LVHW011316061026
849535LV00005B/1587
* 9 7 8 2 3 4 3 1 1 4 7 1 2 *